99股市 进阶丛书第二辑
|淘金弱势股|

弱市盈利战法精讲

99 Advanced Series
of Books on Stock Market

吴国平 / 著

企业管理出版社
ENTERPRISE MANAGEMENT PUBLISHING HOUSE

图书在版编目（CIP）数据

弱市盈利战法精讲/吴国平著.—北京：企业管理出版社，2018.4
ISBN 978-7-5164-1690-7

Ⅰ.①弱… Ⅱ.①吴… Ⅲ.①股票投资—基本知识 Ⅳ.① F830.91
中国版本图书馆CIP数据核字（2018）第052258号

书　　名：	弱市盈利战法精讲
作　　者：	吴国平
责任编辑：	李　坚　尚元经
书　　号：	ISBN 978-7-5164-1690-7
出版发行：	企业管理出版社
地　　址：	北京市海淀区紫竹院南路17号　　邮编：100048
网　　址：	http：//www.emph.cn
电　　话：	总编室（010）68701719　发行部（010）68701816　编辑部（010）68414643
电子信箱：	qiguan1961@163.com
印　　刷：	涿州市京南印刷厂
经　　销：	新华书店
规　　格：	170毫米×230毫米　16开本　11印张　160千字
版　　次：	2018年4月第1版　2018年4月第1次印刷
定　　价：	40.00元

版权所有　翻印必究·印装错误　负责调换

前言 / PREFACE

"太阳底下没有新鲜事儿",股市也是如此。当你心存侥幸以为"这次不一样"的时候,结果总是被市场无情地教训。历史不会简单地重演,但历史总是惊人地相似,也正因为此,无数股市高手谆谆告诫:牢记历史先例!

对于普通股票投资者来说,牢记历史先例有两个途径:一是牢记自己操作中获取的经验与教训;二是从他人的操作中吸取经验教训。

蜚声世界的大投机家、德国"证券教父"安德烈·科斯托拉尼就极为看重经验在股票投资中的地位,这位活到93岁的犹太人晚年多次跟别人说:"任何学校都教不出投机家,因为投机家的工具,除了经验外,还是经验。我不会用我80年的经验,去换取相当于我体重的黄金,对我来说,无论如何都不划算。"

与西方股票投资市场的成熟稳健相比,A股市场还相对年轻,更加躁动不安。在这样的市场中生存,经验更加重要。目前国内传授A股投资经验的书籍汗牛充栋,但作者鱼龙混杂,多数并非股市一线出身的操盘手,对股市经验的传授难免隔靴搔痒。为解决这个问题,给A股市场投资者提供国内一线操盘手的操盘经验,我们推出了"99股市进阶丛书"和

"私募操盘私房菜丛书"。两套丛书的作者大多来自国内私募基金的一线操盘手、经验丰富的自由投资人，他们在适者生存的市场环境中练就了各自的绝活，在奇幻莫测的A股市场历经多轮牛熊，早已成为手法老到的弄潮儿。其中，"99股市进阶丛书"为新股民和经验稍浅的股票投资者量身定做，每本书均通过99个典型案例来解读操盘经验，简洁明了，通俗易懂。"私募操盘私房菜丛书"的作者均为私募老总、基金经理、优秀操盘手，他们根据各自的操盘经验，共同为股民奉献出一道道异彩纷呈的"操盘私房菜"。这两套丛书都是国内操盘手多年实战经验的总结，希望广大股民能够吸取他人经验，结合自身特点优势，日积月累，早日成为能在股市中稳定获利的成熟投资者。

前期，我们推出了"99股市进阶丛书"第一辑"掘金强势股"，分别为《分时涨停战法99例》《急速拉升战法99种》《解剖牛股图谱99幅》，都是对强势牛股的分析解读。此次，我们推出"99股市进阶丛书"第二辑"淘金弱势股"，分别为《T+0战法99讲》《MACD战法99例》《弱市盈利战法精讲》。《T+0战法99讲》精选99个超短线T+0操作案例，分析了T+0战法的多种操作策略，帮助短线投资者降低持仓成本。《MACD战法99例》以MACD的背离为核心，结合多种因素及指标，综合分析MACD战法这种高成功率操作法，并提示一些操盘误区。《弱市盈利战法精讲》重点分析了弱市中成功率较高的几种操作思路，分析弱市盈利战法的一些规律和注意事项，在风险最小化的基础上实现盈利。

本套丛书形小量重，言简意赅，通篇干货，愿它能帮助广大股票投资者乘风破浪，纵横驰骋！

目录/CONTENTS

一、弱市获利详解 … 1

1. 弱市做龙头 …………………………………… 2
2. 强势股回调的低吸机会 ………………………… 10

二、弱市短线战法案例精讲 … 17

1. 美力科技——重要的是股性 …………………… 18
2. 伟隆股份——线索常常在不易察觉的地方 … 21
3. 超讯通信——超跌股的反抽 …………………… 25
4. 广信材料——低位跌停板的战机 ……………… 28
5. 盐津铺子——闪崩股的黄金机会 ……………… 30
6. 沃尔核材——龙二股的失败 …………………… 35
7. 泰山石油——龙一股的低吸 …………………… 39

三、弱市波段战法案例精讲 41

1. 汉鼎股份——在缩量调整中加仓 …………… 42
2. 天龙兴电——吃到拉升的波段 …………… 48
3. 亿通科技——短期如何控制利润的回吐 …… 59
4. 开元仪器——要充分考虑股性 …………… 67
5. 中科电气——诡异的超级虚假大买单挂单 … 78
6. 世名科技——先盈后亏的教训 …………… 96
7. 乐心医疗——高送转刺激下的获利 ………… 114
8. 弱势盈利战法之——新泉股份 …………… 127

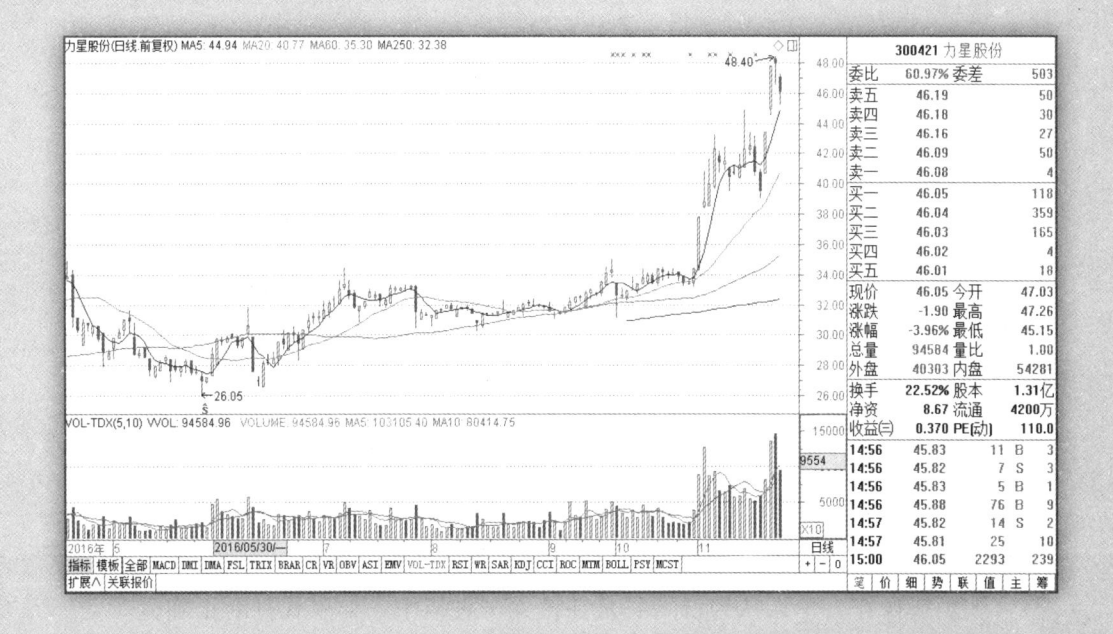

一、弱市获利详解

1. 弱市做龙头

有句话说得好：死也要死在龙头股上。

为什么这样说？一方面，龙头股涨势最强、涨幅最大，是弱市中的明星，受到资金关注度最高，是最容易有获利空间的个股；另一方面，龙头股就算被套，股价大概率还会有反复冲高的机会，可以全身而退。

至于怎么判断龙头，之前的"99股市进阶丛书"系列中有专门论述，此处不再赘言。核心原则是要把握好：最早涨停、力度最强、形态最好、跟主题切合最近。这样的个股，成为龙头的概率才大。

短线操作，个人认为说到底是在博弈一种概率。如果我判断正确，会获利多少收益；如果判断错了，怎么止损。这两个问题想通了，短线操作并不会太难。

本质就是以一定的止损成本去换取可能的高收益，要克服的是止损的心理障碍，因为这是短线操作不可避免的成本。只要总体算下来收益不错，就非常厉害了，不必计较一城一池的得失。

要尽量去做龙头，这样成功率才会更高。所谓的艺高人胆大，是建立在合理的策略基础上的。以次新板块的活跃个股为例，如果我判断错了，该股两天内不涨，可能会损失几个点；如果我判断正确，那该股可能给我10多个点甚至更高的收益。

业绩大增的龙头股荣晟环保：

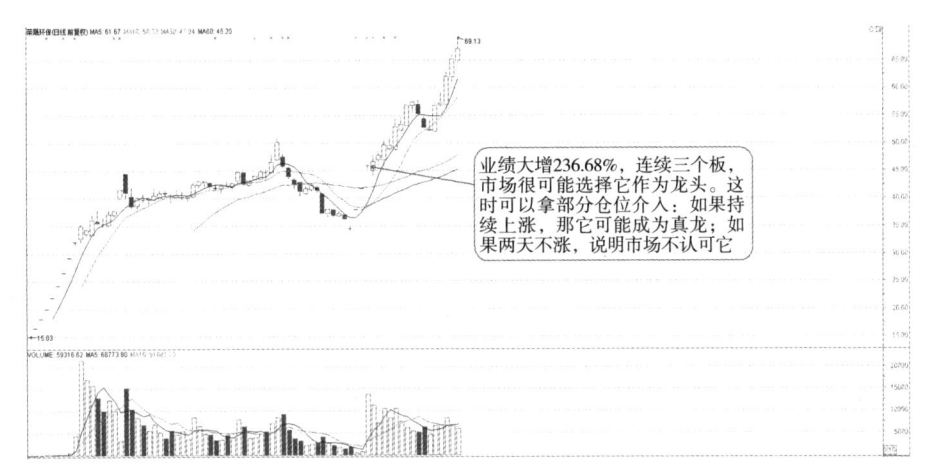

荣晟环保日K线图

一般连续两个涨停的个股就具备成为高送转龙头的基因，就可以以一定的止损去博弈更高的收益。

高送转的新宏泽和陇神戎发：

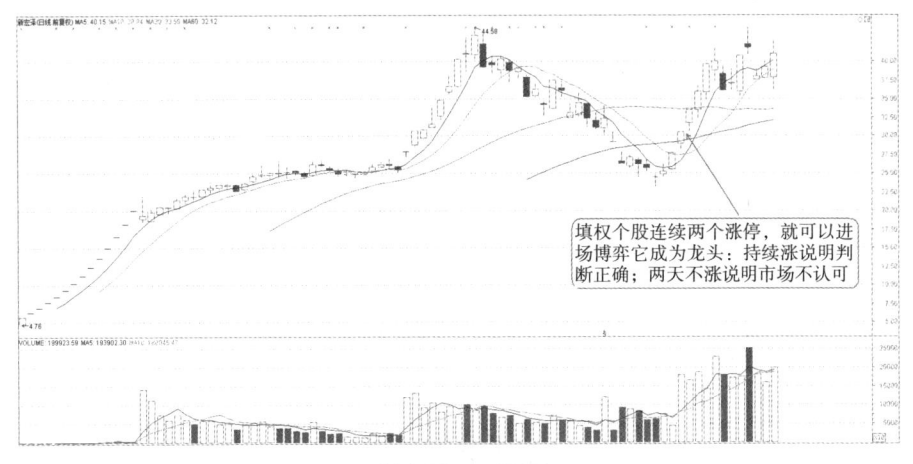

新宏泽日K线图

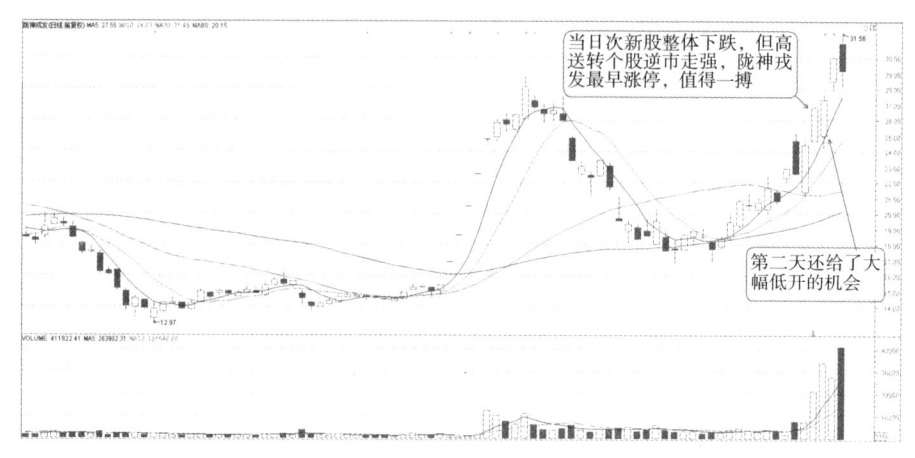

陇神戎发日K线图

刚开板的新股，如果一字板数量较少，是可以博弈一下的，但下面这只属于激进派。

刚开板的钧达股份：

钧达股份日K线图

寿仙谷也是如此，开板后调整一天，随后连续两个涨停，基本确立龙头地位，可以果断跟进，博弈它成为强势龙头。成功了，可以赢利几

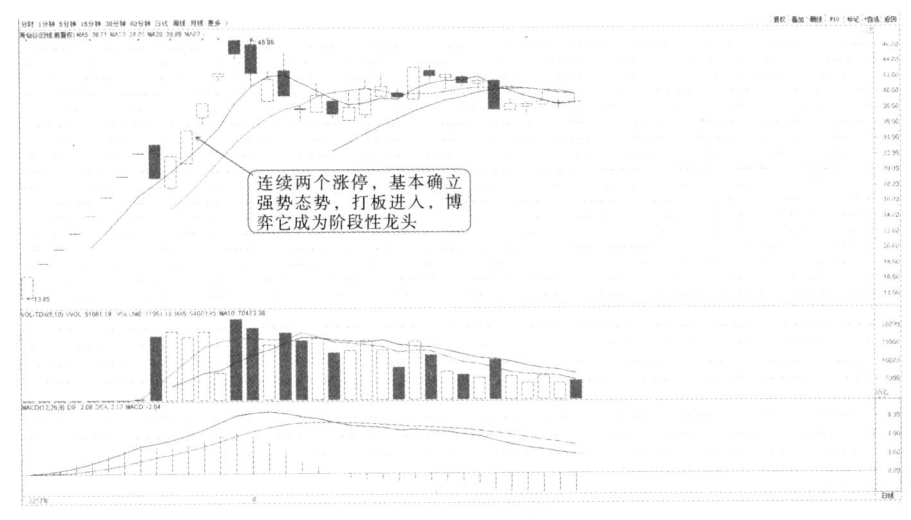

个点到几十个点；失利了，亏损几个点出局。

寿仙谷日K线图

再如雄安概念的博天环境：热点主题+连续爆发+大利好，是有较大胜算的。博天环境本来就属于热门的雄安概念，刚好又公告中标大合同，双重刺激之下连续两个涨停，果断进场博弈它成为龙头。

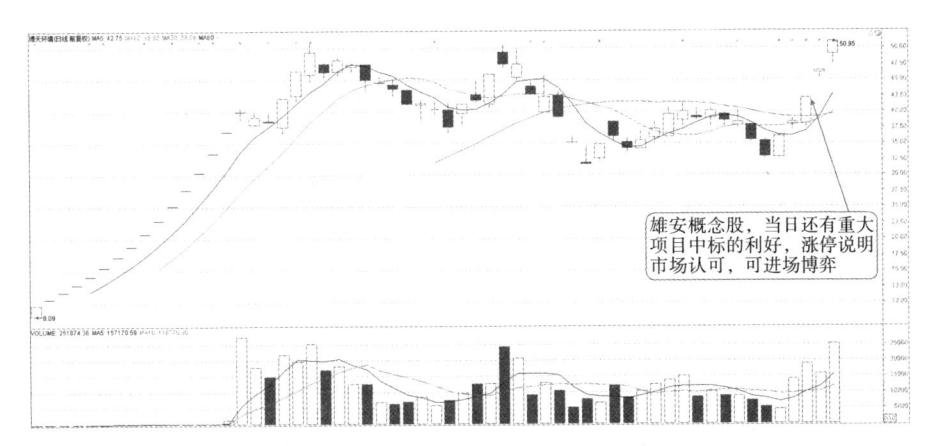

博天环境日K线图

对于非次新板块也可以如此操作：

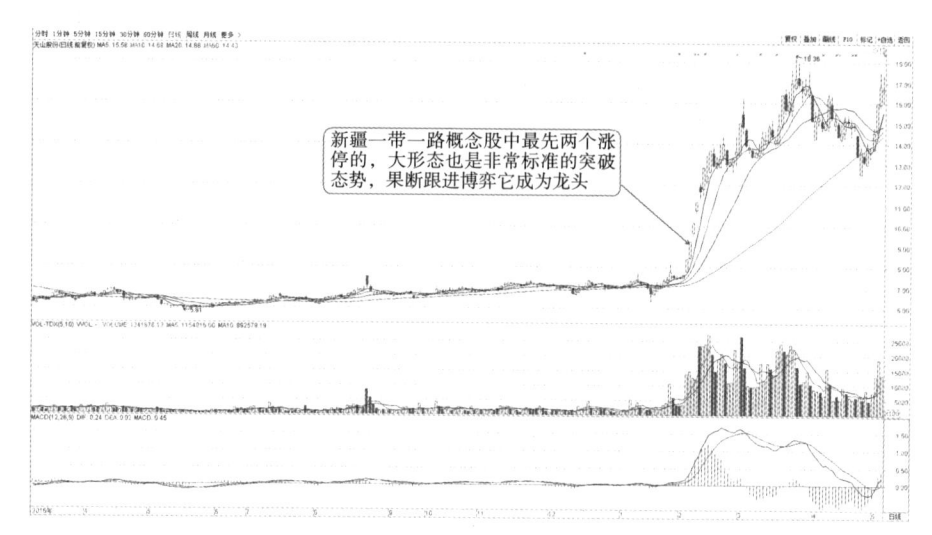

新疆一带一路概念股中最先两个涨停的，大形态也是非常标准的突破态势，果断跟进博弈它成为龙头

天山股份日K线图

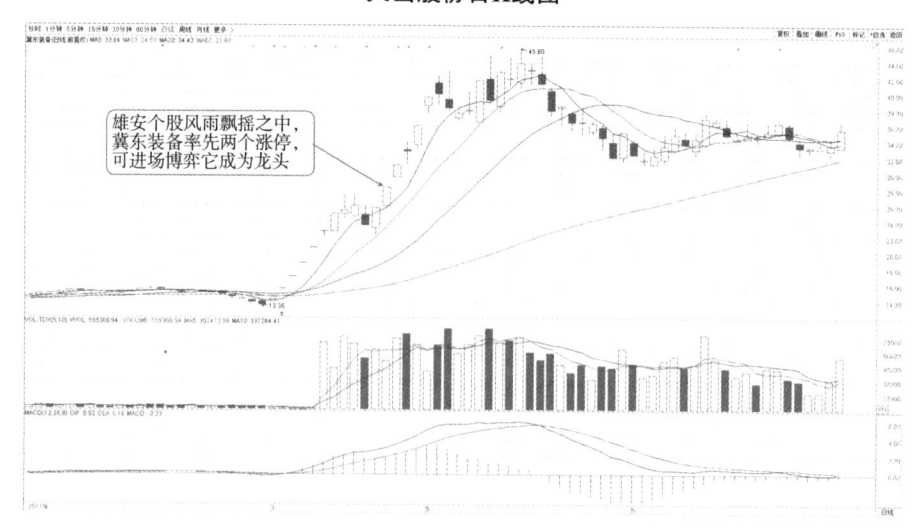

雄安个股风雨飘摇之中，冀东装备率先两个涨停，可进场博弈它成为龙头

冀东装备日K线图

买入龙头股后，卖点如何把握？

如果买入后股价持续爆发，说明判断正确，持股到股价跌破5日线

（稳健的可10日线）可止盈。

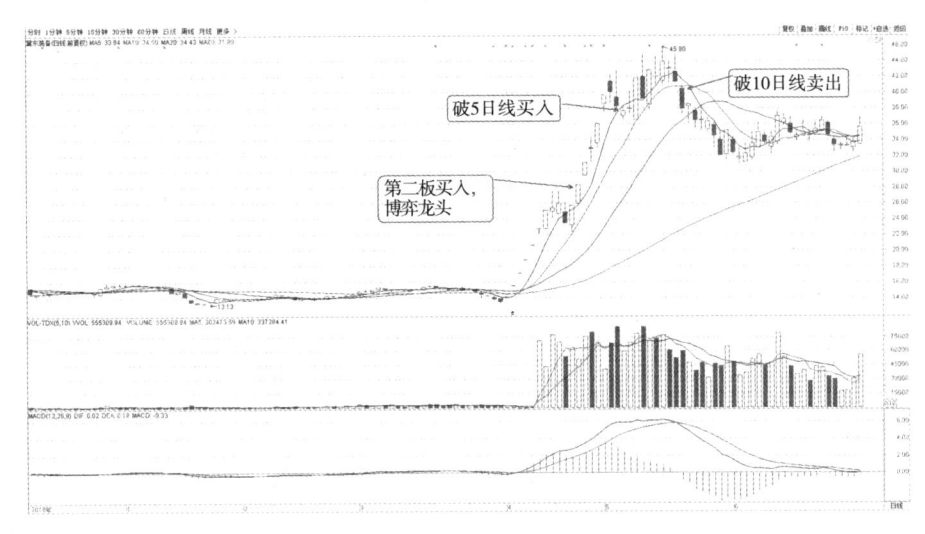

冀东装备日K线图

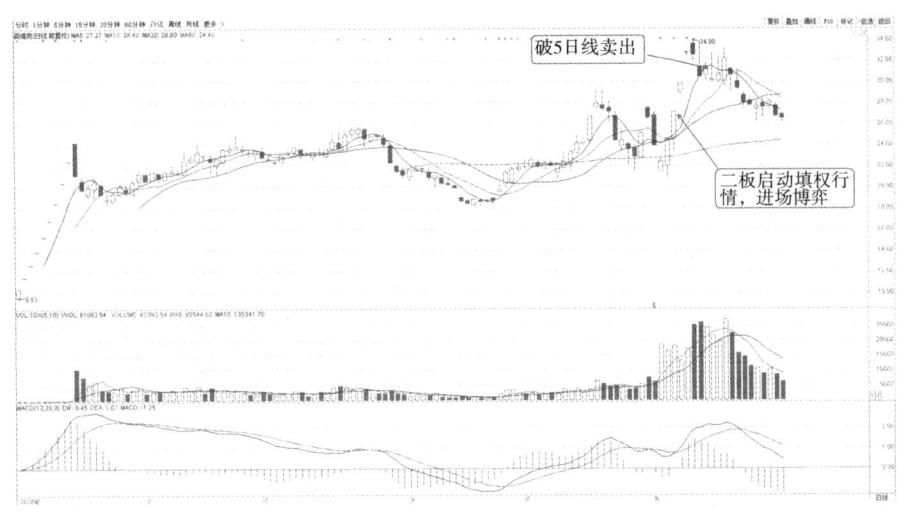

如果买入后两天不涨，就要高度小心了，真正的龙头是不会两天不涨的。要么是这个题材不强，要么就是该股不是龙头，此时，出局是比较稳妥的做法。

做短线，尽量先做到不亏，就已经非常不错了。只要偶尔抓住几次大机会，利润空间就非常可观了。

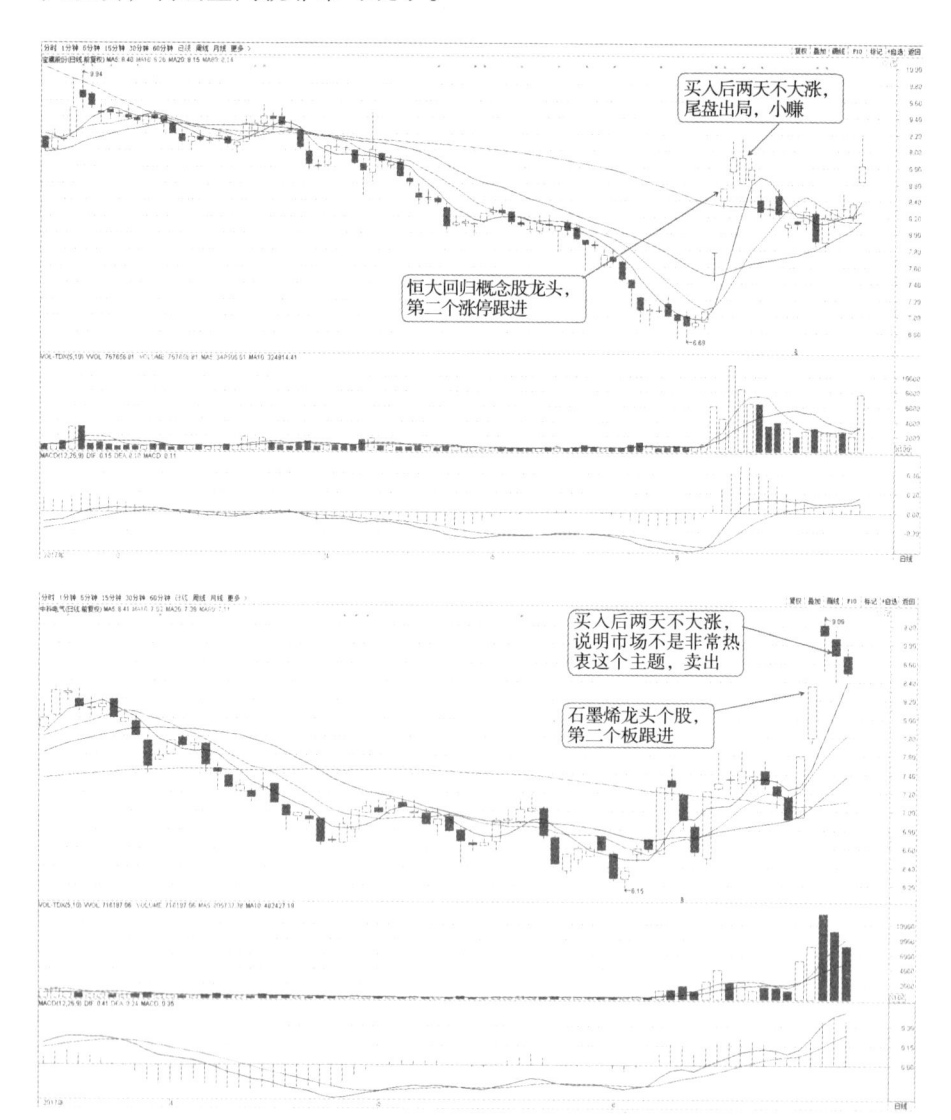

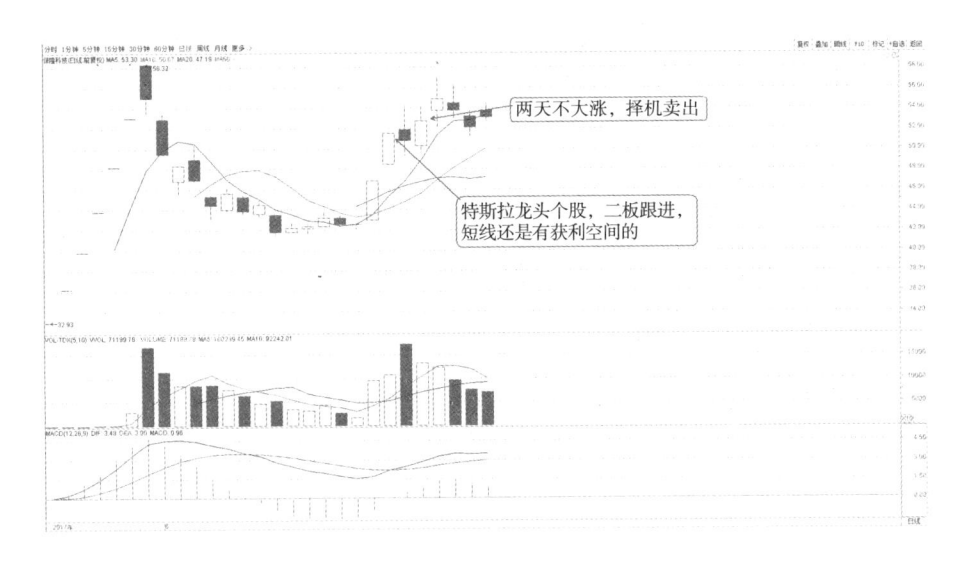

总结

很多不明就里的朋友会觉得，第二个涨停板去追，会不会太冒险了？

其实，只要它是主题中最为强势的，即是最有可能成为龙头的，这时追进去并没有多大风险，反而是有大机会的——对了就大赚，错了就小亏。长久下来，何愁不大赚？

所谓的艺高人胆大，是建立在合理的策略基础上的。

2. 强势股回调的低吸机会

什么叫强势股？就是波段上涨幅度超过30%、上涨非常流畅的个股。这种走势的股票说明主力是比较强劲有力的，对股价的控制力度比较强，股价走起来比较有章法。

此外，该股最好有热点题材，最好是板块龙头个股，这样的话市场关注度会更高，回调后重拾升势的概率更大。

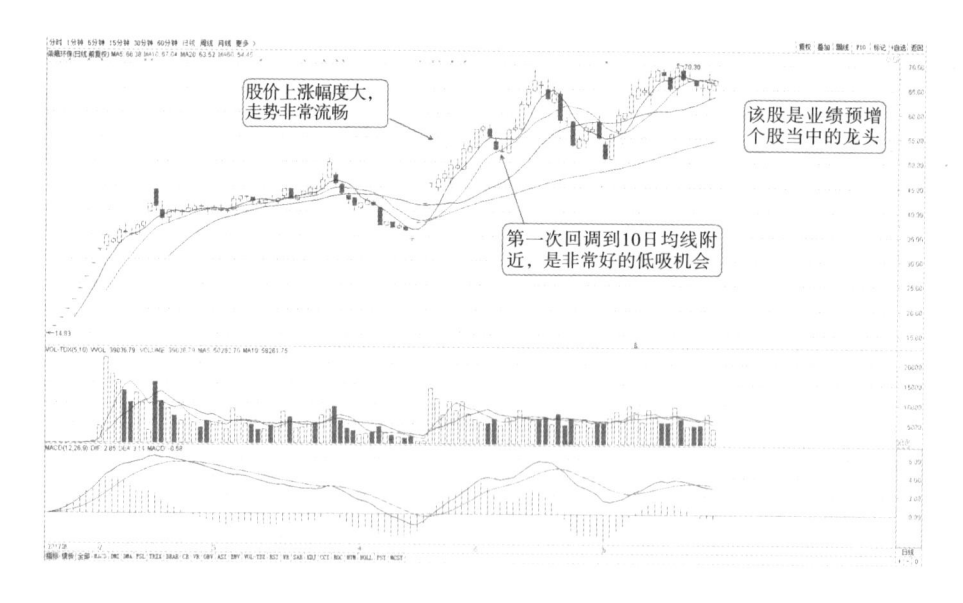

要点一：必须是热门题材，而且走势流畅，最好是龙头个股

做短线，最重要的是一个"势"，涨势越猛的个股，第一次回调后继续原来的强劲上涨态势是大概率事件。

如何判定热门题材？同一个板块，至少要有3~5只个股涨停，才算得上热门题材。

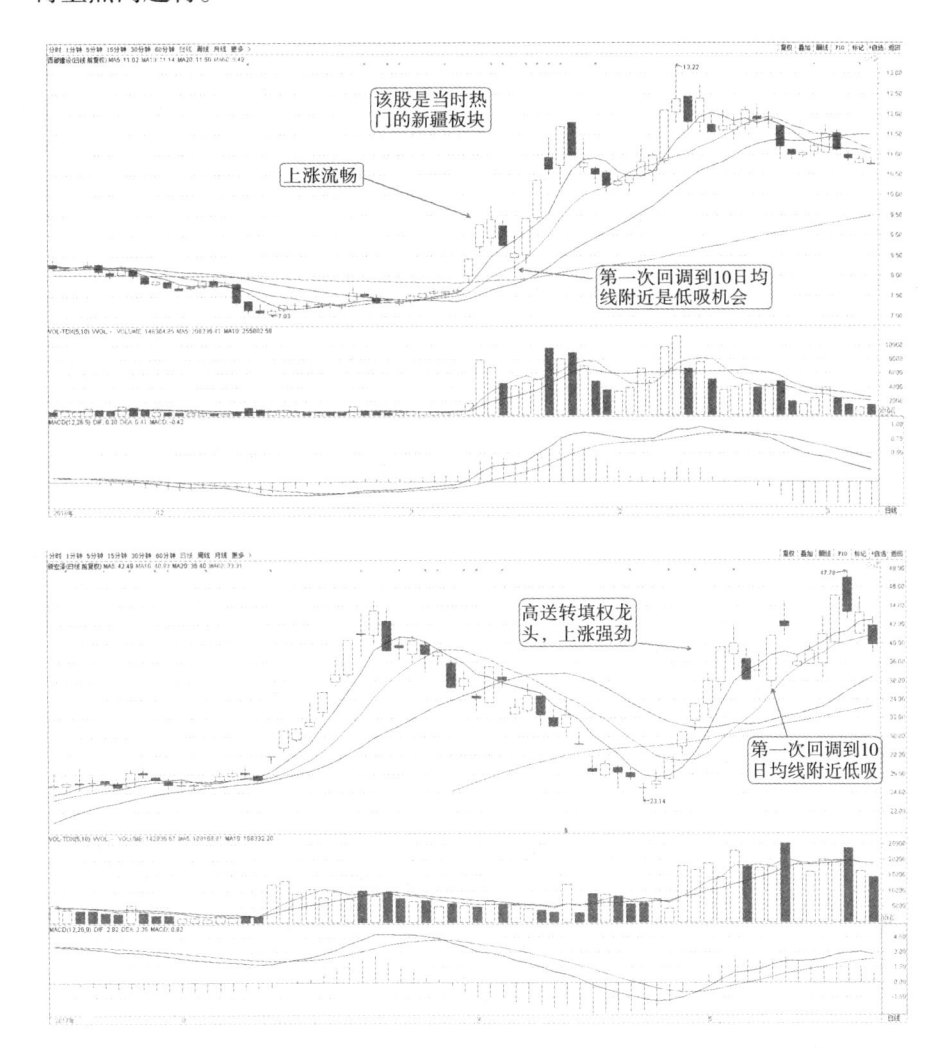

如果第一波上涨都软弱无力，那么它就算回调后再度上涨，估计涨幅也非常有限。弄不好，它一旦回调就直接见顶下杀了。

要点二：第一次回调低点买入

如果是第二次、第三次回调，尽量不要参与，因为成功率会明显下降。一个技术的支撑位，第一次往往是最有效的，后面的有效性会逐次降低。

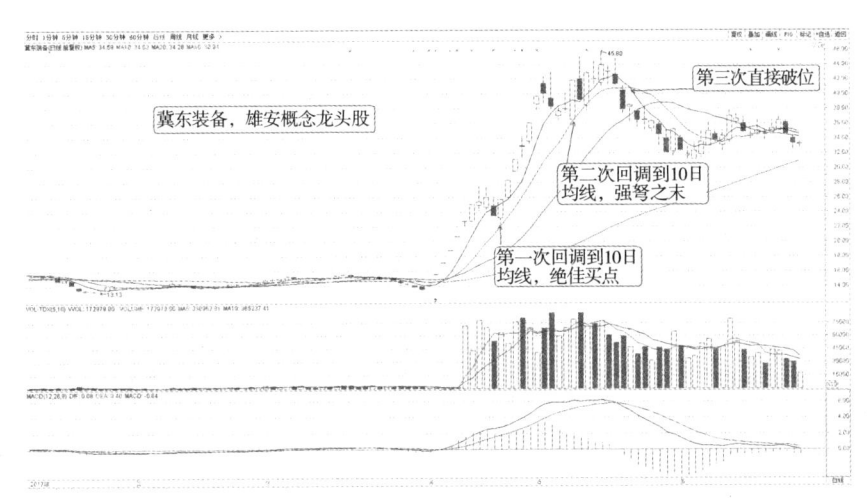

冀东装备日K线图

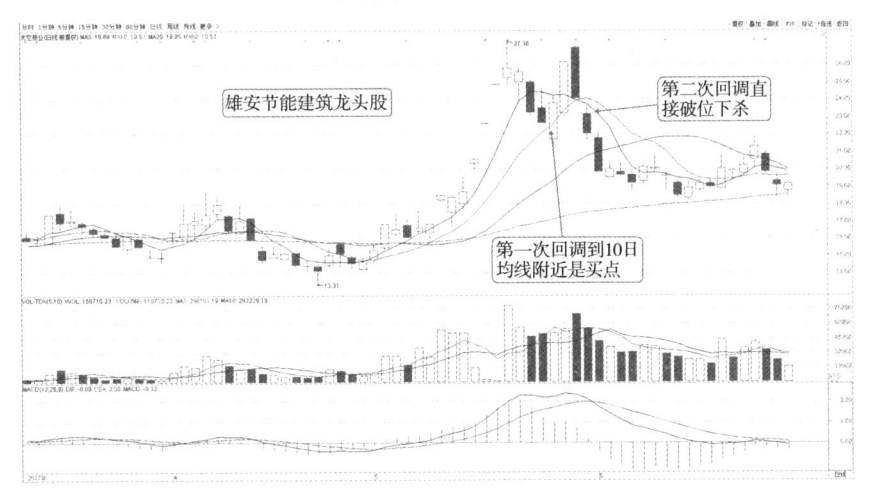

太空板业日K线图

上涨角度越陡，说明涨势越强，这样的个股调整起来幅度也不会太大。因此，如果第一波的上涨角度大于45度，一般是10日均线附近低吸。

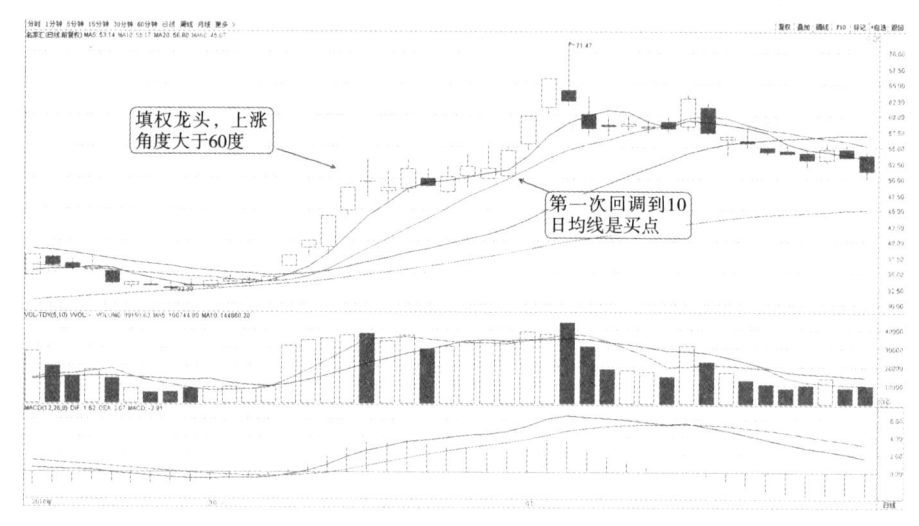

名家汇日K线图

如果第一波的上涨角度只是在45度左右，那可以考虑在20日均线附近低吸。这种情况一般出现在第二梯队的个股当中。龙头股是极为强劲的，第二梯队的个股才会这样有所收敛。

[图表说明文字：
高送转个股。第一波上涨的流畅度略差一点
上涨角度45度左右
结果直接回调到20日均线附近才是买点]

[图表说明文字：
不是次新最强龙头，上涨角度45度左右
第一次回调到20日均线出现买点]

如何选择卖点

如果买入之后，股价连续上涨，那择机卖出只是赚多赚少的问题。

低吸之后，如果两天内不上涨，说明很可能是市场不认可这个逻辑了，要及时出局。这个时候，往往还是小亏甚至是平手出局的。

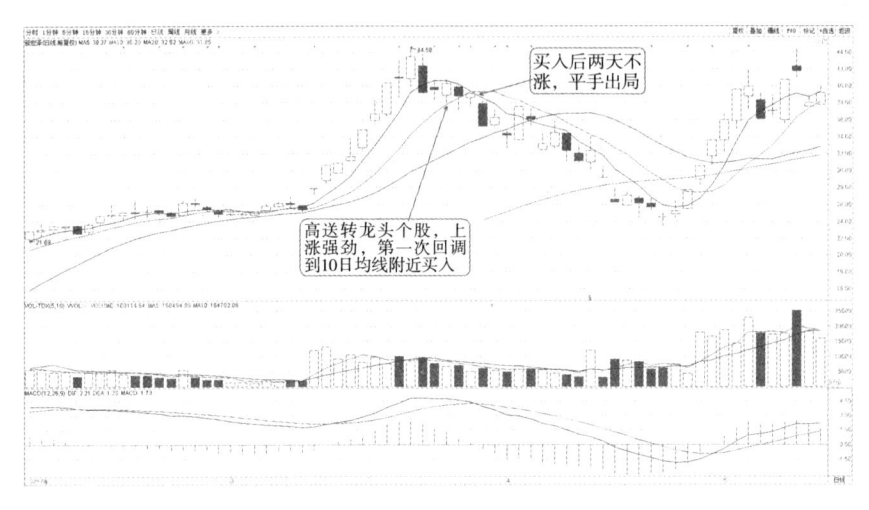

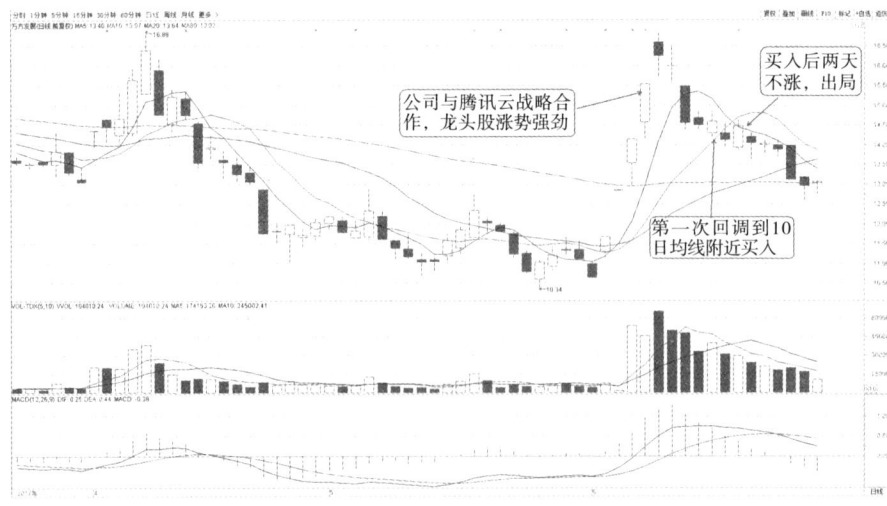

二、弱市短线战法案例精讲

1. 美力科技——重要的是股性

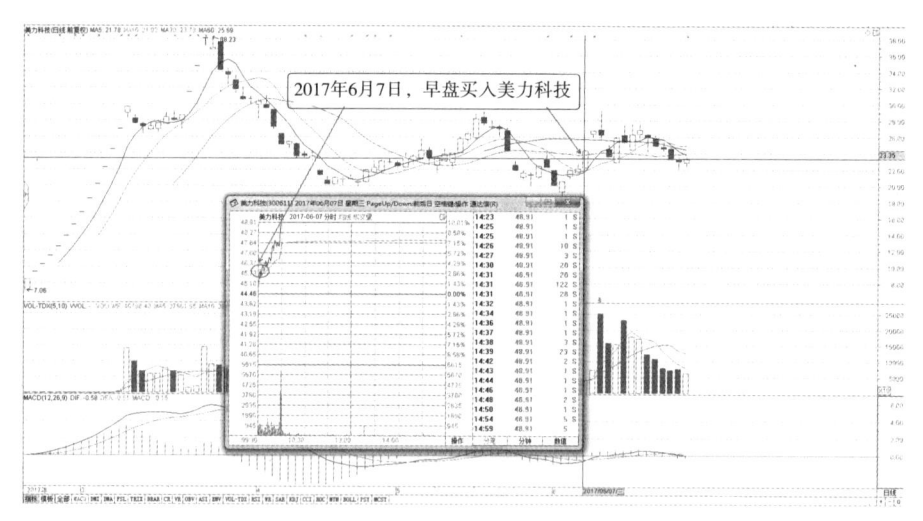

美力科技日K线图

早盘在3%附近买入，在弱市格局市场，哪怕热点主题表现再强，也尽量不要追高，因为整体上市场处于弱势波动趋势，市场的波动以弱势震荡为主，买入股价过高的话，一旦大盘调整，个股很容易被带动向下，形成当天买入后就亏损的不利局面。

与美力科技同属于高送转填权行情的龙头股英维克，开盘后就秒板，短期市场情绪极度亢奋，带动主题热度向其他个股蔓延，美力科技就是在这种背景下被资金挖掘出来的。

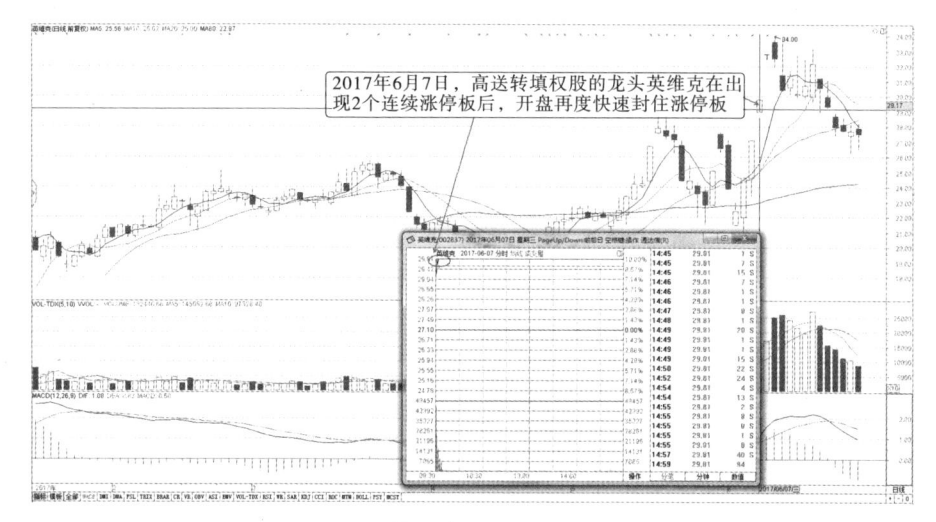

[2017年6月7日,高送转填权股的龙头英维克在出现2个连续涨停板后,开盘再度快速封住涨停板]

英维克日K线图

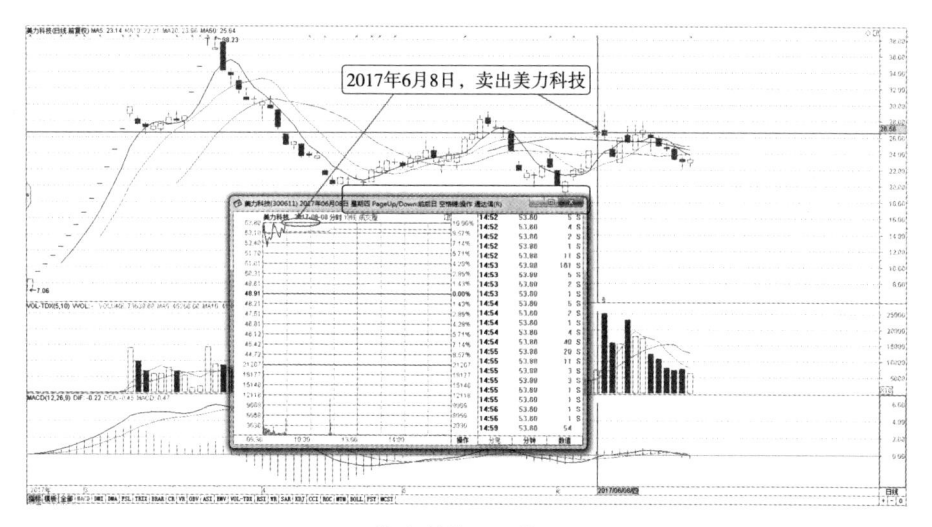

[2017年6月8日,卖出美力科技]

美力科技日K线图

买入第二天,美力科技高开高走,并封住涨停板,但是在涨停后,出现分时上开板迹象,此时果断卖出。

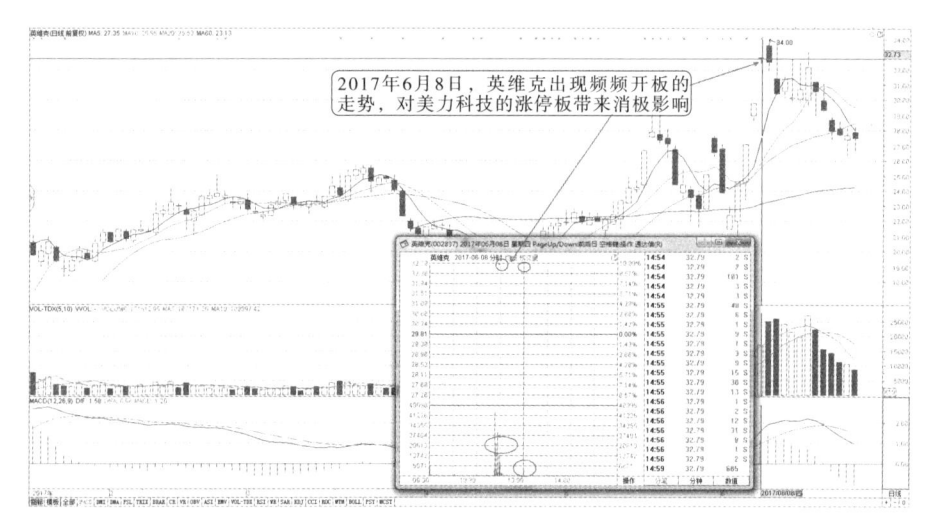

英维克日K线图

龙头股不断开板，带动跟随股美力科技的不断开板。

总结

① 英维克10送14.6股，在6月1日除权后，6月5日至6月7日的三个交易日内连续3个涨停板，成为高送转（填权）行情的绝对龙头股。市场整体处于弱势震荡的格局，前期强势的热点雄安概念、粤港澳概念等出现集体调整的走势，主题热点上出现了切换的节奏，高送转（填权）概念的走强大概率会有持续性。

② 美力科技10股转10股的决案已经形成，但是除权日是在6月9日，距离6月7日还有2个交易日，客观上为资金的运作提供了时间差。

③ 3月中，美力科技公布高送转预案时，收获3个连续一字板，说明美力科技本身股性非常活跃。

2.伟隆股份——线索常常在不易察觉的地方

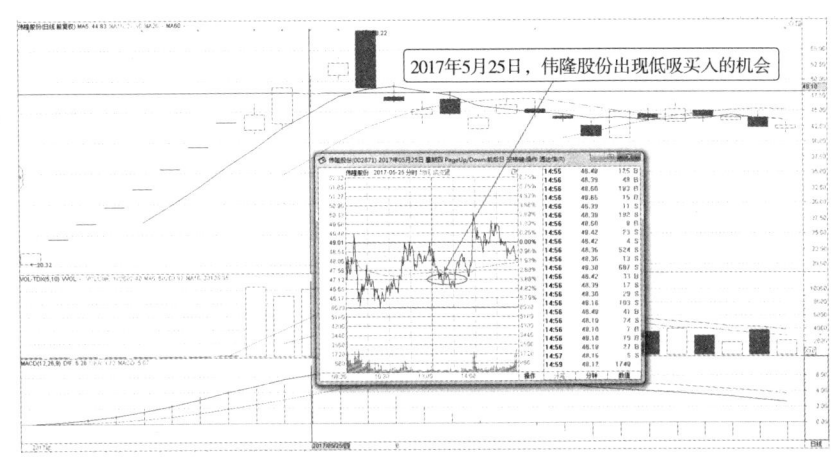

伟隆股份日K线图

买入点一定要在分时低位阶段，低吸是第一生产力。

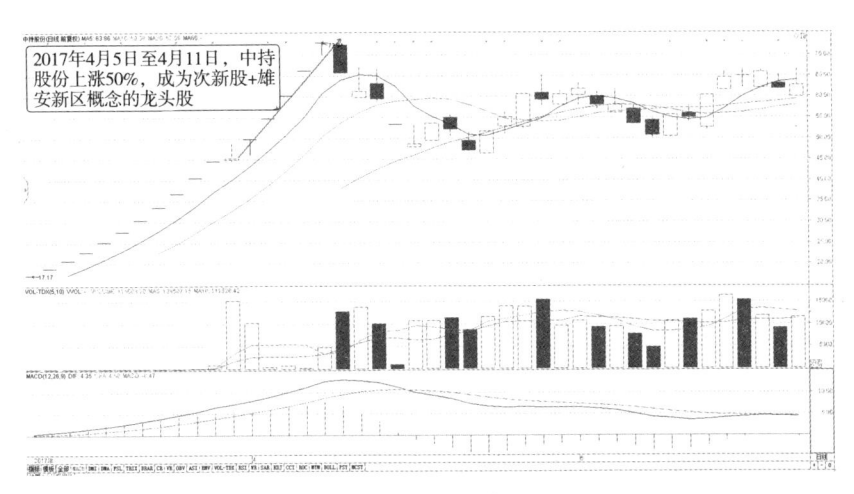

中持股份日K线图

在低吸伟隆股份之前，要知道伟隆股份所对应的主题，次新股+雄安新区概念前期龙头的强势状况，龙头股越强越好。

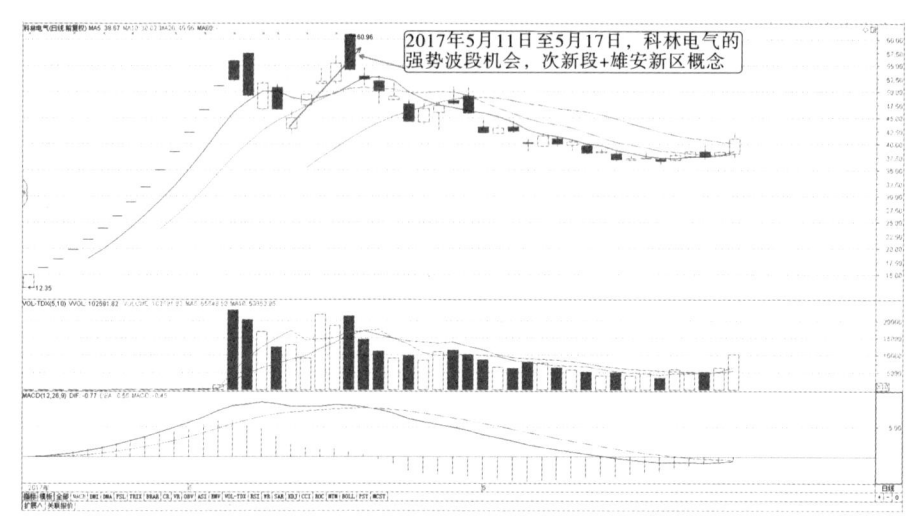

[科林电气K线图，标注：2017年5月11日至5月17日，科林电气的强势波段机会，次新段+雄安新区概念]

科林电气日K线图

同样是次新股+雄安新区概念的科林电气也走出了短线的波段机会。

①2016年内销前十大客户

单位：万元

排名	客户名称	金额	占比（%）	区域
1	上海奥为工贸有限公司	700.74	19.79	中国
2	河北水务集团	398.23	11.24	中国
3	青岛金石通机械有限公司	179.24	5.06	中国
4	济南水务集团有限公司	173.10	4.89	中国
5	运城市北赵引黄二期工程建管局（项目部）	133.30	3.76	中国
6	湖北创安源机电设备有限责任公司	126.77	3.58	中国
7	连云港北洋精密阀门有限公司	121.47	3.43	中国
8	辽宁迈克集团股份有限公司	118.12	3.34	中国
9	嘉盛建设集团有限公司	95.47	2.70	中国
10	IMI集团（国内）	83.17	2.35	中国
	合计	2,129.61	60.13	
	内销收入	3,541.72	100.00	

注：1、上述占比是指该客户本年度销售收入占本年度内销收入的比例；
2、基于同一控制，本回复IMI集团总部位于英国，包括IMI Hydronic Engineering International SA(Switzerland)、IMI Hydronic Engineering-USA、埃迈贸易（上海）有限公司，其中IMI集团国内销售系指埃迈贸易（上海）有限公司，（下同）。济南水务集团有限公司包括济南水务集团有限公司、济南水务集团西城供水分公司、济南泉城水务有限公司、济南黄河路桥工程公司、济南东区供水有限公司（下同）。

② 2015年内销前十大客户

单位：万元

排名	客户名称	金额	占比(%)	区域
1	河北水务集团	665.70	13.41	中国
2	济南水务集团有限公司	625.01	12.59	中国
3	上海奥为工贸有限公司	492.90	9.93	中国
4	Watts集团（国内）	422.45	8.51	中国
5	青岛金石通机械有限公司	350.10	7.05	中国
6	海安县区域供水有限公司	168.35	3.39	中国
7	连云港北泽精密阀门有限公司	160.91	3.24	中国
8	辽宁迈克集团股份有限公司	136.50	2.75	中国
9	即墨市自来水公司（即墨市公共事业局）	134.49	2.71	中国
10	宜兴市公用产业建设投资有限公司	127.57	2.57	中国
	合计	3,283.98	66.17	
	内销收入	4,962.72	100.00	

注：1、上述占比是指该客户本年度销售收入占本年度内销收入的比例；
2、基于同一控制，Watts集团总部位于美国，发行人对其国内销售包括沃茨（上海）管理有限公司和沃茨阀门（宁波）有限公司（下同）；即墨市自来水公司（即墨市公共事业局）包括即墨市自来水服务公司和即墨市自来水公司（下同）。

以上两幅截图的内容出自伟隆股份的招股说明书，伟隆股份的大客户是河北水务集团，而河北水务集团在雄安新区有业务，客观上会给伟隆股份中长期业务的发展带来刺激。在买入伟隆股份之前，一定要明白伟隆股份和次新股+雄安新区概念的关联之处。

这里有几点需要重视：第一，要在买入之前提前挖掘出个股的短期上涨刺激要素；第二，这个要素一定要有实实在在的联系，最好要有事实的东西佐证，切忌靠自己凭空想象。

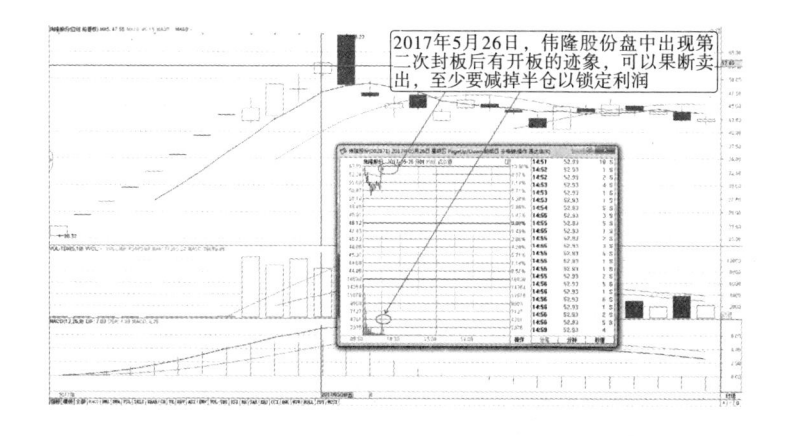

2017年5月26日，伟隆股份盘中出现第二次封板后有开板的迹象，可以果断卖出，至少要减掉半仓以锁定利润

2017年5月26日，卖出伟隆股份，短期获利超过10%。

总结

① 所操作标的情况与热点主题的联系一定要建立在客观事实基础之上，并不能为了做热点而勉强买入与当下市场热点联系较弱的个股。

② 要在大格局观的背景下做出最恰当的买卖决策，不要在一买入就大涨的背景下，把持股的时间无限拉长。

③ 买入时要看到可能的波段机会就出手，但是卖出时千万不要想象股价会无限涨下去，只做波动机会中确定性最高的那个短线时刻，千万要记住，市场整体处于弱势震荡格局。

3. 超讯通信——超跌股的反抽

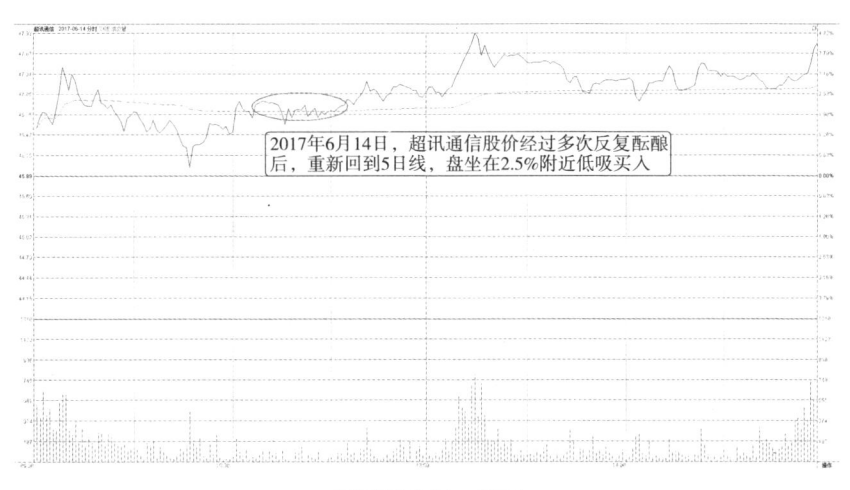

2017年6月14日，超讯通信股价经过多次反复酝酿后，重新回到5日线，盘坐在2.5%附近低吸买入

超讯通信日K线图

注意买的价格是在46～47元附近，这也是价格重新回到5日线上位置。

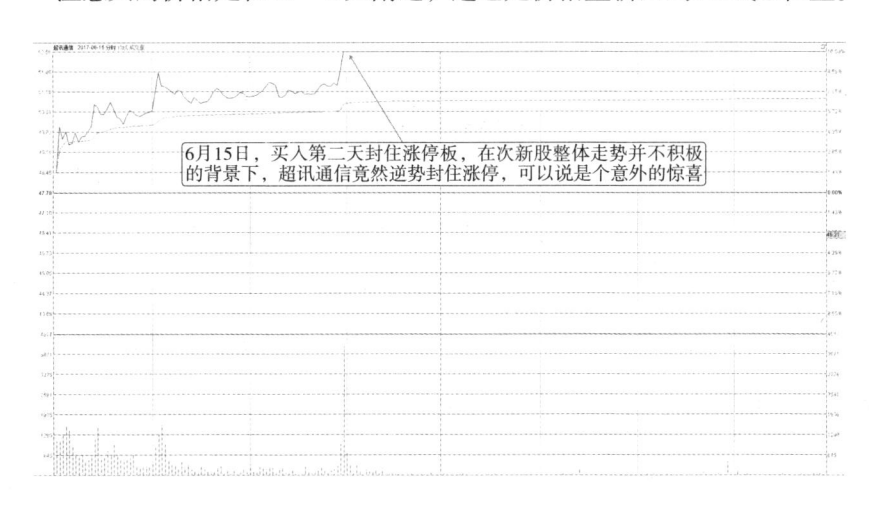

6月15日，买入第二天封住涨停板，在次新股整体走势并不积极的背景下，超讯通信竟然逆势封住涨停，可以说是个意外的惊喜

6月15日，买入后的第二个交易日，超讯通信竟然逆势涨停，这种走势，是在买入前的计划之外的，在次新股整体弱势的背景下，超跌股整体并没有形成反弹的特征，超讯通信竟然在刚刚站上5日线的位置上突然逆袭，在惊喜之余，要注意保持冷静。

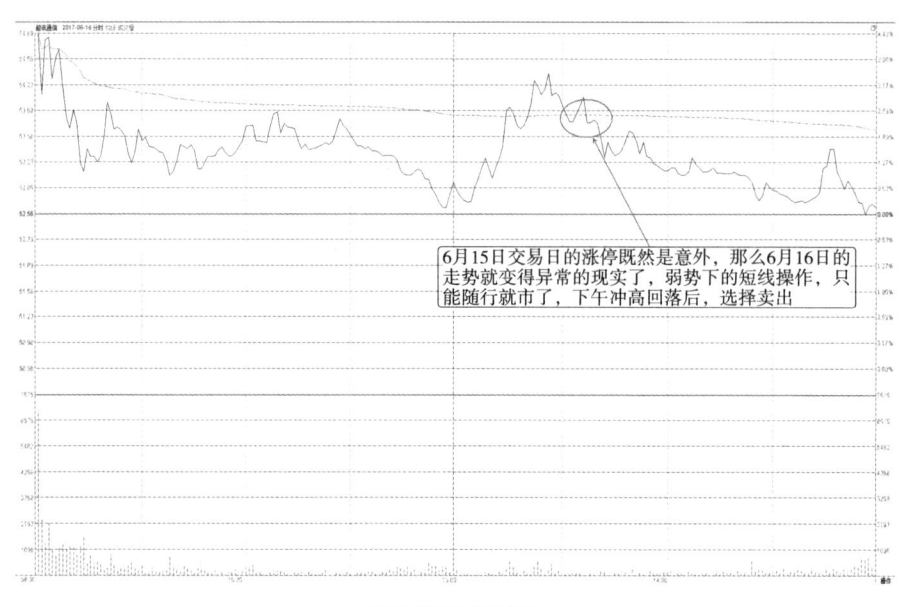

超讯通信分时图

只有在涨停时保持冷静，才能在股价趋势转弱时，第一时间想到卖出的应对之策。如果还沉浸在昨天的涨停板上，还幻想自己的成本较低可以缓冲回调，就不是一个超短线交易者应有的素质了。因为，整体弱势背景下，风险随时降临。短线交易日中，没有如果，如果你幻想如果，那结果就只能是没有结果了。

总结

弱势行情下，超跌的幅度一定要越大越好，只有这样才能引起资金的注意。毕竟，弱势行情下跌的个股比比皆是，资金对攻击目标的选择上也会精挑细选的。要耐心等待超跌反弹的信号出现再出手，因为是短线，出手的时机是第一位的。

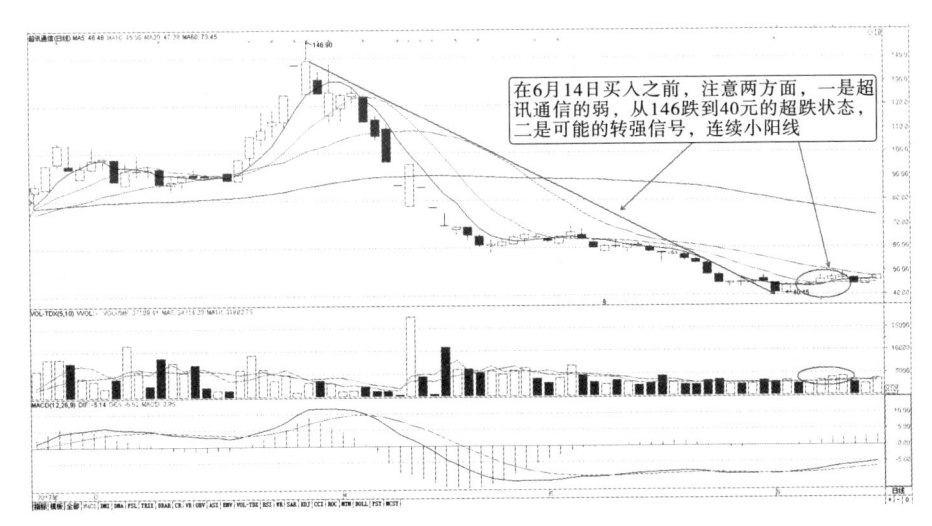

在6月14日买入之前，注意两方面，一是超讯通信的弱，从146跌到40元的超跌状态，二是可能的转强信号，连续小阳线

超讯通信日K线图

4.广信材料——低位跌停板的战机

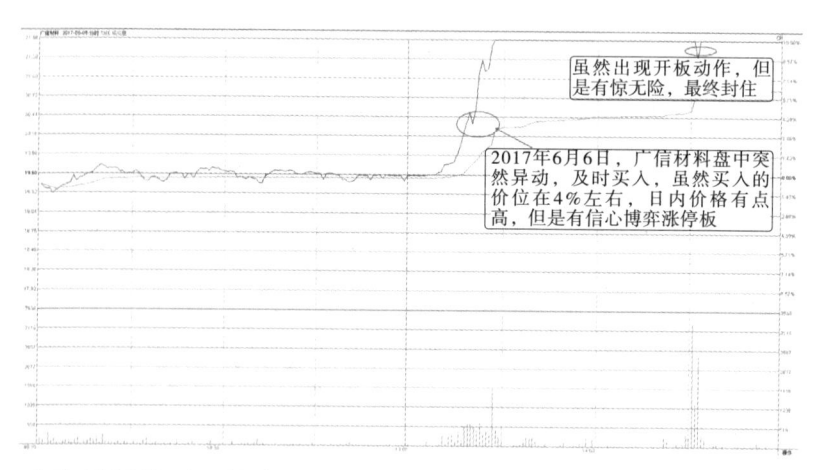

> 虽然出现开板动作，但是有惊无险，最终封住

> 2017年6月6日，广信材料盘中突然异动，及时买入，虽然买入的价位在4%左右，日内价格有点高，但是有信心博弈涨停板

广信材料的买入价位是在涨幅4%~5%之间，虽然这个买入价位较高，但是，一定要买在起涨点。短线讲究的是价位、时机、力度的矛盾与协调。

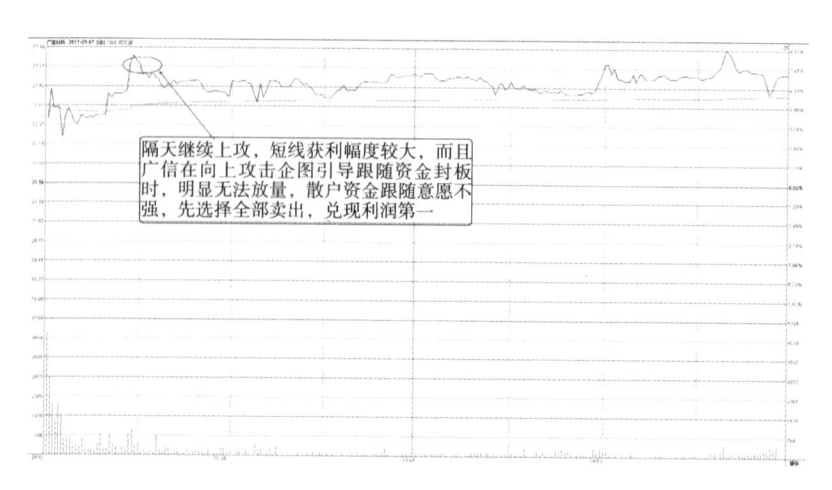

> 隔天继续上攻，短线获利幅度较大，而且广信在向上攻击企图引导跟随资金封板时，明显无法放量，散户资金跟随意愿不强，先选择全部卖出，兑现利润第一

即使卖出后个股又出现强者恒强，也不要因为错失了接下来的利润而懊悔，市场就是这样，永远不要想去吃尽全部的利润，短线操作尤其如此。

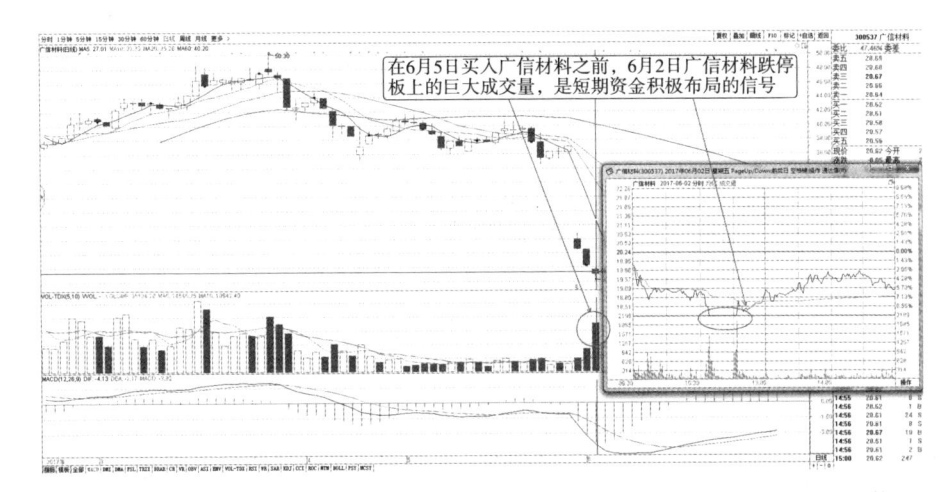

6月6日的最高买入看似高风险，但是，如果在买入之前你对广信材料的短期趋势状态有所跟踪与预判，并做好了交易计划。你会发现，你的买入点一点都不高，反而是恰到好处。

5. 盐津铺子——闪崩股的黄金机会

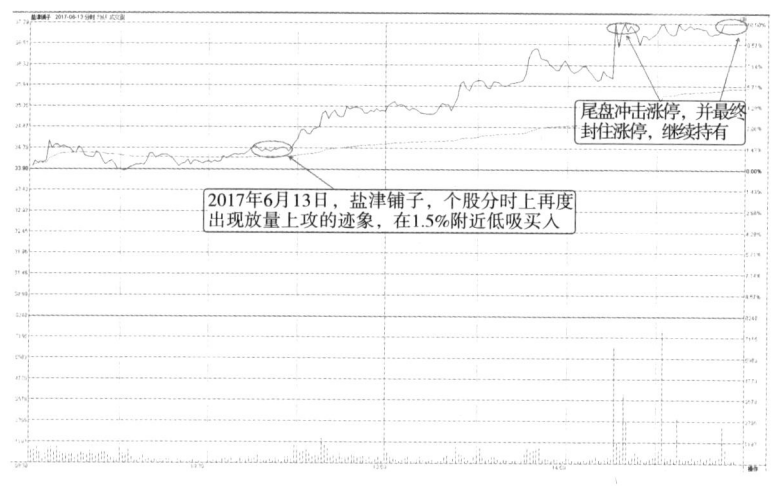

2017年6月13日，买在起涨点，表面上看起来容易，但是，其实功夫在诗外。

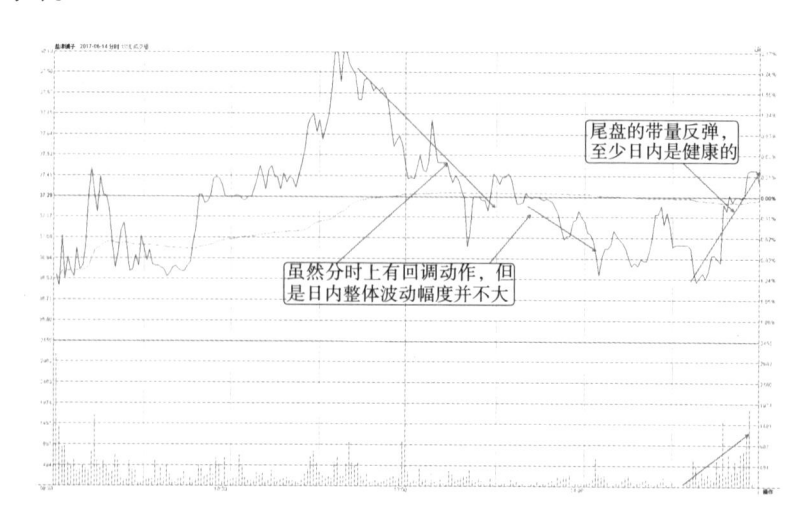

买入只是第一步功夫，买入后，如何能拿得住，不被日内分时干扰而提早出局，要细细打磨。特别是上一个交易日买入后，分时是下午尾盘几分钟才封住涨停的背景下，按照惯性思维，这是短期卖出信号，在这样的信号出现后，第二天的分时走势出现小幅横盘波动，要能拿得住。

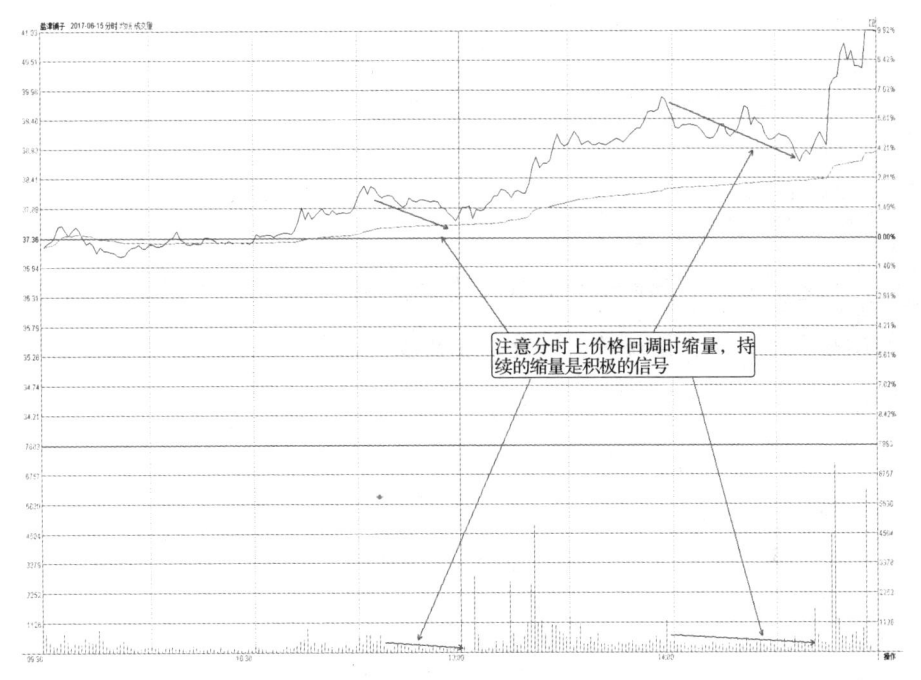

注意分时上价格回调时缩量，持续的缩量是积极的信号

第三个交易日，盘面再度恢复积极趋势，现在回头来看，昨天的横盘波动是不是个小浪花呢？但是，今天再次出现尾盘封住涨停，现在是该乐观，还是看空呢？不管怎样，要提高警惕了。

32 淘金弱势股

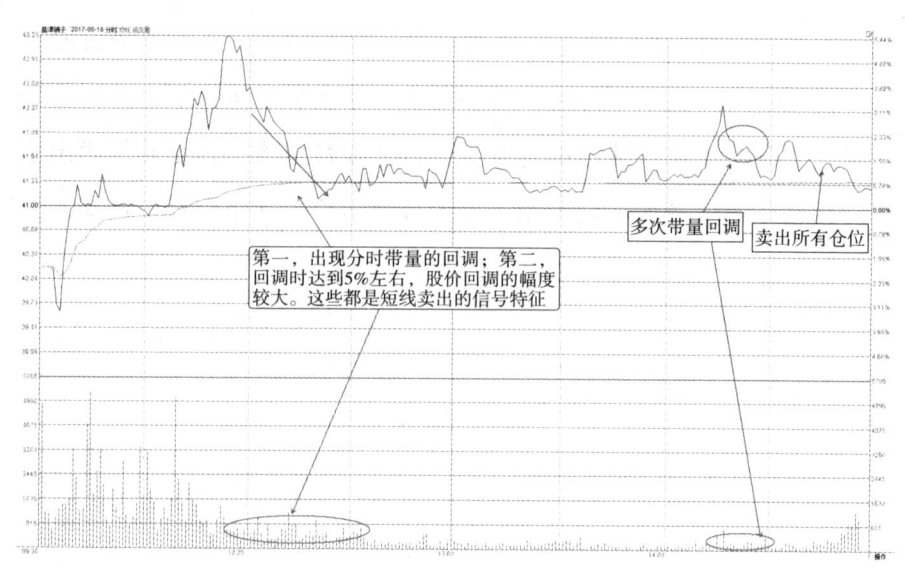

[图：分时图，标注"第一，出现分时带量的回调；第二，回调时达到5%左右，股价回调的幅度较大。这些都是短线卖出的信号特征"、"多次带量回调"、"卖出所有仓位"]

果然，买入后第四个交易日，技术上出现了卖出信号，再结合昨天的尾盘涨停，现在跟随趋势变化，做出卖出动作，一切自然而然，水到渠成。

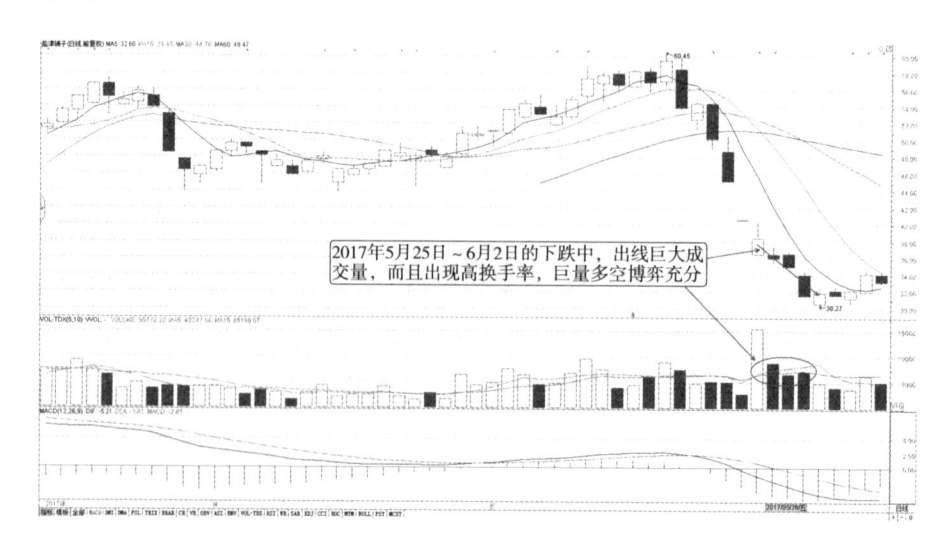

[图：K线图，标注"2017年5月25日~6月2日的下跌中，出现巨大成交量，而且出现高换手率，巨量多空博弈充分"]

在6月13日做出买入决策之前，大量的工作要提前做好，在5月25日~6月2日的恐慌下跌中，聪明的资金在这里已经在布局了。这些信号，这些思路，在股市上摸爬滚打多年的老手才能在第一时间抓到。大量闪崩股的出现，也是2017年上半年A股市场的一大特色。

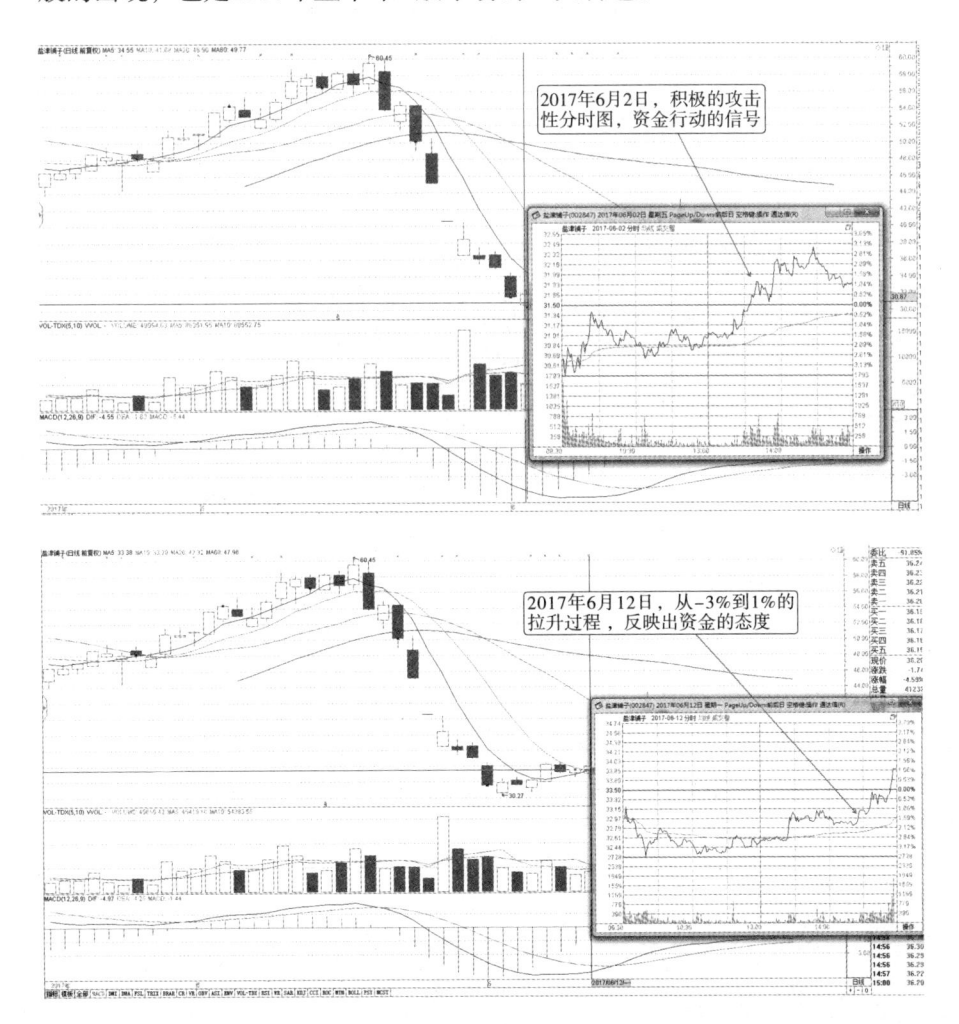

2017年6月2日，积极的攻击性分时图，资金行动的信号

2017年6月12日，从-3%到1%的拉升过程，反映出资金的态度

这两张分时图，需要好好琢磨，并研究体会到资金背后的意图和心态，只有这些都了然于胸了，才会有开头在6月13日的买入并当天拉至涨停的动作。买入是1秒钟的事情，但是决策则是一个系统的工程。

6. 沃尔核材——龙二股的失败

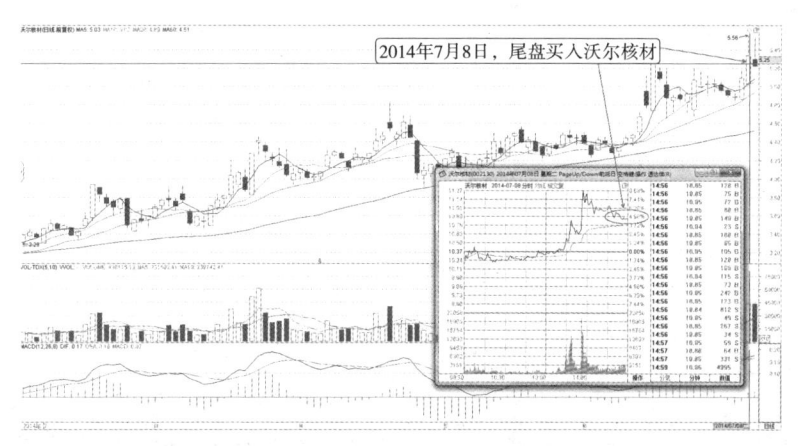

[图:2014年7月8日,尾盘买入沃尔核材]

在某一强势热点运行过程中,当买入龙二时,在无法盘中低吸的情况下,可以尝试尾盘买入,这样可以避免因盘中动荡而买在股价分时高点的被动局面。

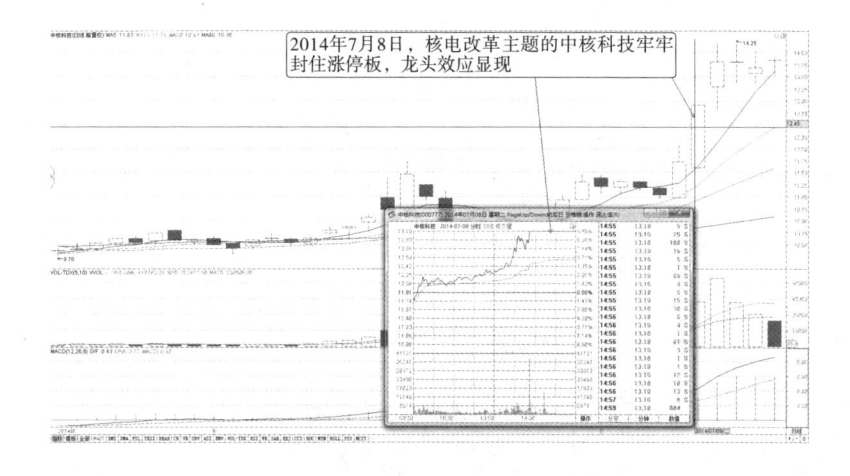

[图:2014年7月8日,核电改革主题的中核科技牢牢封住涨停板,龙头效应显现]

与沃尔核材相关的核电改革龙头股中核科技强势冲击涨停，股价突破近期的调整平台，股价创出阶段性新高，短期强势特征明显。同时，因为巨量封住涨停板，日内无法买入，从而考虑选择可能的龙二股沃尔核材。

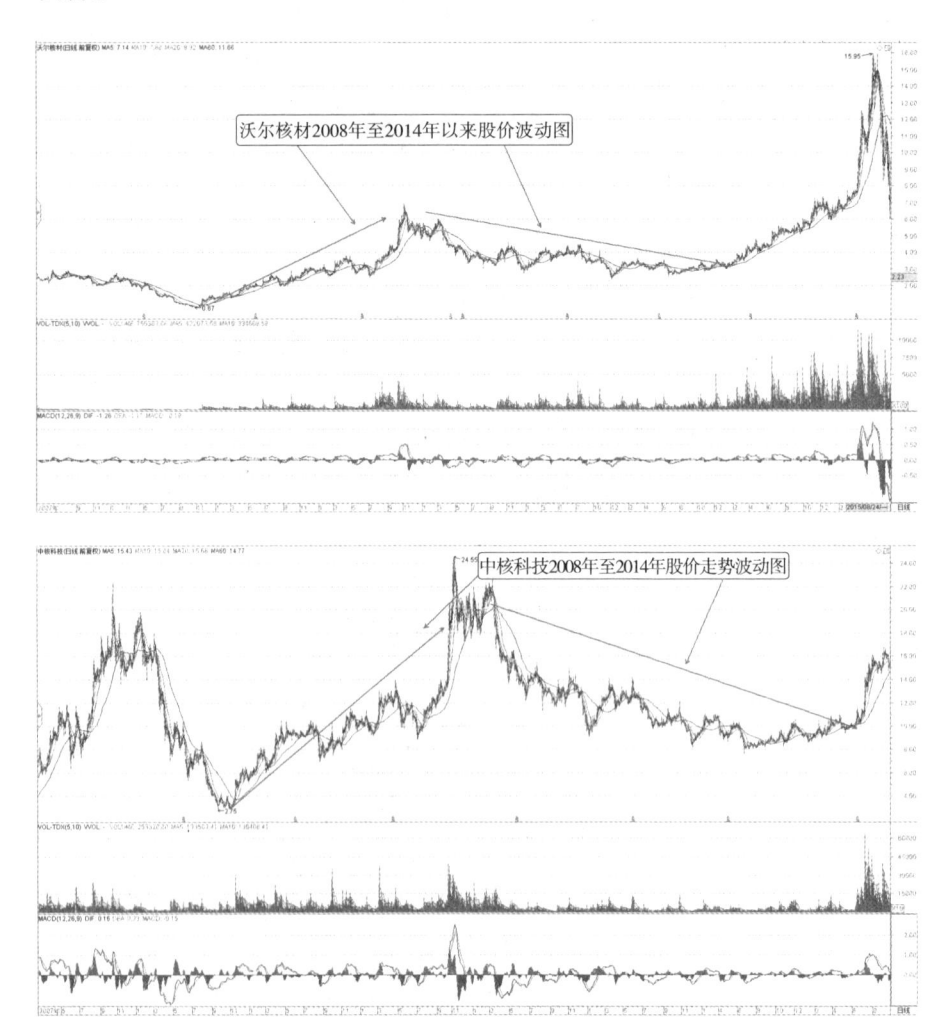

沃尔核材2008年至2014年以来股价波动图

中核科技2008年至2014年股价走势波动图

以上两幅对比图,从大周期角度,对比沃尔核材和中核科技股价波动的联动性,大周期有比较明显的关联性,先有大周期的机会,才可能有短周期的机会。

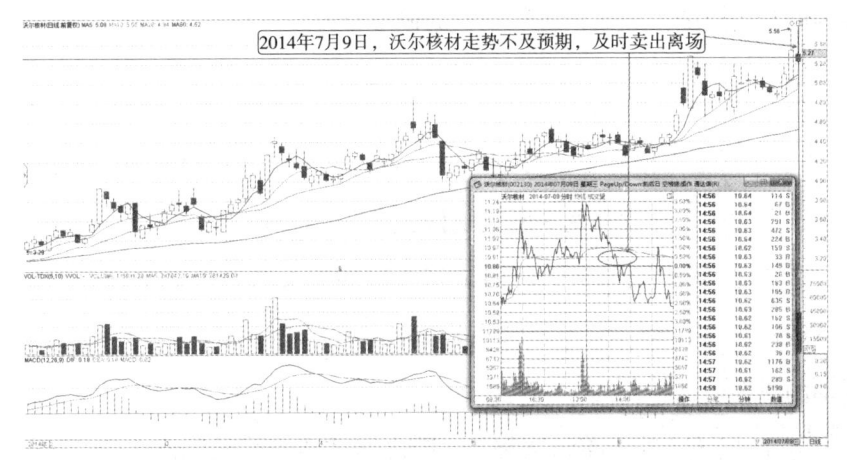

买入后,股价没能维持强者恒强的走势,哪怕没有盈利,也要果断离场。

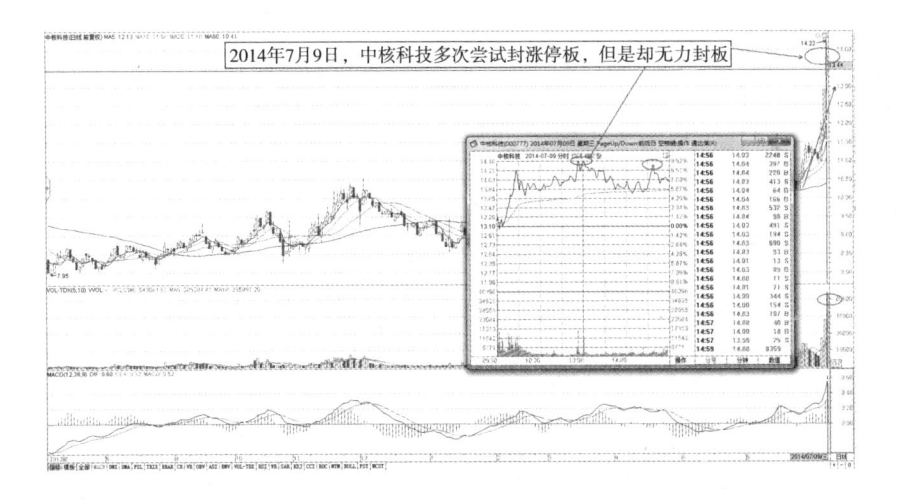

沃尔核材跟随的龙头股中核科技，在短期连续上涨后，单日内放出巨大成交量，同时，股价多次封涨停未能成功，短线面临回调的概率较大。这个时候要注意，一旦龙头股进入股价调整的阶段，那么相应的热点内的其他跟随个股股价进行调整的概率更大。

总结

① 在基本面相对确认后，可以多对比相关联个股的股价历史走势，从中挖掘战机，寻找和龙头股关联程度最高的标的。

② 一旦龙头股的走势转弱，那么跟随的关联个股大概率会走的更弱，根本原因在于，它本身就不是市场关注的焦点，只是利用股价短期联动的惯性而已。

③ 做短线，并不是每次都要大赚之后才离场，只能依据较短时间周期内，股价波动情况和市场炒作情绪情况作出买卖的决策。

7.泰山石油——龙一股的低吸

泰山石油作为石油混改主题的龙头股,绝对的龙一,在短线确立强势特征后,敢于买入龙头,短期获利的情况下,果断止盈。

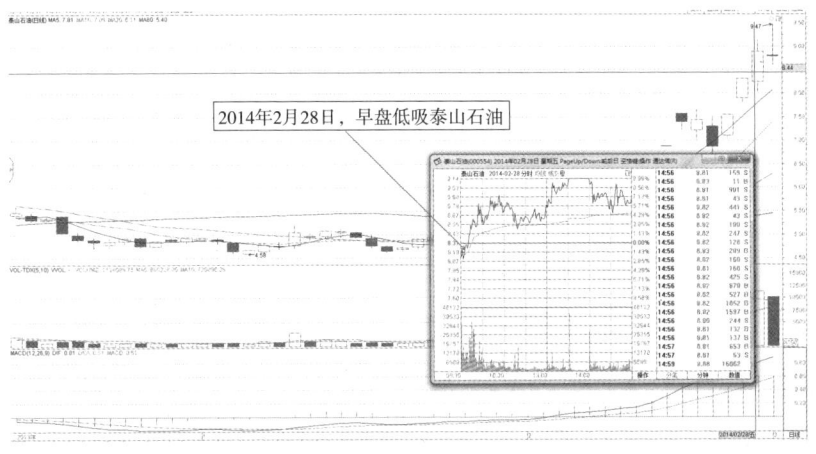

泰山石油早盘低开后,分时上出现掉头向上动作,同时成交量有配

合，要在股价分时出现向上时第一时间买入。要注意，当天低开的幅度不能太大，低开幅度较大的话表示短期股价再度向上的力量被削弱。买入后当天股价逐步走强，盘中冲击涨停，截至收盘，当天盈利6%左右。

2014年3月3日，泰山石油早盘出现冲高动作，分时上出现卖点，及时止盈

买入后第二个交易日，股价在早盘10:30左右，出现脉冲5%左右的动作，同时观察成交量，股价分时经过连续拉升后，量能上出现萎缩特征，要及时卖出，两天盈利10%左右。

总结

① 在热点主题的龙头股股价运行过程中，要敢于在日内盘中分时低点低吸，成功的低吸，会让持股心态更平稳。

② 一旦出现卖点，要果断离场，这个时候不要在意持股时间和盈利幅度的大小，毕竟弱势市场下，做的就是价差，做短线就是做短线，不能拖泥带水。

三、弱市波段战法案例精讲

1. 汉鼎股份——在缩量调整中加仓

汉鼎股份交易时间段：2014年1月8日～2014年1月17日

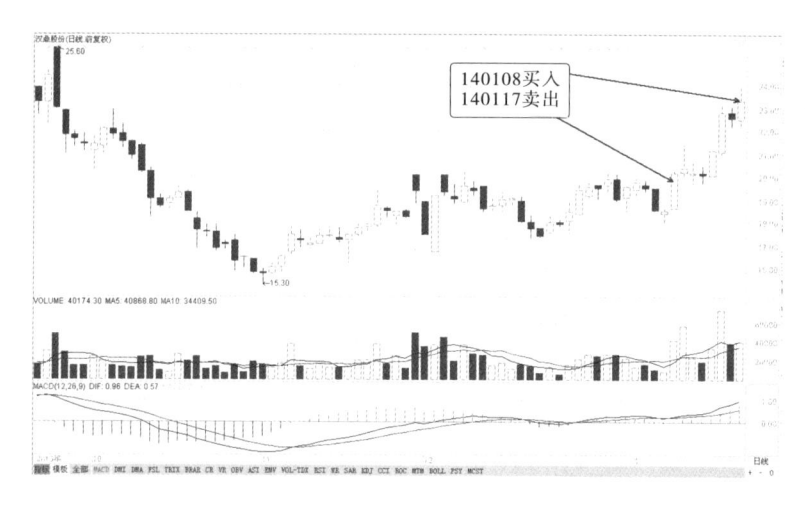

140108买入
140117卖出

1. 形态分析

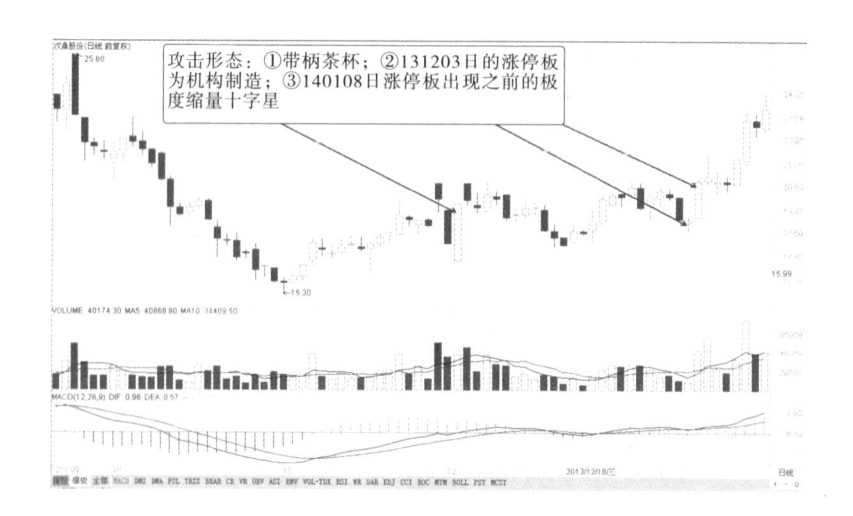

攻击形态：①带柄茶杯；②131203日的涨停板为机构制造；③140108日涨停板出现之前的极度缩量十字星

2. 机构身影

3. 分时图

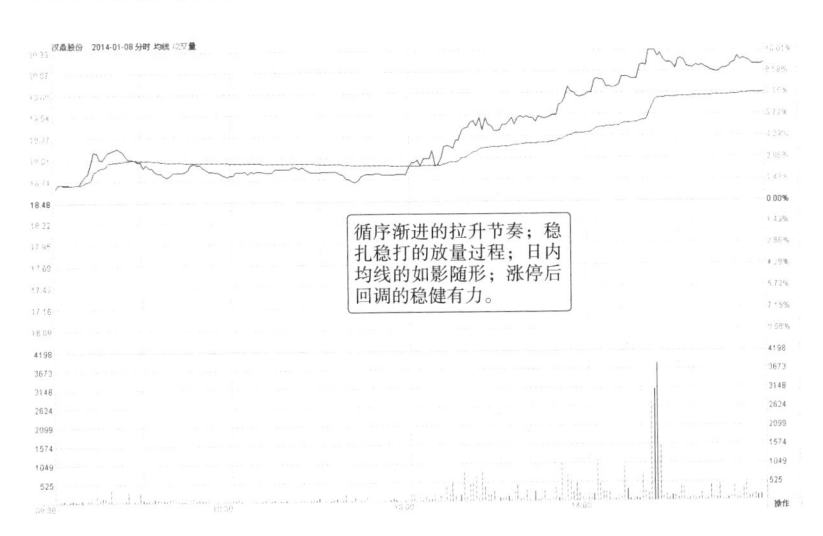

140108日分时图：

循序渐进的拉升节奏；稳扎稳打的放量过程；日内均线的如影随形；涨停后回调的稳健有力。

140109日分时图：

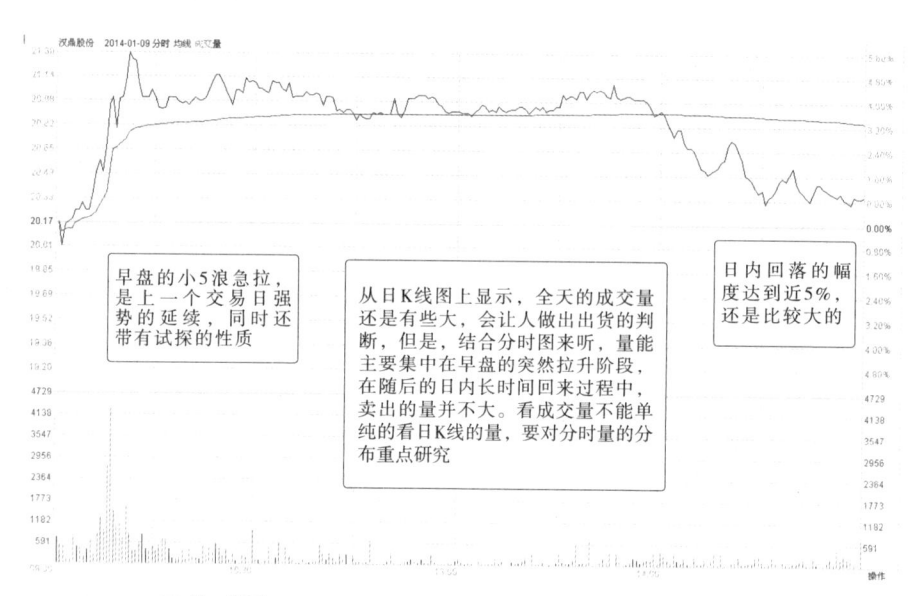

早盘的小5浪急拉，是上一个交易日强势的延续，同时还带有试探的性质

从日K线图上显示，全天的成交量还是有些大，会让人做出出货的判断，但是，结合分时图来听，量能主要集中在早盘的突然拉升阶段，在随后的日内长时间回来过程中，卖出的量并不大。看成交量不能单纯的看日K线的量，要对分时量的分布重点研究

日内回落的幅度达到近5%，还是比较大的

140110日分时图：

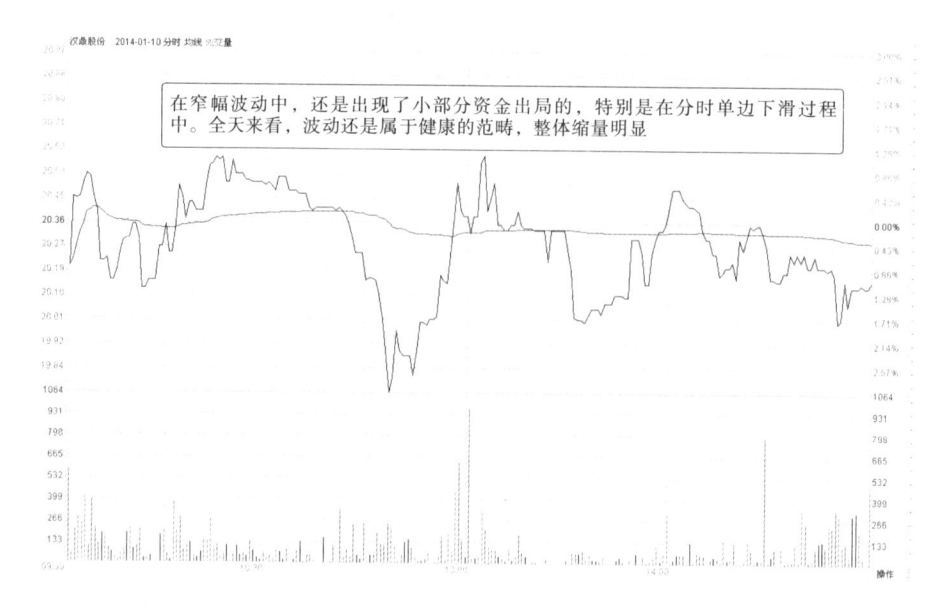

在窄幅波动中，还是出现了小部分资金出局的，特别是在分时单边下滑过程中。全天来看，波动还是属于健康的范畴，整体缩量明显

140113日分时图：

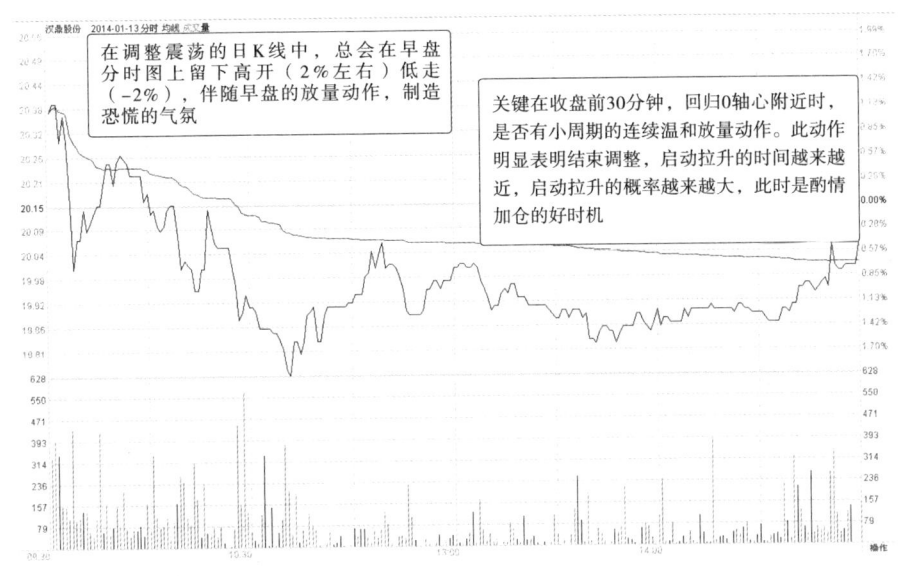

在调整震荡的日K线中，总会在早盘分时图上留下高开（2%左右）低走（-2%），伴随早盘的放量动作，制造恐慌的气氛

关键在收盘前30分钟，回归0轴心附近时，是否有小周期的连续温和放量动作。此动作明显表明结束调整，启动拉升的时间越来越近，启动拉升的概率越来越大，此时是酌情加仓的好时机

140114日分时图：

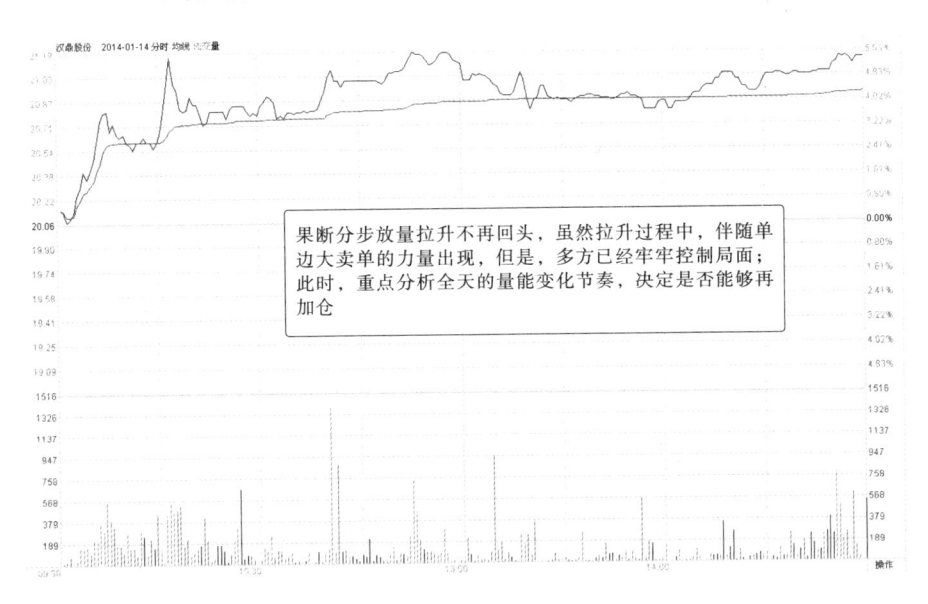

果断分步放量拉升不再回头，虽然拉升过程中，伴随单边大卖单的力量出现，但是，多方已经牢牢控制局面；此时，重点分析全天的量能变化节奏，决定是否能够再加仓

140115日分时图：

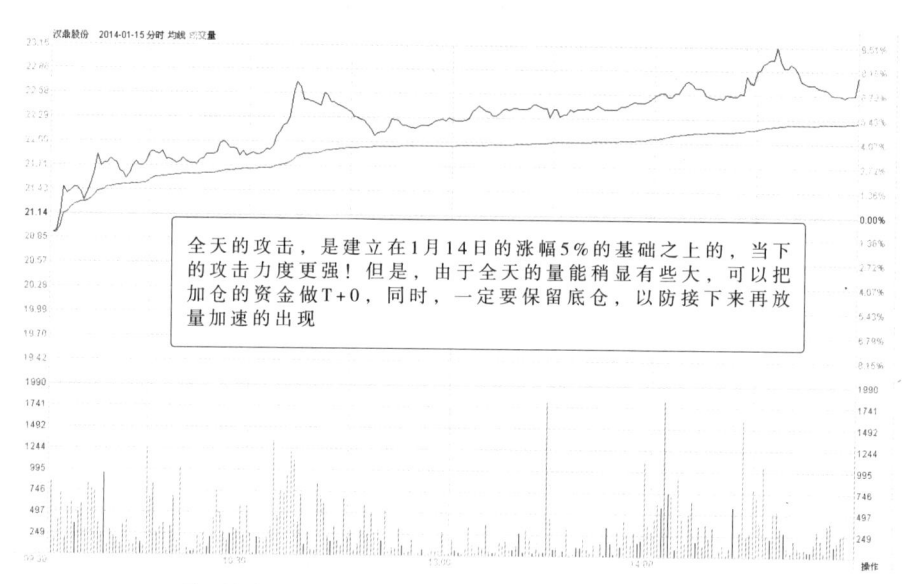

全天的攻击，是建立在1月14日的涨幅5%的基础之上的，当下的攻击力度更强！但是，由于全天的量能稍显有些大，可以把加仓的资金做T+0，同时，一定要保留底仓，以防接下来再放量加速的出现

140116日分时图：

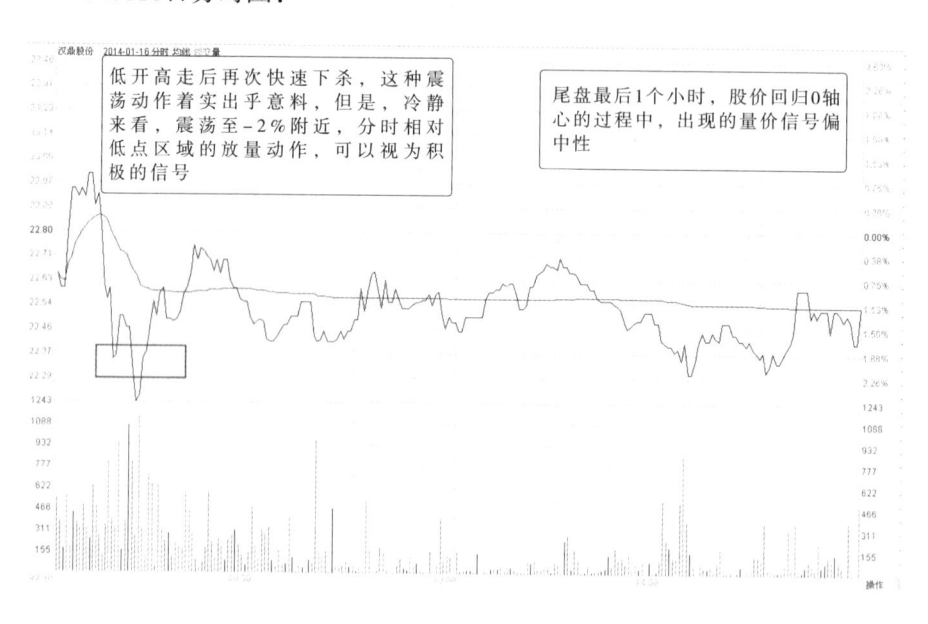

低开高走后再次快速下杀，这种震荡动作着实出乎意料，但是，冷静来看，震荡至-2%附近，分时相对低点区域的放量动作，可以视为积极的信号

尾盘最后1个小时，股价回归0轴心的过程中，出现的量价信号偏中性

140117日分时图：

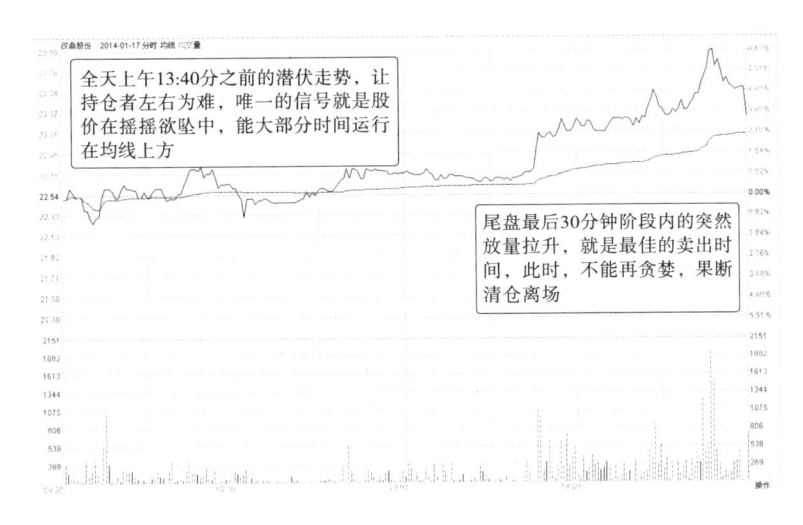

全天上午13:40分之前的潜伏走势，让持仓者左右为难，唯一的信号就是股价在摇摇欲坠中，能大部分时间运行在均线上方

尾盘最后30分钟阶段内的突然放量拉升，就是最佳的卖出时间，此时，不能再贪婪，果断清仓离场

4. 总结

① 关于汉鼎股份，最深的体会来自于20140109、20140110、20140113三个交易日的有效调整。无论是分时图、日K线特征、K线组合，量价配合的要素，都结合得比较到位。真正的操作高手，要敢于在连续出现缩量十字星之后，实施加仓的动作。

② 交易讲究的是身临其境，当时沪指还处于每天创新低的走势之中，创业板指数处于强势攻击过程中的震荡回调阶段，能够耐心持有汉鼎股份的仓位，不为大盘调整所动摇，就是操盘上的真功夫。

③ 核心的技术形态，有效的攻击趋势是基础，是操作与否的唯一支撑。短期K线组合、大盘操作环境、题材强弱程度是选择进场时机的三大并行要素。分时图要素，是当下判断的唯一信号来源，操作上需要时刻注意的关键点在于，如何对分时上的假动作进行识别。

2.天龙兴电——吃到拉升的波段

天龙光电交易时间段：2014年1月21日~2014年2月11日

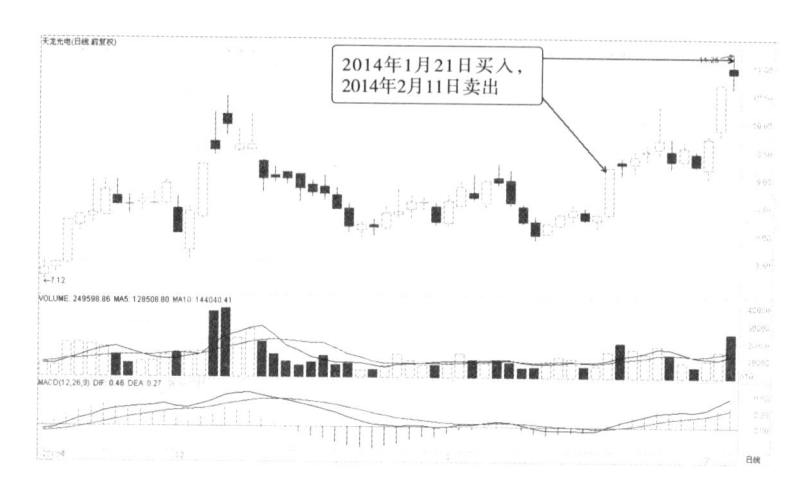

1.形态分析

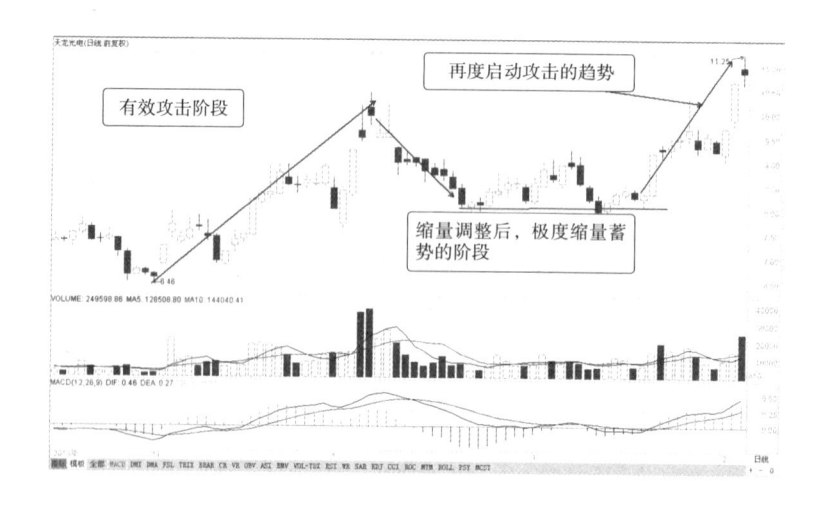

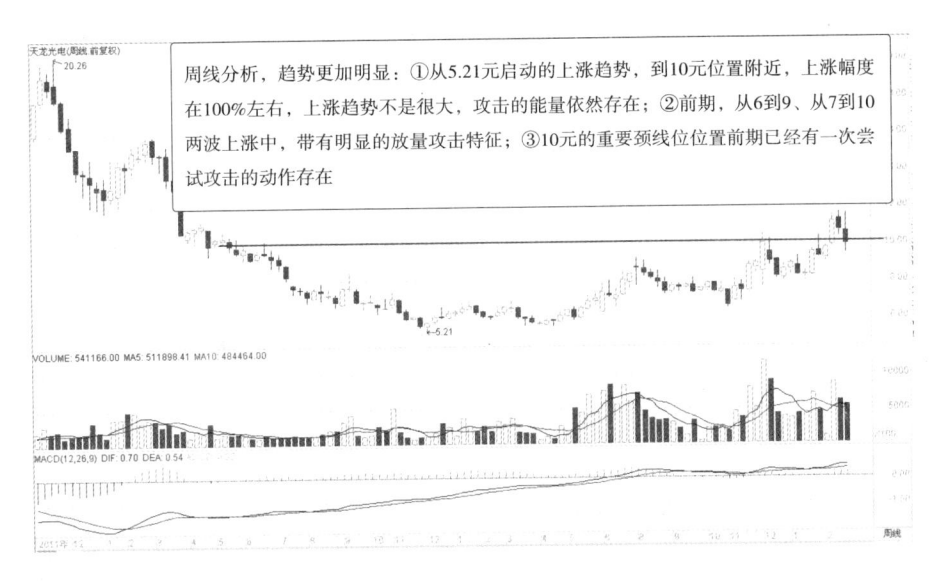

周线分析，趋势更加明显：①从5.21元启动的上涨趋势，到10元位置附近，上涨幅度在100%左右，上涨趋势不是很大，攻击的能量依然存在；②前期，从6到9、从7到10两波上涨中，带有明显的放量攻击特征；③10元的重要颈线位位置前期已经有一次尝试攻击的动作存在

2. 机构身影

【2013-12-04】12月04日日涨幅偏离值达到7%
涨跌幅%:10.82 成交量(万股):1434.00 成交金额(万元):12730.00
买入金额最大的前5名：

营业部名称	买入金额(元)	卖出金额(元)
上海证券有限责任公司杭州文二路证券营业部	12502234.88	43324.00
中信证券（浙江）有限责任公司杭州定安路证券营业部	12163536.00	
国泰君安证券股份有限公司成都北一环路证券营业部	9244590.07	23074.00
机构专用	6468000.00	
民生证券股份有限公司新密青屏大街证券营业部	2596440.00	55262.00

卖出金额最大的前5名：

营业部名称	买入金额(元)	卖出金额(元)
华泰证券股份有限公司南京鱼市街证券营业部	90705.00	5083972.23
招商证券股份有限公司无锡新生路证券营业部	953361.50	3872360.82
东兴证券股份有限公司福州五一中路证券营业部	1151979.48	3225120.00
光大证券股份有限公司宁波彩虹南路证券营业部	1243031.62	1950752.64
华泰证券股份有限公司无锡解放西路证券营业部	476457.03	1825726.00

【2013-12-05】12月05日累计涨幅达20%
涨跌幅%:21.17 成交量(万股):6818.00 成交金额(万元):60298.00
买入金额最大的前5名：

营业部名称	买入金额(元)	卖出金额(元)
机构专用	27620805.46	
中信证券股份有限公司上海世纪大道证券营业部	18916918.72	1065612.00
机构专用	16942571.14	
机构专用	13013048.30	
上海证券有限责任公司杭州文二路证券营业部	12550708.88	13365861.04

卖出金额最大的前5名：

营业部名称	买入金额(元)	卖出金额(元)
上海证券有限责任公司杭州文二路证券营业部	12550708.88	13365861.04
中信证券（浙江）有限责任公司杭州定安路证券营业部	12205819.00	12773911.10
国泰君安证券股份有限公司南京太平南路证券营业部	9775378.20	11441044.76
招商证券股份有限公司无锡新生路证券营业部	2655138.90	11054609.82
国泰君安证券股份有限公司成都北一环路证券营业部	9508890.07	10180889.00

3. 分时图分析

20140121之一：

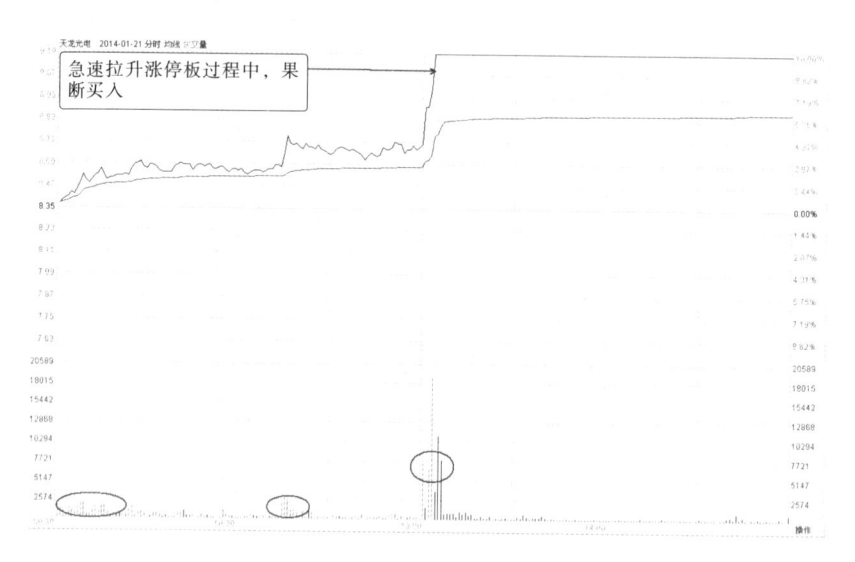

急速拉升涨停板过程中，果断买入

弱市盈利战法精讲 51

20140121之二：

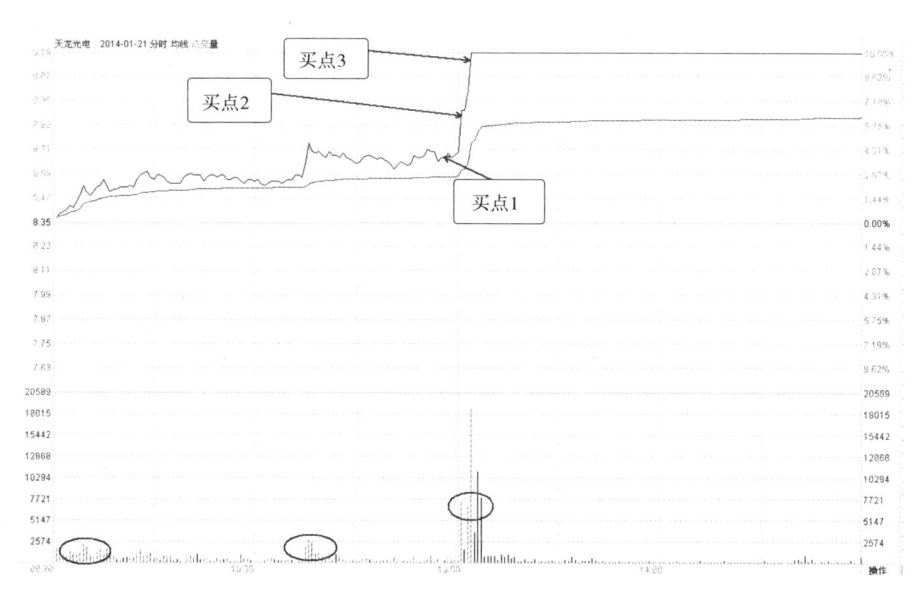

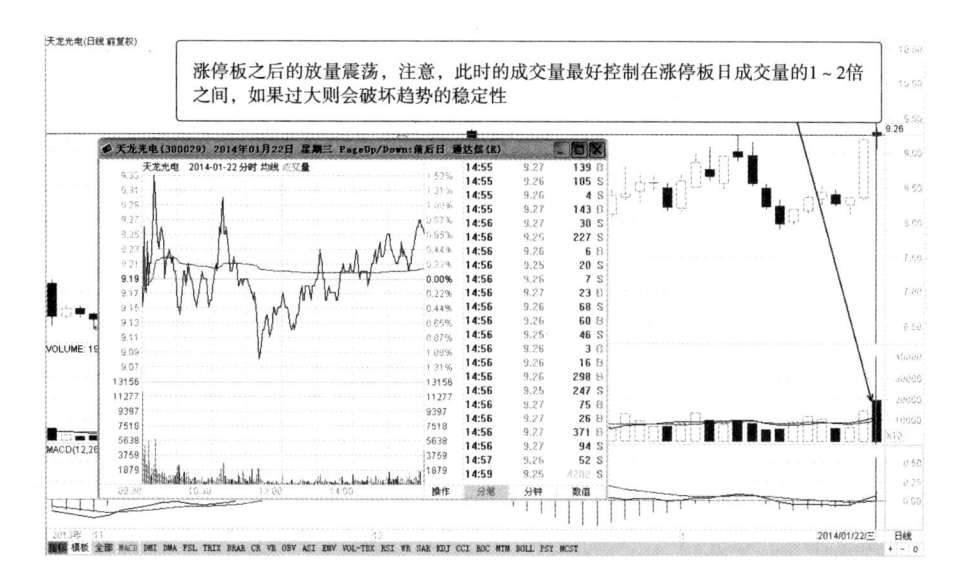

20140122：

涨停板之后的放量震荡，注意，此时的成交量最好控制在涨停板日成交量的1~2倍之间，如果过大则会破坏趋势的稳定性

20140123：

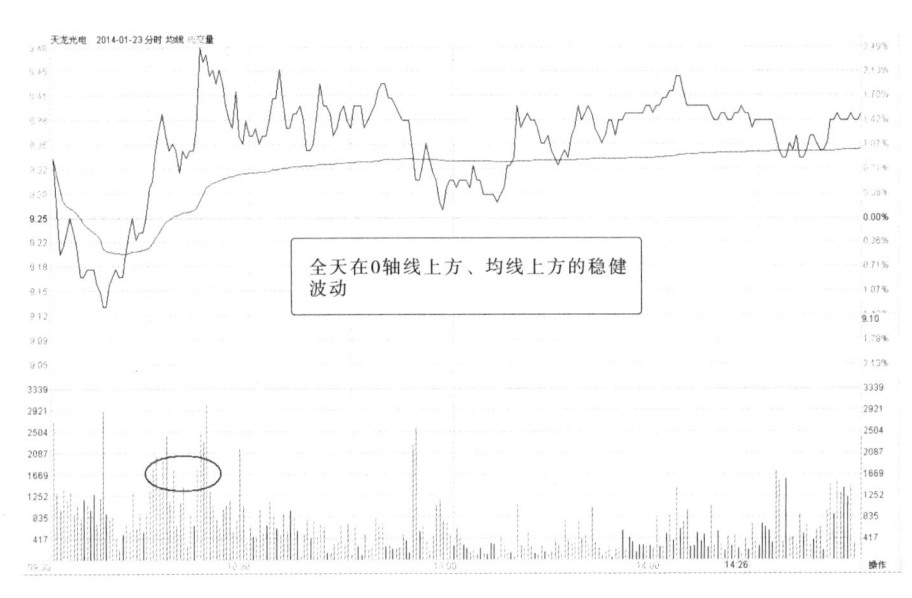

全天在0轴线上方、均线上方的稳健波动

20140124：

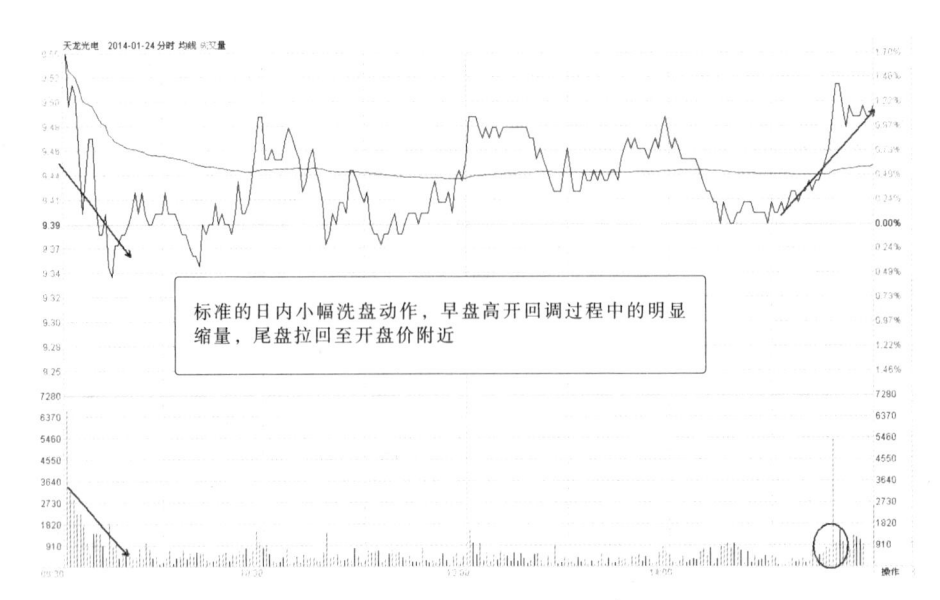

标准的日内小幅洗盘动作，早盘高开回调过程中的明显缩量，尾盘拉回至开盘价附近

20140127：

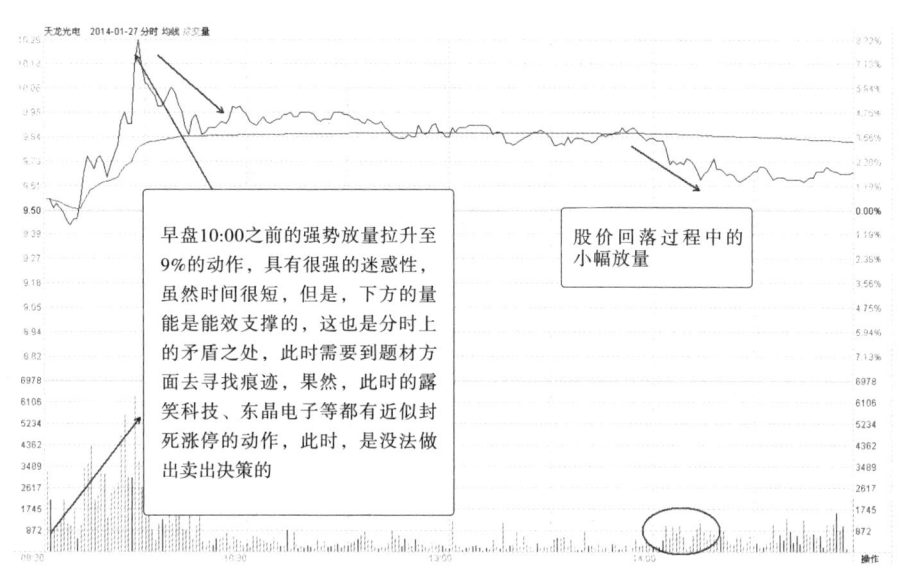

> 早盘10:00之前的强势放量拉升至9%的动作，具有很强的迷惑性，虽然时间很短，但是，下方的量能是能效支撑的，这也是分时上的矛盾之处，此时需要到题材方面去寻找痕迹，果然，此时的露笑科技、东晶电子等都有近似封死涨停的动作，此时，是没法做出卖出决策的

> 股价回落过程中的小幅放量

2014年1月27日，同属蓝宝石题材的关联个股露笑科技的分时图：

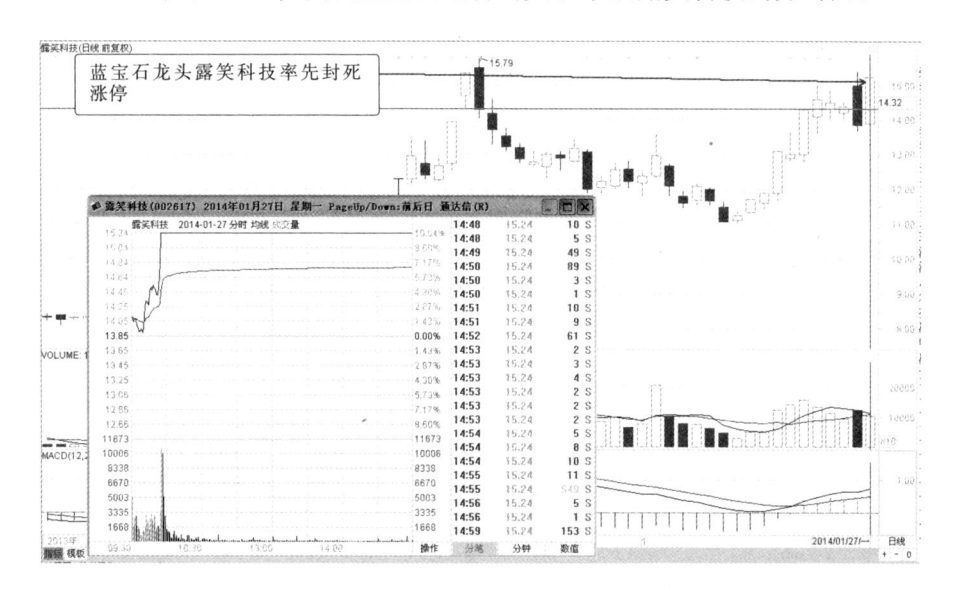

> 蓝宝石龙头露笑科技率先封死涨停

2014年1月27日，同属蓝宝石题材的关联个股东晶电子的分时图：

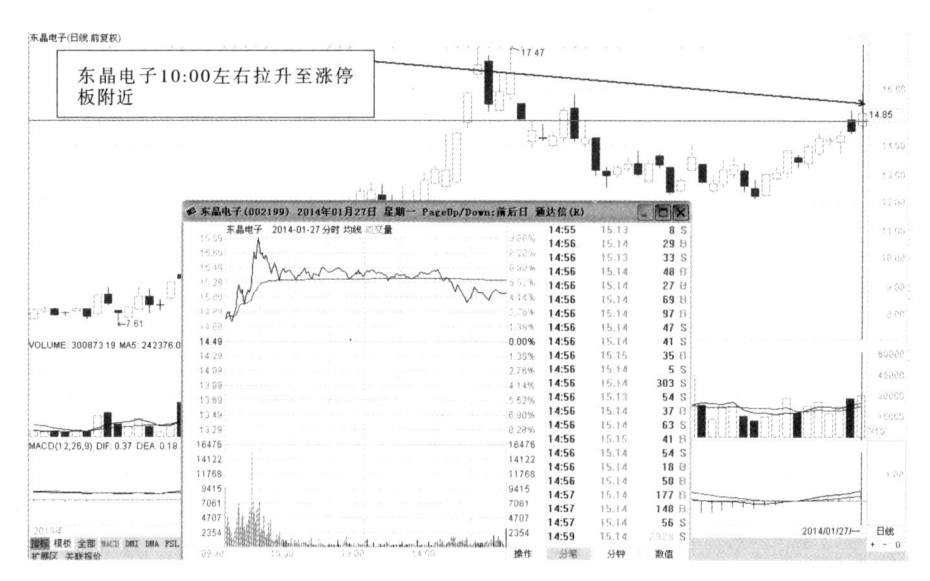

东晶电子10:00左右拉升至涨停板附近

20140128：

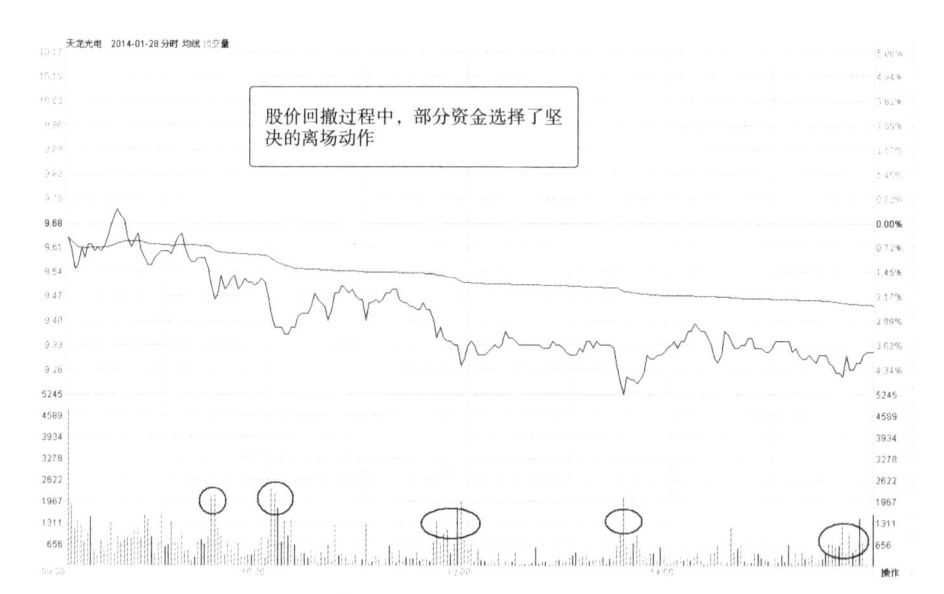

股价回撤过程中，部分资金选择了坚决的离场动作

20140129：

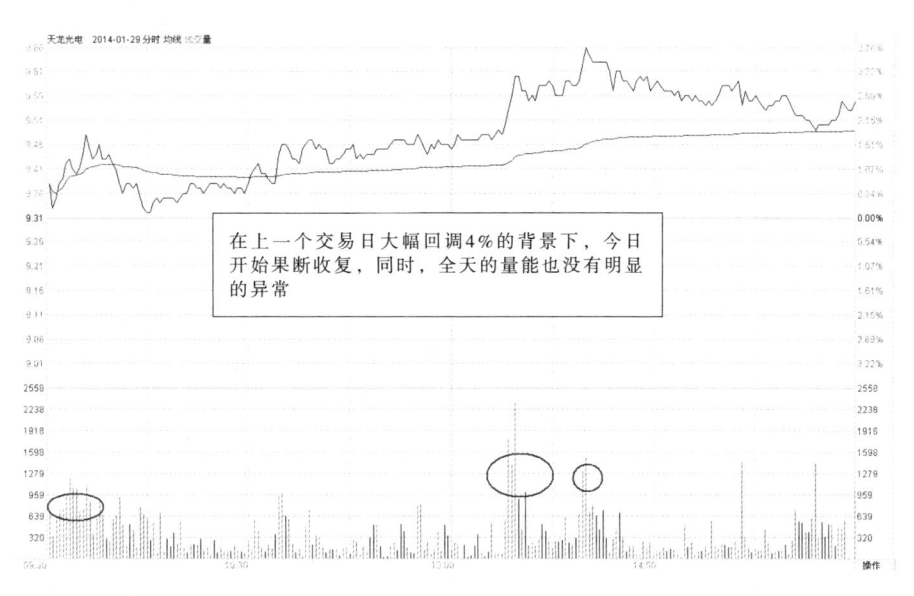

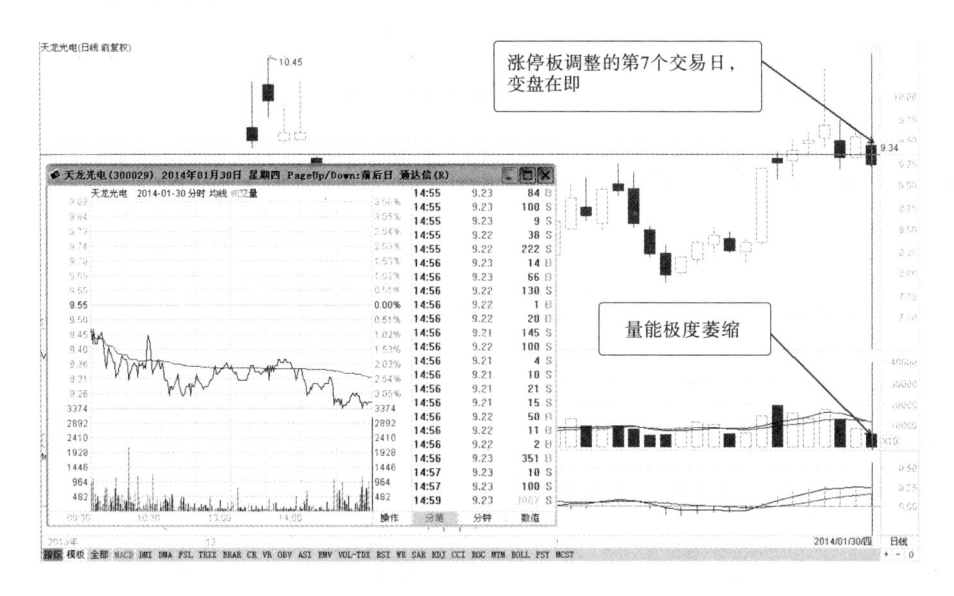

在上一个交易日大幅回调4%的背景下，今日开始果断收复，同时，全天的量能也没有明显的异常

20140130：

涨停板调整的第7个交易日，变盘在即

量能极度萎缩

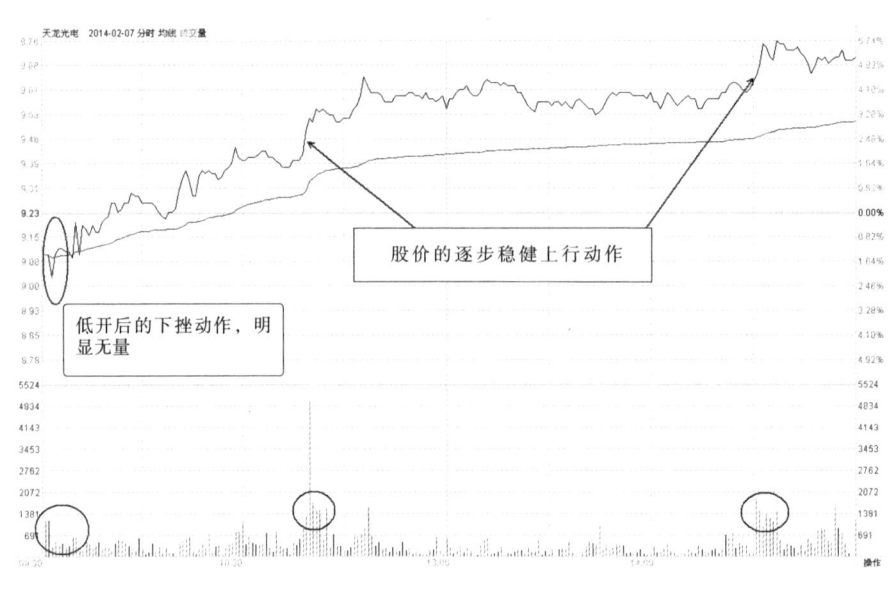

淘金弱势股

股价的逐步稳健上行动作

低开后的下挫动作，明显无量

20140210：

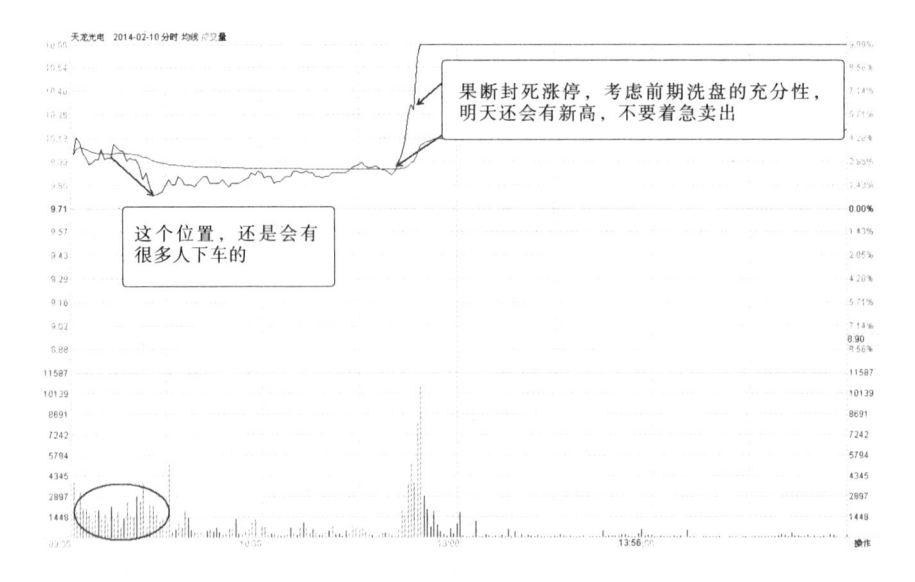

果断封死涨停，考虑前期洗盘的充分性，明天还会有新高，不要着急卖出

这个位置，还是会有很多人下车的

20140211：

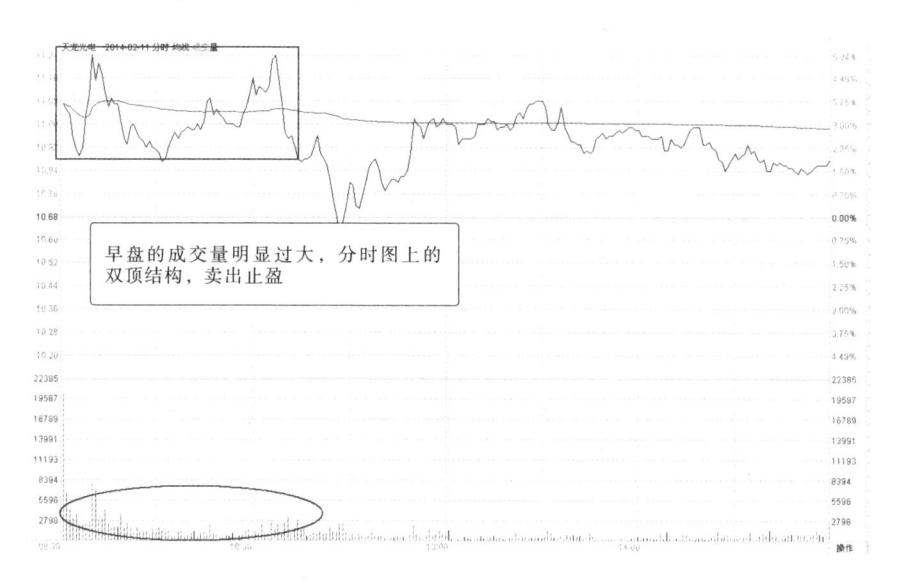

早盘的成交量明显过大，分时图上的双顶结构，卖出止盈

4. 总结

综观整个过程，可以在买点位置进行优化：在前期技术形态等关键因素作为基础的前提下，可以在当日分时启动位置参考题材中龙头股、跟随股等相关个股股价表现情况，在股价拉升至4%～7%的位置附近，果断买进。如果实在做不到这一点，就只能退而求其次，在股价接近涨停的位置买入；或者在股价封死涨停后出现打开的动作时买入；或者在股价先封住涨停板、打开、再次封死涨停后，挂单买入。

1月27日早盘放量大幅急拉，这种短期的趋势判断，很是考验操盘手的心态，那个时候是买，还是卖？若止盈离场，止盈后，个股后面几个交易日"强者恒强"怎么办？不卖，任由股价大幅回调，利润回吐。交易永远是个矛盾的过程。这个时候，能做的，就是借助其他要素进行综合分析与判断，题材的强弱程度、题材的可持续性、大盘指数的短线趋势等。在众多的要素复杂交织中，短时间内从蛛丝马迹中找出关键的主导要素，从而作出判断。同时，还要切记的是，进场交易时，制定的上涨空间这一重要要素的支撑，心里时刻有这个底做支撑，才能在盘面的诱惑与恐惧中，做出变与不变的决策。

3. 亿通科技——短期如何控制利润的回吐

亿通科技交易时间段：2014年1月23日~2014年2月12日

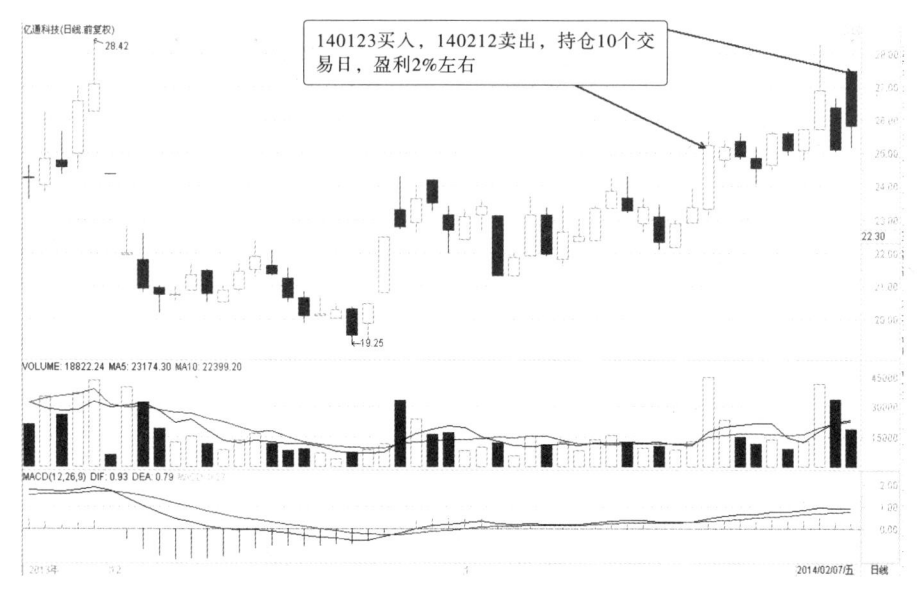

140123买入，140212卖出，持仓10个交易日，盈利2%左右

亿通科技日K线图

1. 形态分析

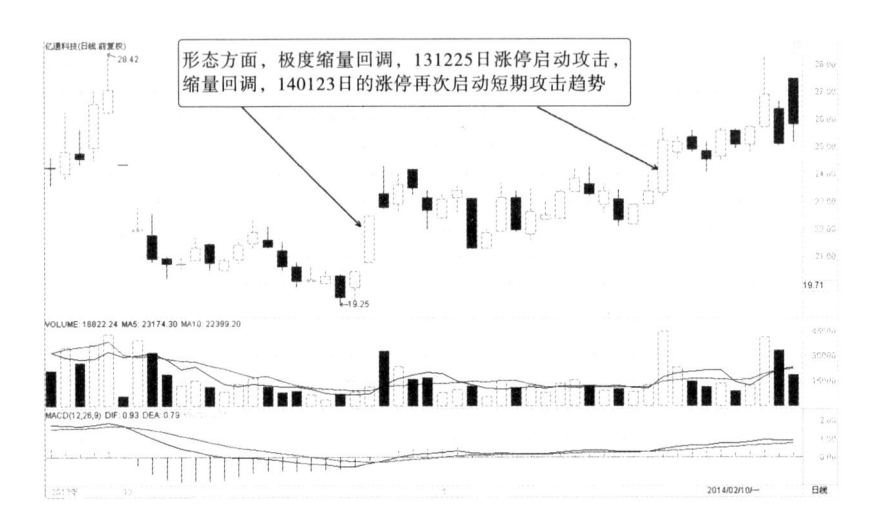

形态方面，极度缩量回调，131225日涨停启动攻击，缩量回调，140123日的涨停再次启动短期攻击趋势

2. 分时图分析

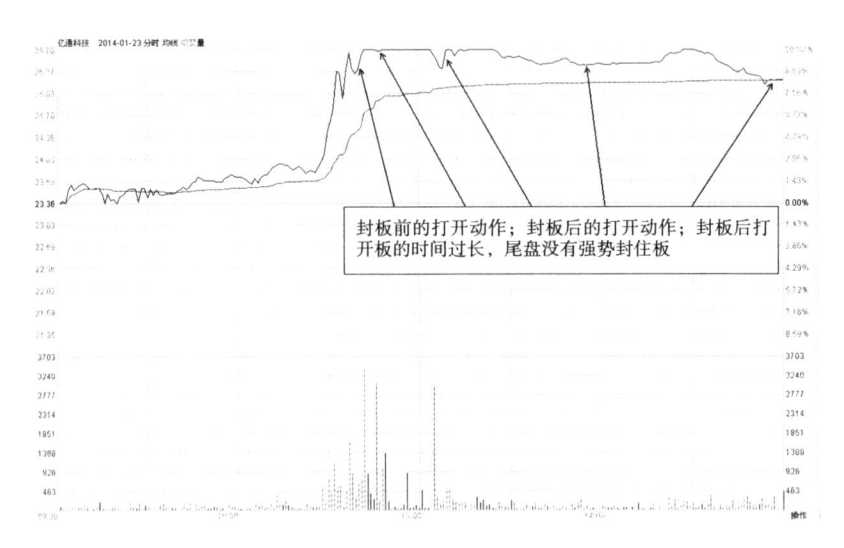

140123日分时图：

封板前的打开动作；封板后的打开动作；封板后打开板的时间过长，尾盘没有强势封住板

140124日分时图：

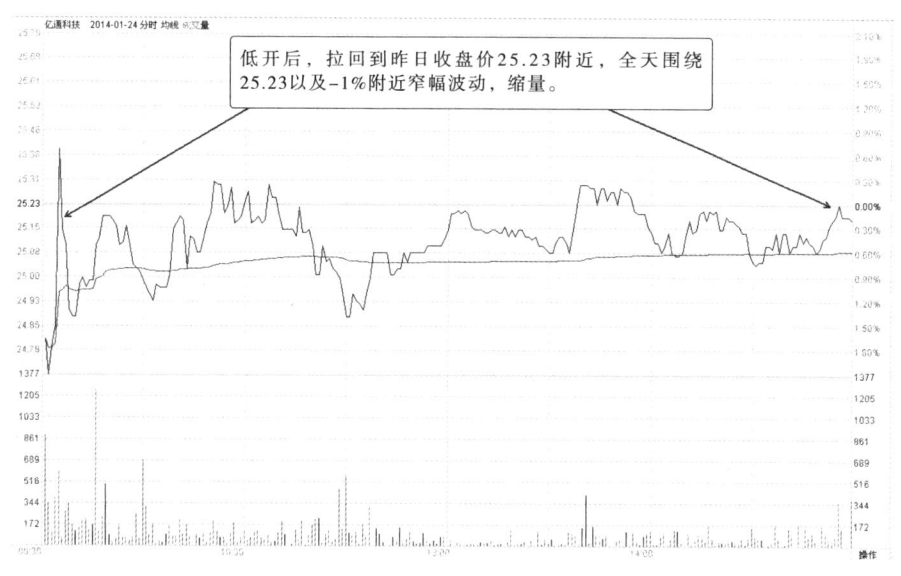

低开后，拉回到昨日收盘价25.23附近，全天围绕25.23以及-1%附近窄幅波动，缩量。

140127日分时图：

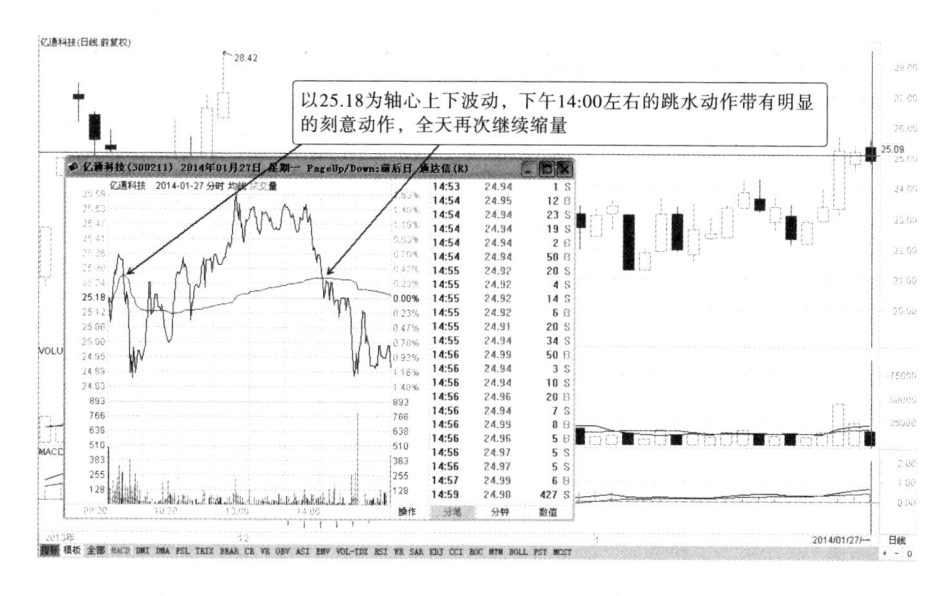

以25.18为轴心上下波动，下午14:00左右的跳水动作带有明显的刻意动作，全天再次继续缩量

140128日分时图：

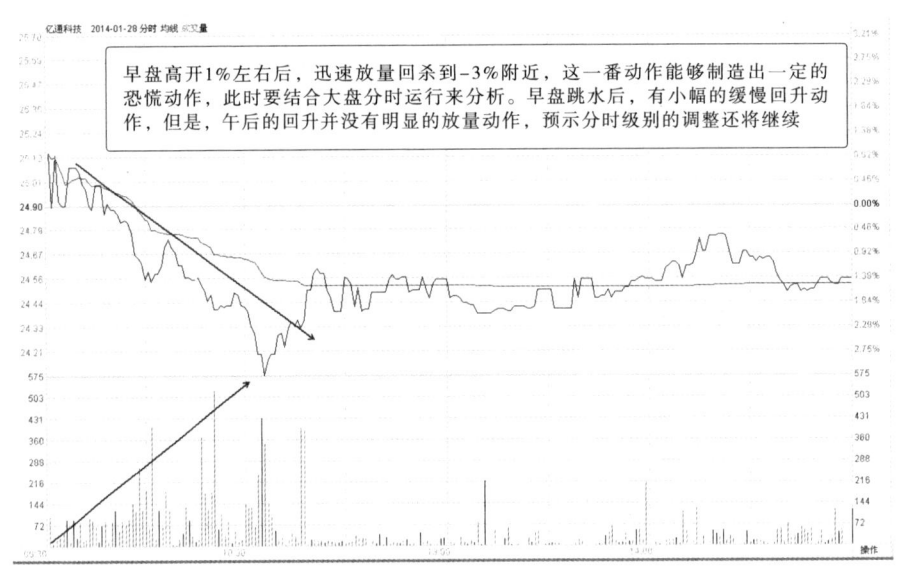

早盘高开1%左右后，迅速放量回杀到-3%附近，这一番动作能够制造出一定的恐慌动作，此时要结合大盘分时运行来分析。早盘跳水后，有小幅的缓慢回升动作，但是，午后的回升并没有明显的放量动作，预示分时级别的调整还将继续

140129日分时图：

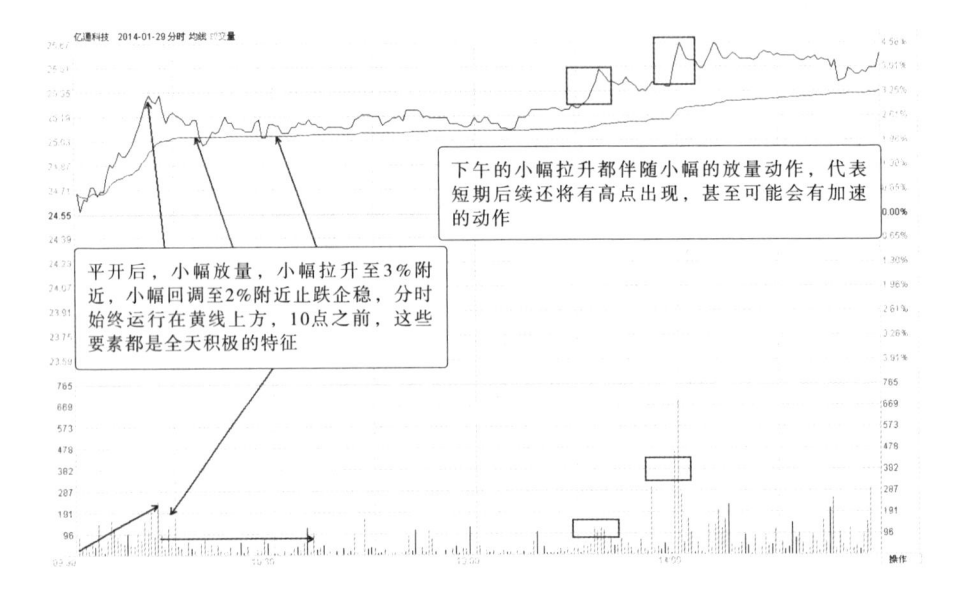

下午的小幅拉升都伴随小幅的放量动作，代表短期后续还将有高点出现，甚至可能会有加速的动作

平开后，小幅放量，小幅拉升至3%附近，小幅回调至2%附近止跌企稳，分时始终运行在黄线上方，10点之前，这些要素都是全天积极的特征

140130日分时图：

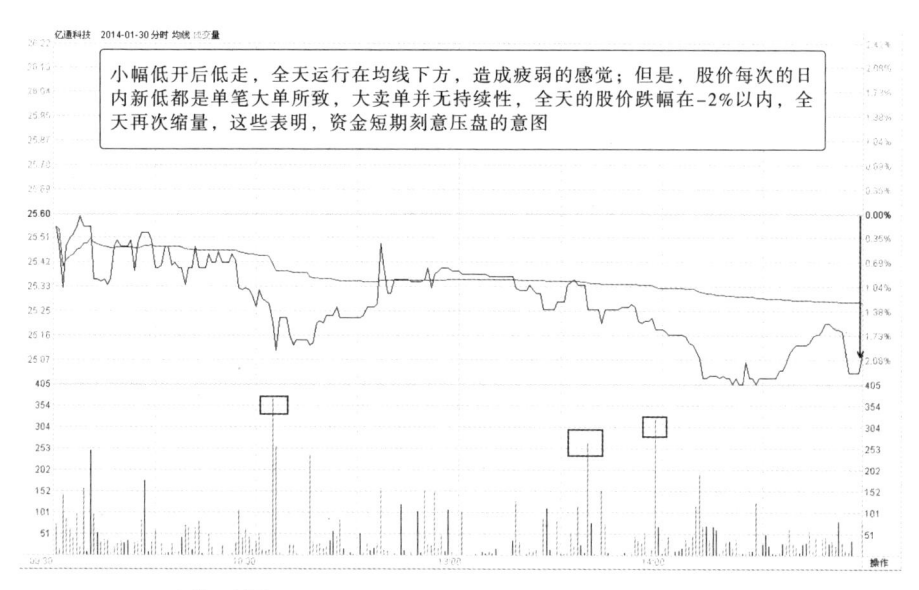

小幅低开后低走，全天运行在均线下方，造成疲弱的感觉；但是，股价每次的日内新低都是单笔大单所致，大卖单并无持续性，全天的股价跌幅在-2%以内，全天再次缩量，这些表明，资金短期刻意压盘的意图

140207日分时图：

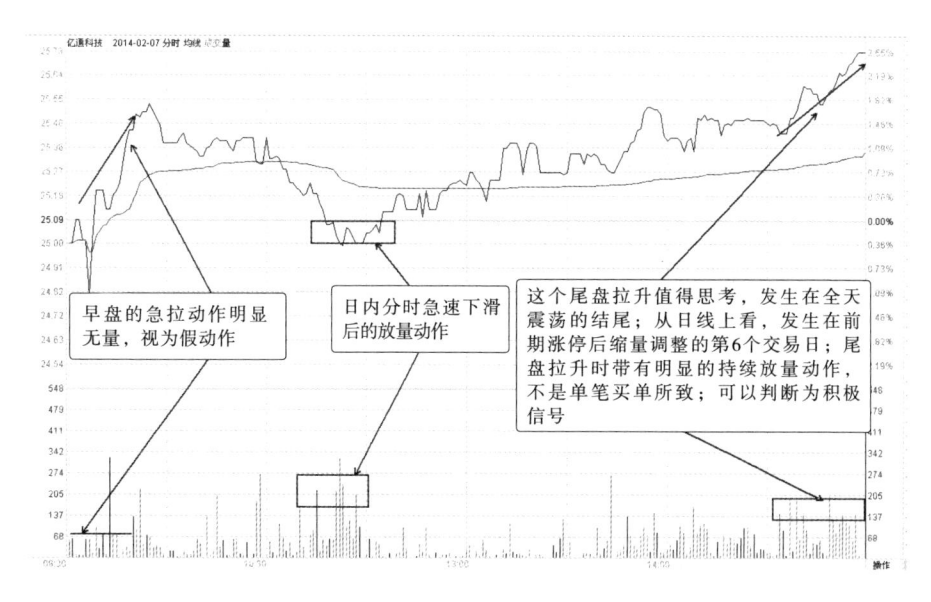

早盘的急拉动作明显无量，视为假动作

日内分时急速下滑后的放量动作

这个尾盘拉升值得思考，发生在全天震荡的结尾；从日线上看，发生在前期涨停后缩量调整的第6个交易日；尾盘拉升时带有明显的持续放量动作，不是单笔买单所致；可以判断为积极信号

重要的加仓信号出现：

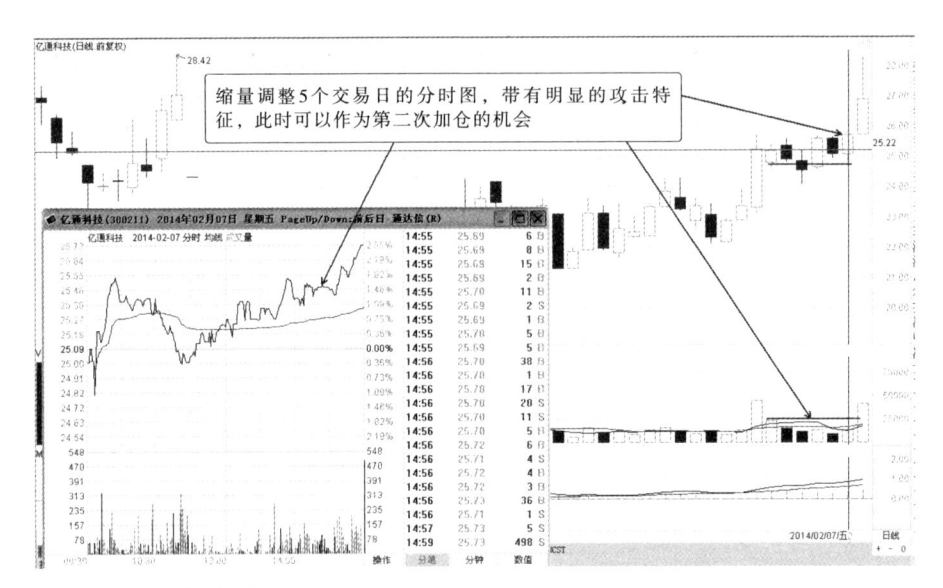

缩量调整5个交易日的分时图，带有明显的攻击特征，此时可以作为第二次加仓的机会

140210分时图：

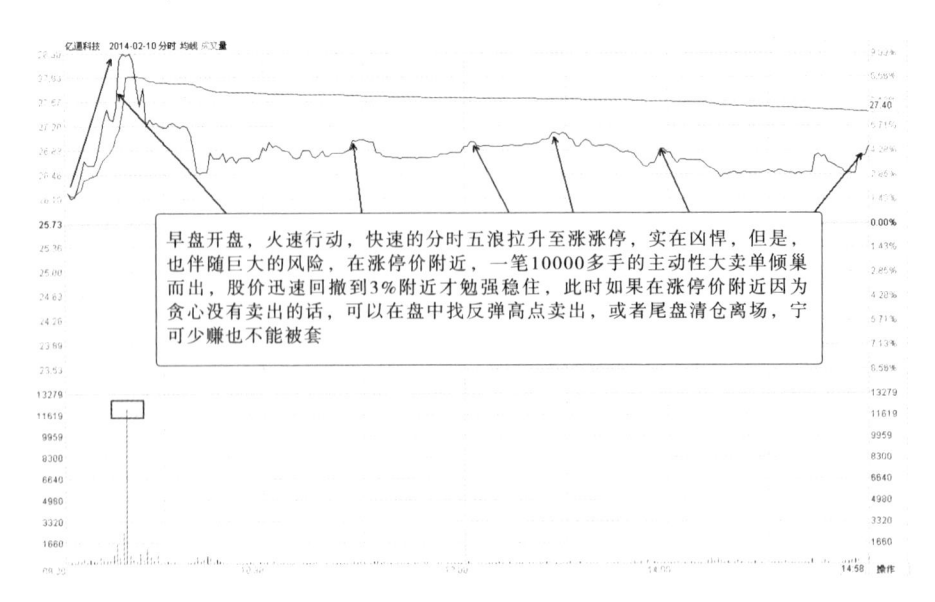

早盘开盘，火速行动，快速的分时五浪拉升至涨涨停，实在凶悍，但是，也伴随巨大的风险，在涨停价附近，一笔10000多手的主动性大卖单倾巢而出，股价迅速回撤到3%附近才勉强稳住，此时如果在涨停价附近因为贪心没有卖出的话，可以在盘中找反弹高点卖出，或者尾盘清仓离场，宁可少赚也不能被套

140211日分时图：

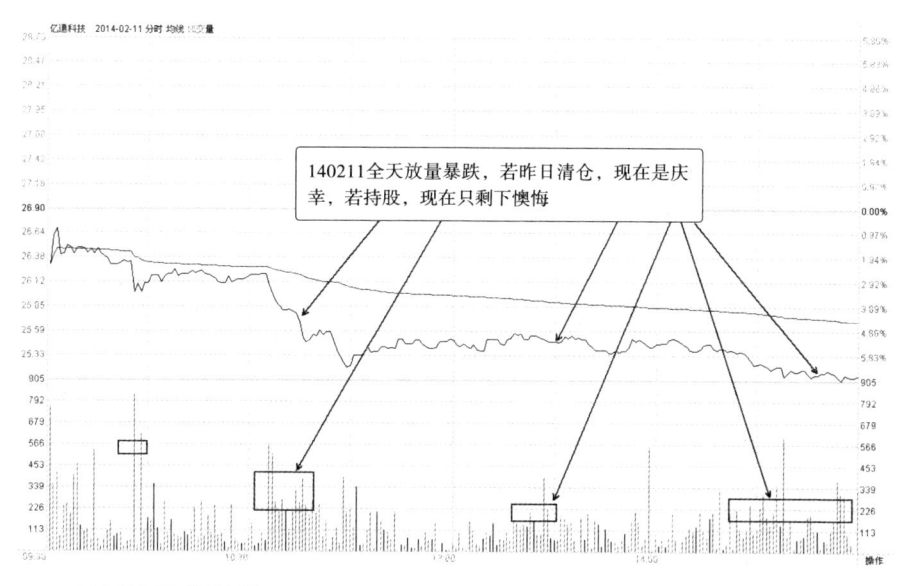

140211全天放量暴跌，若昨日清仓，现在是庆幸，若持股，现在只剩下懊悔

141212日分时图：

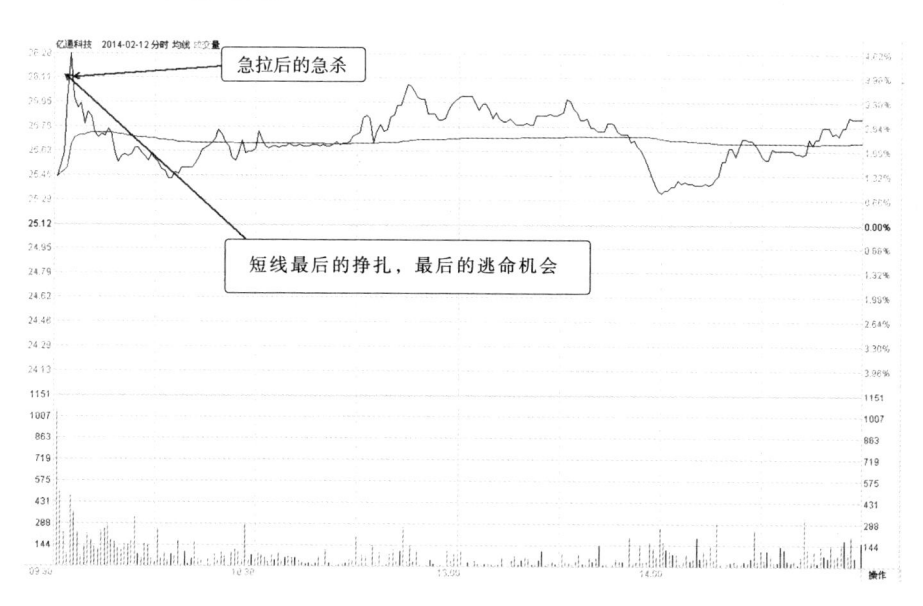

急拉后的急杀

短线最后的挣扎，最后的逃命机会

3. 总结

忍耐了10日持股后的等待，换回来的却是小赚2%的离场，而且是被动的离场，原因有二：①对早盘急拉分时图风险的意识不敏捷，对急拉后单笔10000多手超级大卖单的风险认识不够；②对前期20131225日涨停板、20140123日涨停板阶梯上攻后第三波上攻末梢的风险没有很好的理解。总之，因为贪心，带来的是尴尬的离场。

实事求是地讲，从技术上来判断，1月23日进场交易的时候，就已经对此次交易向上的空间做出了预测，判定的依据来自两点：第一，从大周期来看，股价前期从10.36的反弹到2013年11月29日的28.42，这波趋势中，股价上涨了200%，股价基本上呈现单边上涨的趋势。当下的交易，只能定义为股价从28.42回调到20元之后的反抽趋势，那么反抽的目标价第一步只能看到前期高点28.42附近，从实战来看，往往低于这个价格出现的概率更高。第二，从2013年12月15日的涨停、2014年1月23日的涨停，这些都是趋势的节奏运行的急速的表现，这样的节奏，往往在空间上不会太高，时间上不会太长。那么，在28.42元下方附近，就是我们的目标位。在这些东西都清晰之后，形成的卖出计划才会更加坚定，2014年2月10日早盘急拉的分时，就是果断清仓的最好时机。

4. 开元仪器——要充分考虑股性

开元仪器交易时间段：2014年2月25日～2014年2月26日

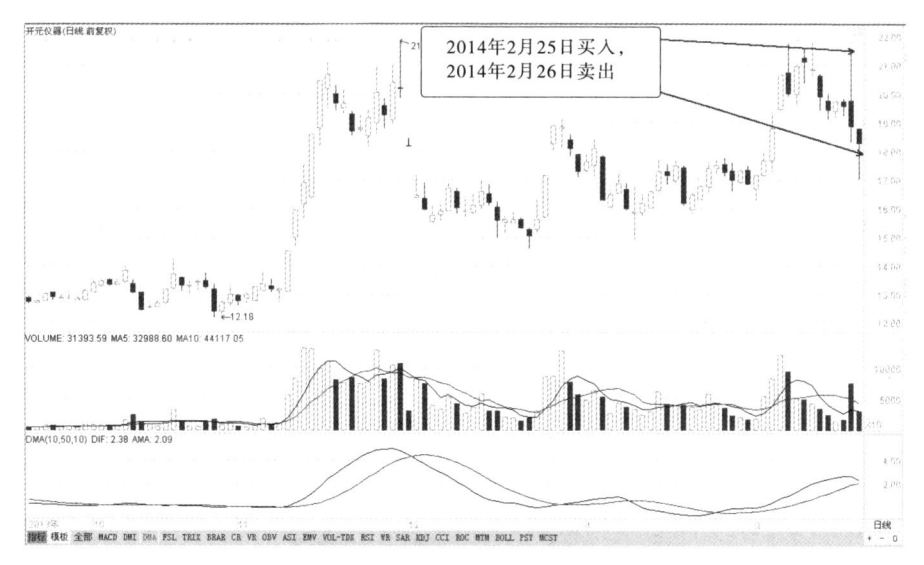

开元仪器日K线图

1. 形态分析

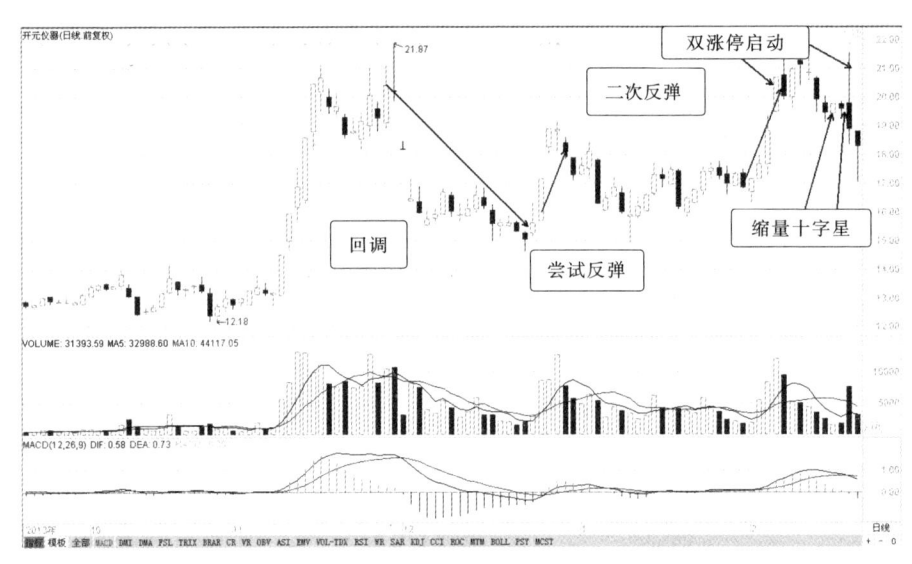

开元仪器震荡走势

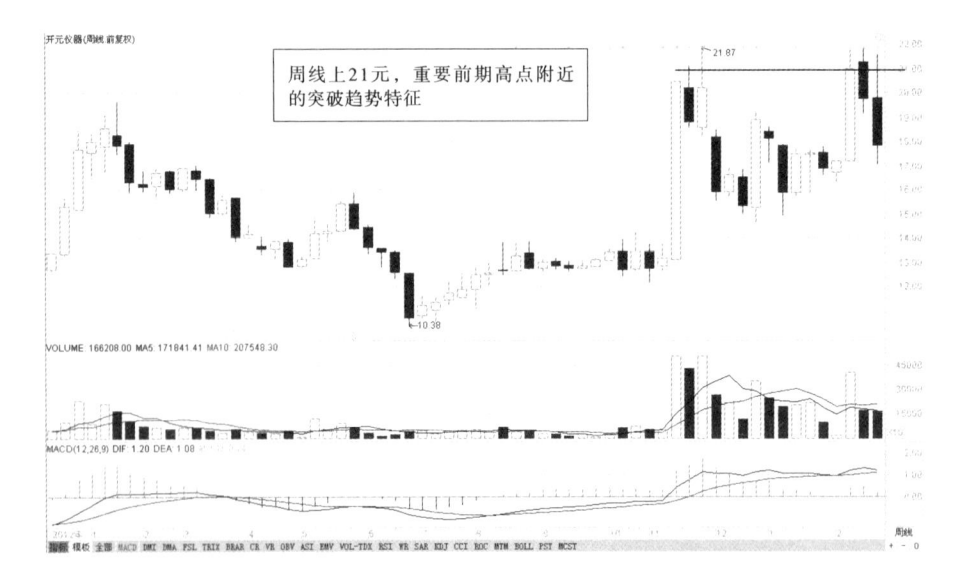

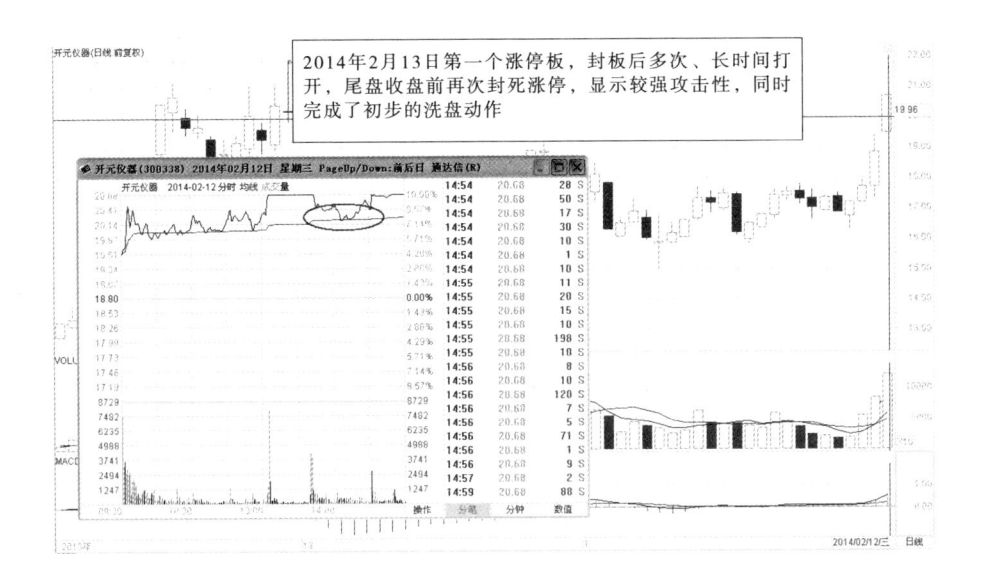

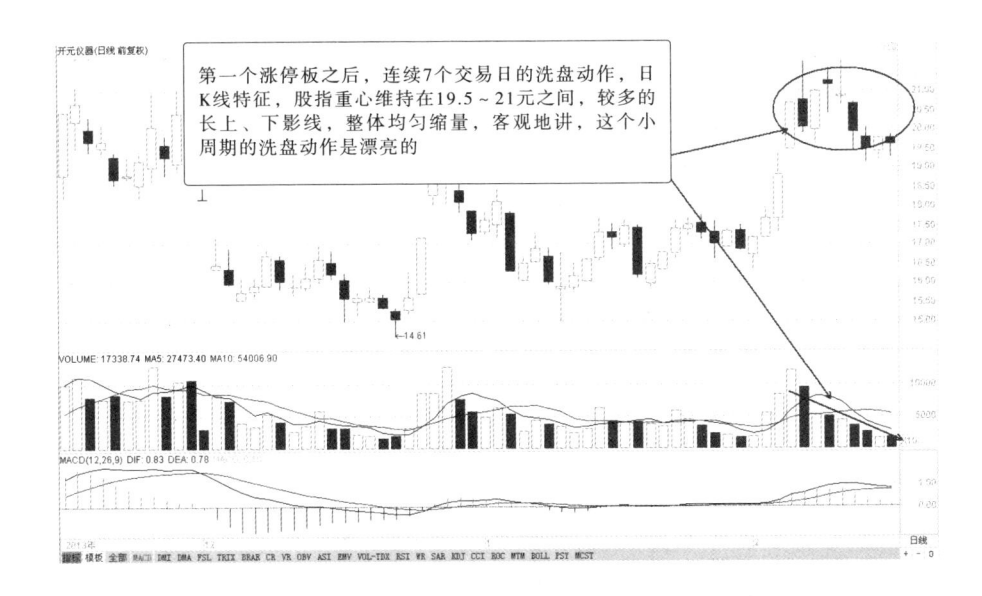

2014年2月13日第一个涨停板，封板后多次、长时间打开，尾盘收盘前再次封死涨停，显示较强攻击性，同时完成了初步的洗盘动作

第一个涨停板之后，连续7个交易日的洗盘动作，日K线特征，股指重心维持在19.5～21元之间，较多的长上、下影线，整体均匀缩量，客观地讲，这个小周期的洗盘动作是漂亮的

2. 机构身影

2014年2月12日第一个涨停板：

【4.异动上榜】
【2014-02-12】02月12日换手率达20%
涨跌幅%:0.00 成交量(万股):1219.00 成交金额(万元):24687.00
买入金额最大的前5名：

营业部名称	买入金额(元)	卖出金额(元)
光大证券股份有限公司宁波解放南路证券营业部	41675115.64	
中信建投证券股份有限公司武汉中北路证券营业部	9570456.64	17996.00
华泰证券股份有限公司成都人民南路证券营业部	6205537.12	160986.00
光大证券股份有限公司杭州庆春路证券营业部	5586580.73	123010.00
国泰君安交易单元(010000)	5220805.68	8156.00

卖出金额最大的前5名：

营业部名称	买入金额(元)	卖出金额(元)
上海证券有限责任公司乐清旭阳路证券营业部		3241292.54
中信建投证券股份有限公司上海五莲路证券营业部	20200.00	3192383.50
申银万国证券股份有限公司郑州商务外环路证券营业部	18278.00	3049403.27
安信证券股份有限公司哈尔滨果戈里大街证券营业部		2939396.68
财通证券股份有限公司绍兴人民中路证券营业部	278886.00	2839404.40

> 2月12日的涨停板是以游资队伍对决为主，并且前五名的买方力量并没有明显强过卖方

再往前寻找，2013年12月25日～2013年12月26日的买卖资金：

【2013-12-26】12月26日累计涨幅达20%
涨跌幅%:20.71 成交量(万股):2101.00 成交金额(万元):36378.00
买入金额最大的前5名：

营业部名称	买入金额(元)	卖出金额(元)
中国银河证券股份有限公司宁波大庆南路证券营业部	26245709.33	
机构专用	13735515.00	
机构专用	8241600.00	
中信证券股份有限公司襄阳解放路证券营业部	7348265.00	8094992.32
华泰证券股份有限公司绍兴上大路证券营业部	6205184.17	525039.00

卖出金额最大的前5名：

营业部名称	买入金额(元)	卖出金额(元)
中信建投证券股份有限公司深圳福中路证券营业部	3270.00	10821672.00
中信证券股份有限公司襄阳解放路证券营业部	7348265.00	8094992.32
西部证券股份有限公司深圳金田路证券营业部		7348265.00
国泰君安证券股份有限公司长沙芙蓉中路证券营业部		6332295.82
中信证券股份有限公司上海世纪大道证券营业部	21518.00	4895848.47

> 2013年12月25～26日的买入力量中出现两个机构席位，但是，排在第一句的仍然是知名游资

2013年12月27日的买卖资金：

【2013-12-27】12月27日换手率达20%
涨跌幅%:0.00 成交量(万股):1281.00 成交金额(万元):23912.00
买入金额最大的前5名：

营业部名称	买入金额(元)	卖出金额(元)
方正证券股份有限公司温州小南路证券营业部	4359712.50	2764340.32
兴业证券股份有限公司厦门湖滨南路证券营业部	3691286.00	5565.00
海通证券股份有限公司汕头中山中路证券营业部	2960791.22	33768.00
华福证券有限责任公司泉州丰泽街证券营业部	2589455.00	
安信证券股份有限公司合肥长江西路证券营业部	2432311.80	

卖出金额最大的前5名：

营业部名称	买入金额(元)	卖出金额(元)
中国银河证券股份有限公司宁波大庆南路证券营业部	15160.00	25385462.19
机构专用		14830157.46
机构专用		6870419.20
华泰证券股份有限公司绍兴上大路证券营业部	364097.00	6051879.52
国泰君安交易单元(227002)		4918039.60

> 12月27日的数据显示，在前两个大涨的交易日中积极做多的力量已经撤离了，同时27日买入的资金力量非常弱

3. 分时图分析

2014年2月25日，买入日分时图：

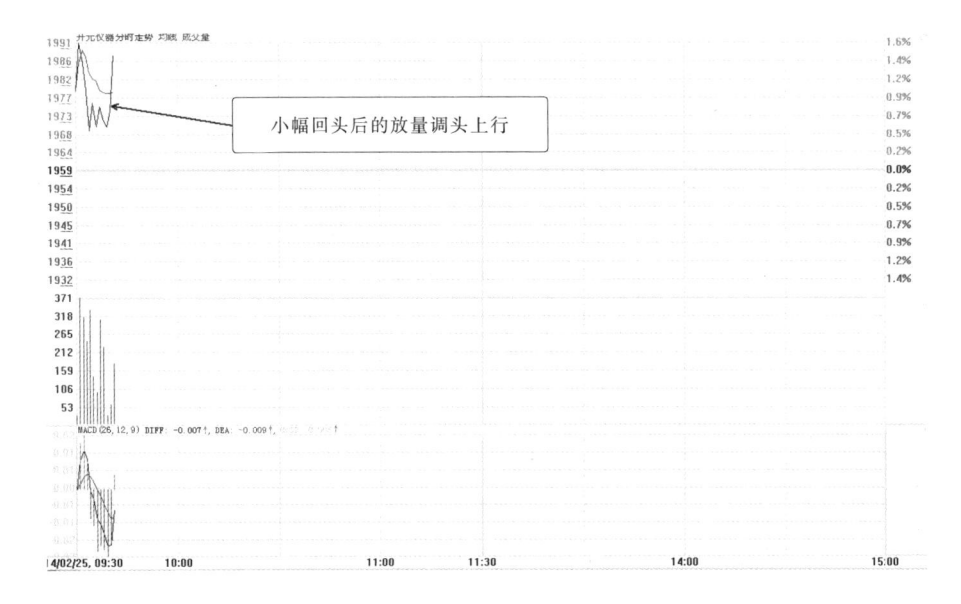

（图注：小幅回头后的放量调头上行）

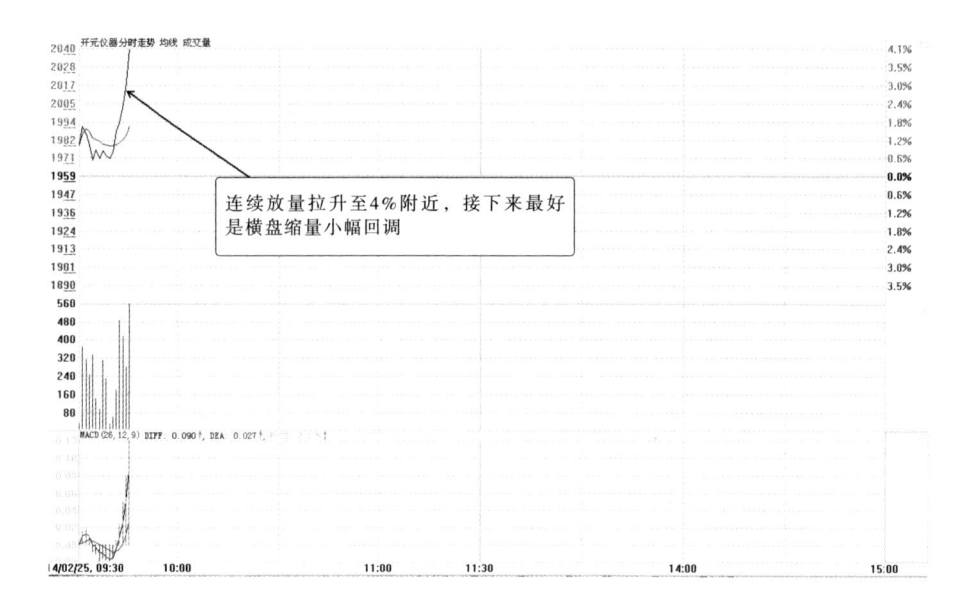

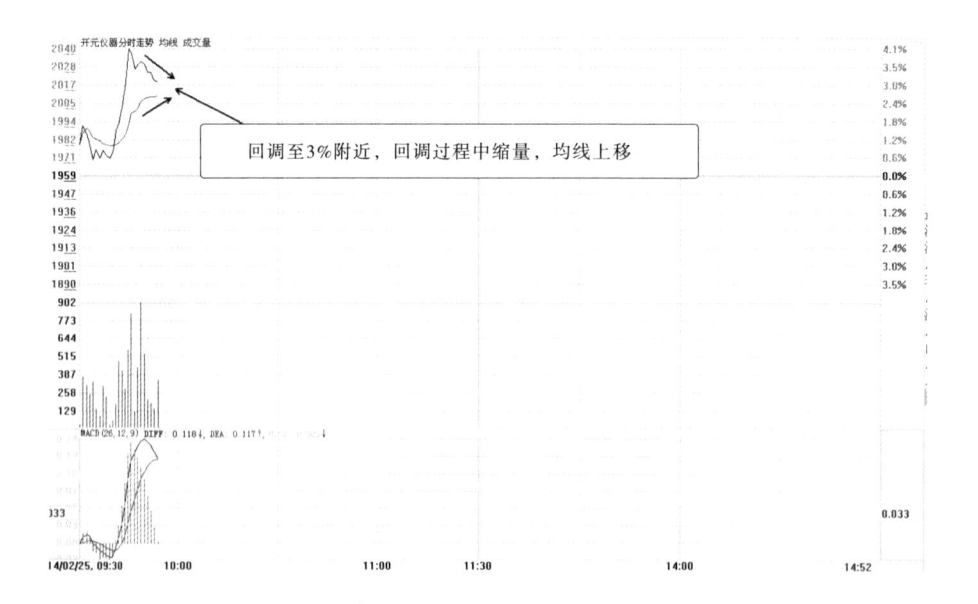

连续放量拉升至4%附近，接下来最好是横盘缩量小幅回调

回调至3%附近，回调过程中缩量，均线上移

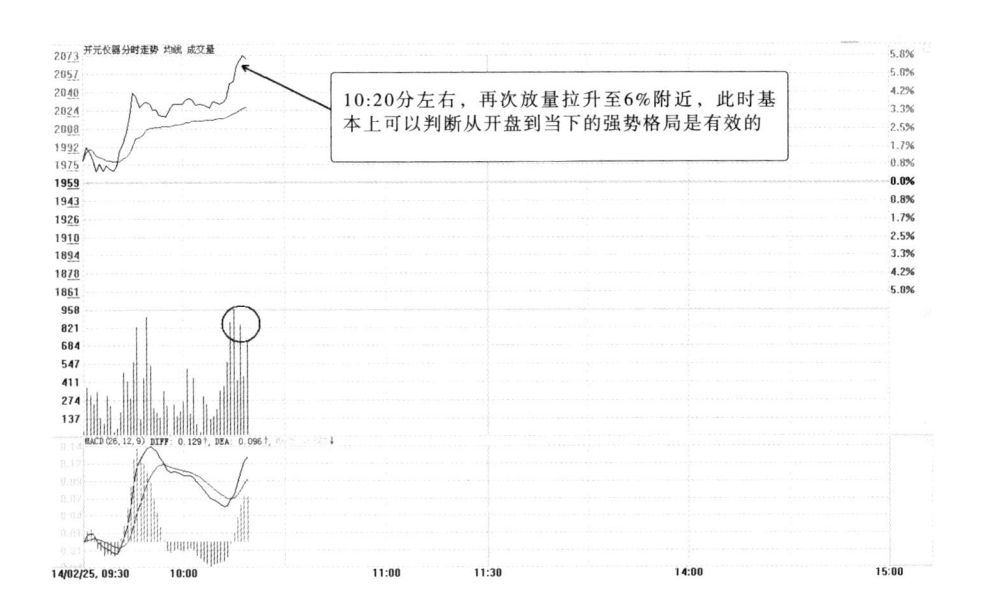

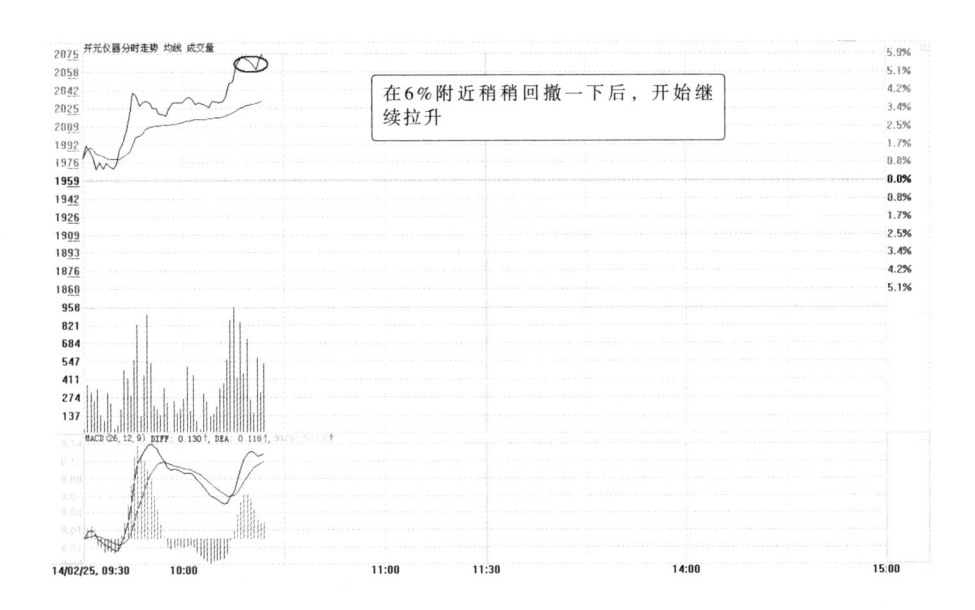

10:20分左右，再次放量拉升至6%附近，此时基本上可以判断从开盘到当下的强势格局是有效的

在6%附近稍稍回撤一下后，开始继续拉升

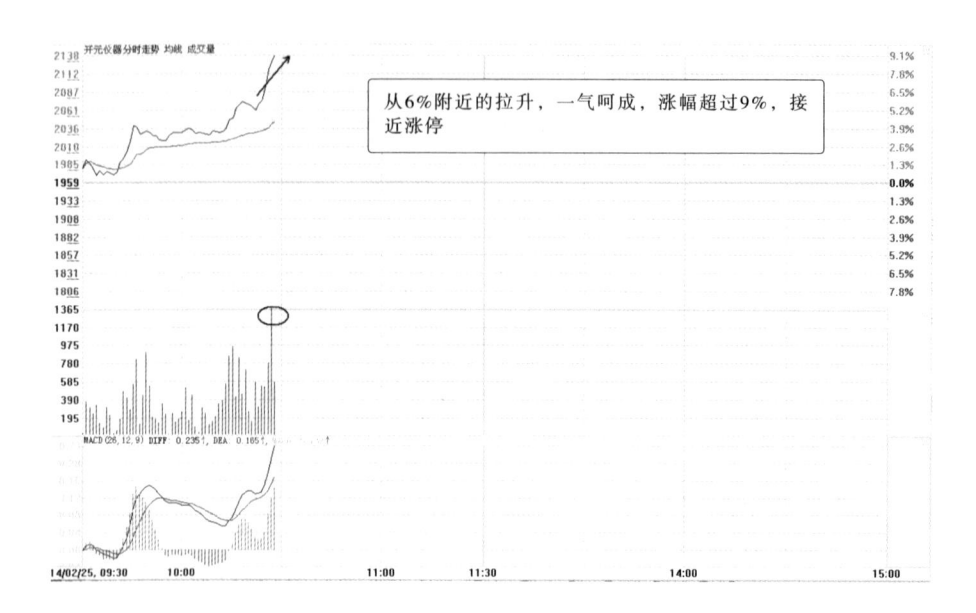

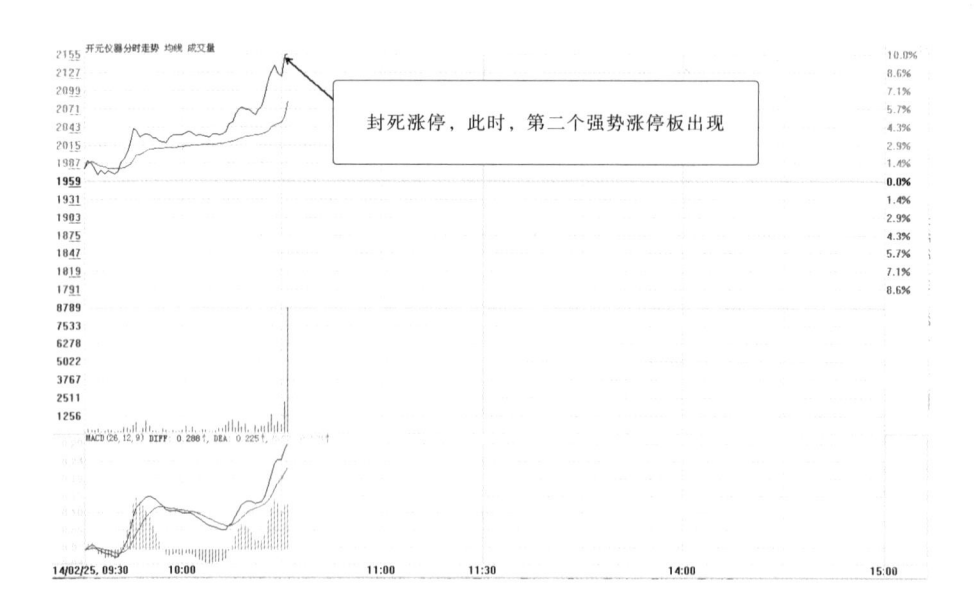

从6%附近的拉升，一气呵成，涨幅超过9%，接近涨停

封死涨停，此时，第二个强势涨停板出现

弱市盈利战法精讲 75

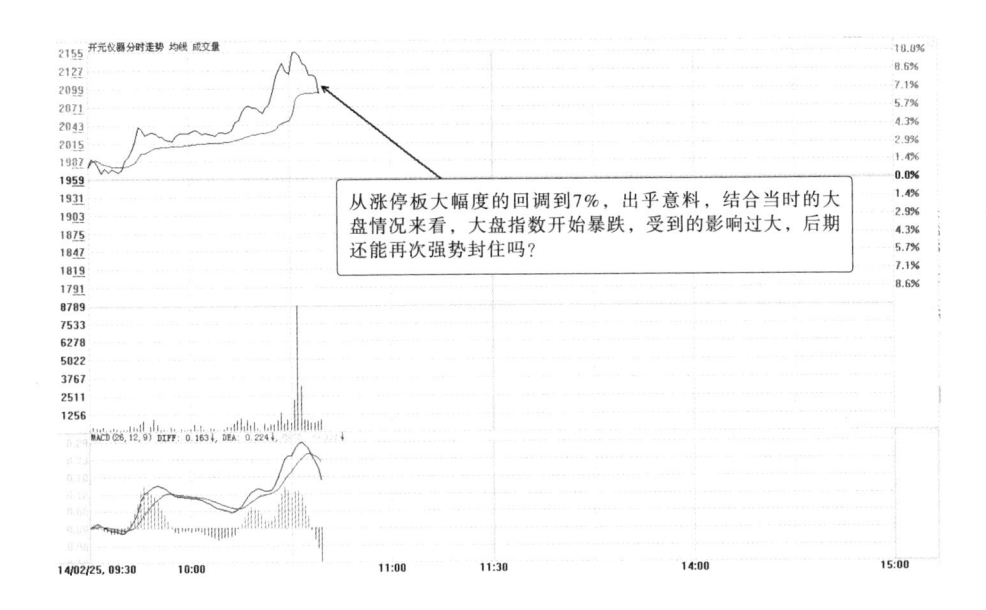

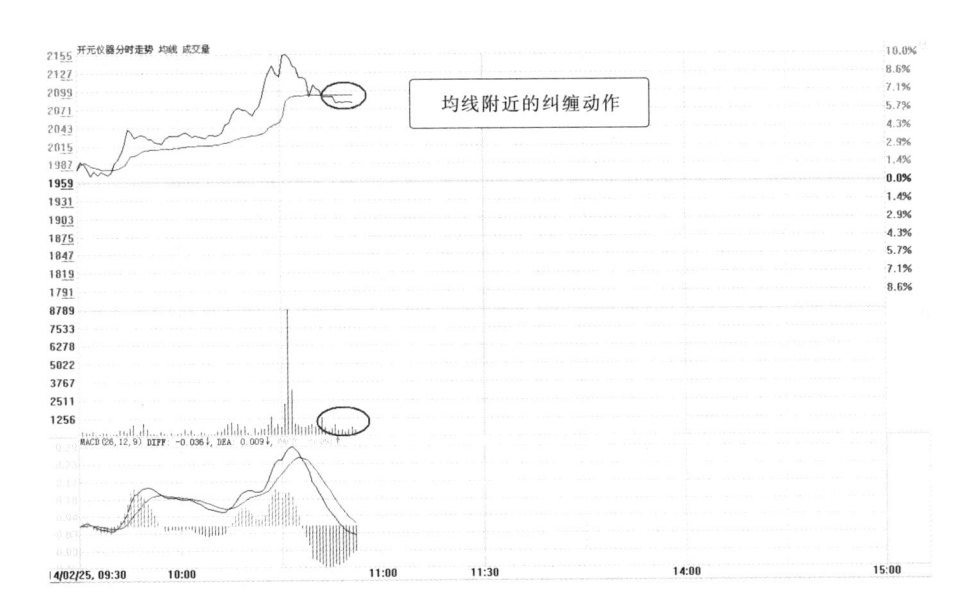

从涨停板大幅度的回调到7%，出乎意料，结合当时的大盘情况来看，大盘指数开始暴跌，受到的影响过大，后期还能再次强势封住吗？

均线附近的纠缠动作

大盘暴跌，开元仪器跟随放量杀跌

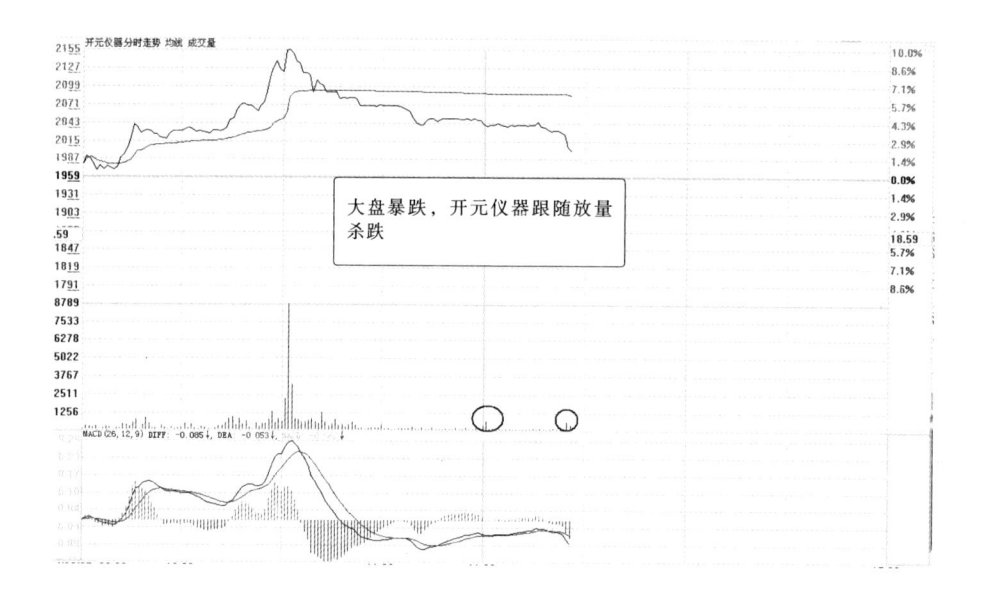

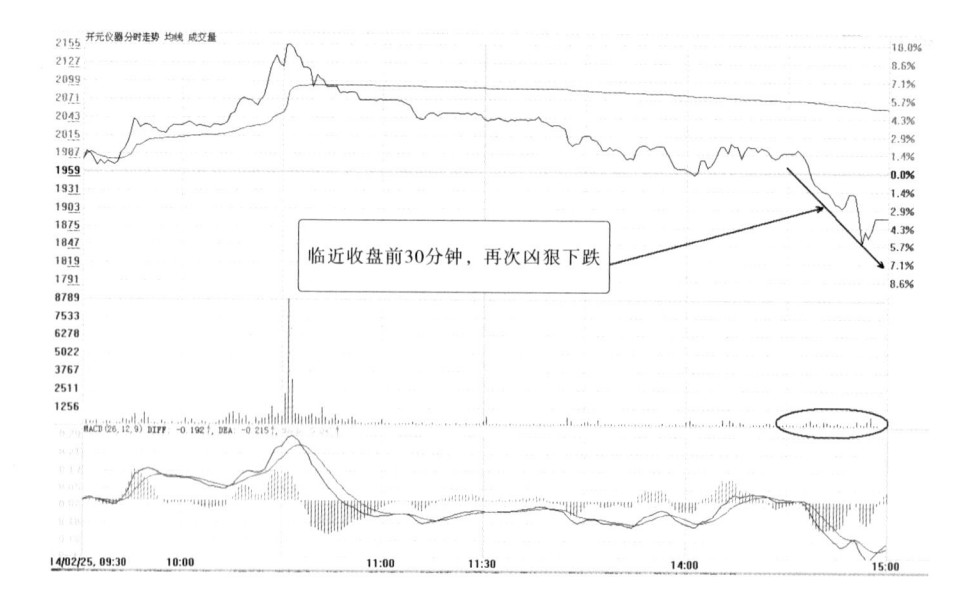

临近收盘前30分钟，再次凶狠下跌

2014年2月26日，止损日分时图：

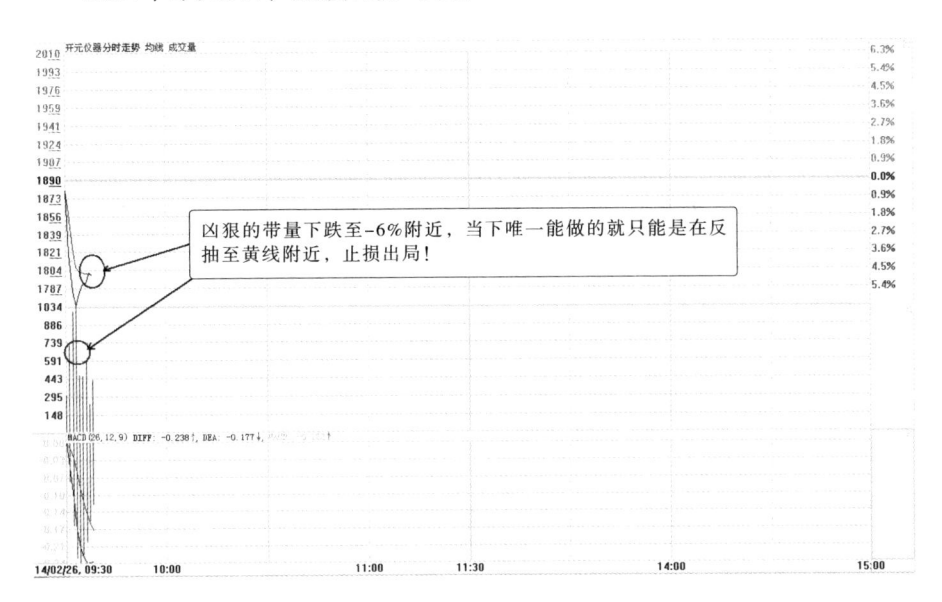

凶狠的带量下跌至-6%附近，当下唯一能做的就只能是在反抽至黄线附近，止损出局！

4. 总结

① 即使所有关于个股的技术指标都到位了，也还要考虑大盘的连续暴跌。

② 所有关于个股的技术指标都到位了，也还要再次综合分析该标的的股性，开元投资就是十分具备妖性的妖股。

5.中科电气
——诡异的超级虚假大买单挂单

中科电气交易时间段：2014年2月17日 ~ 2014年2月25日

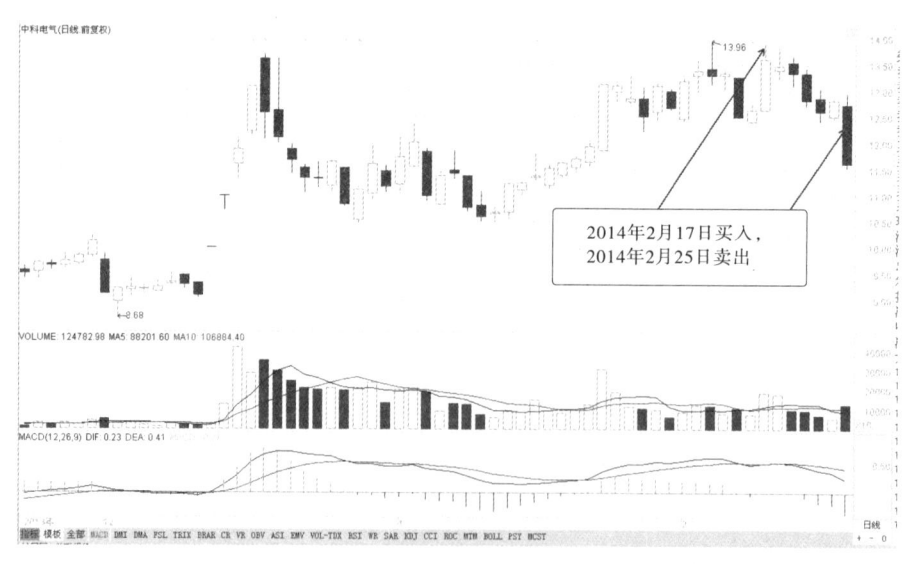

中科电气日K线图

1. 形态分析

买入前的短线攻击形态：

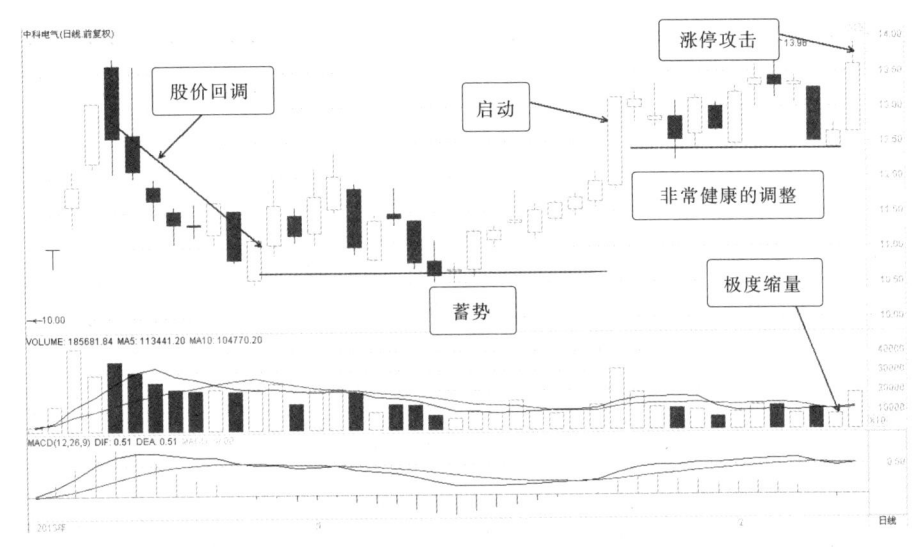

买入前周K线上的高位震荡格局：

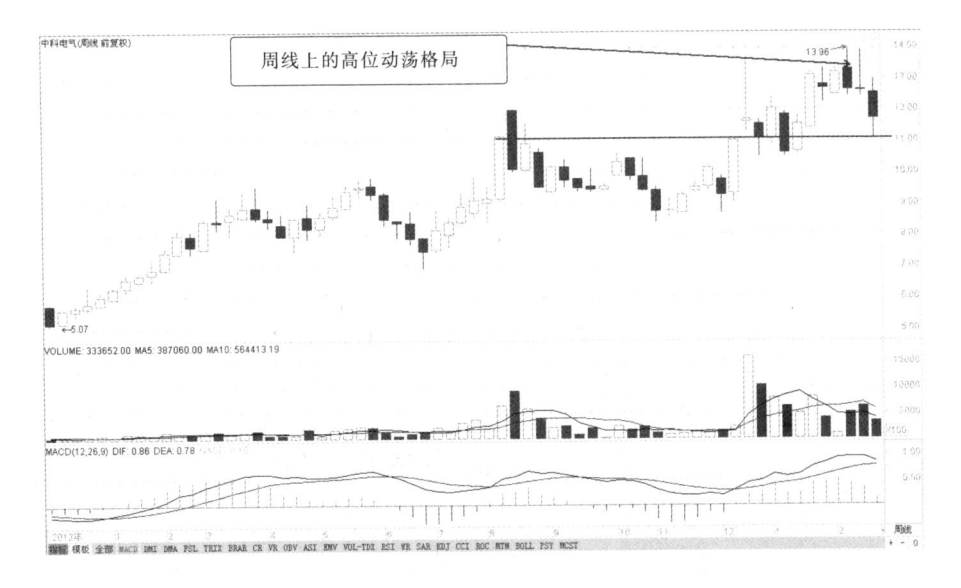

2. 机构身影

2013年12月16日，在股价连续两个涨停板之后，两大机构席位联手卖出。

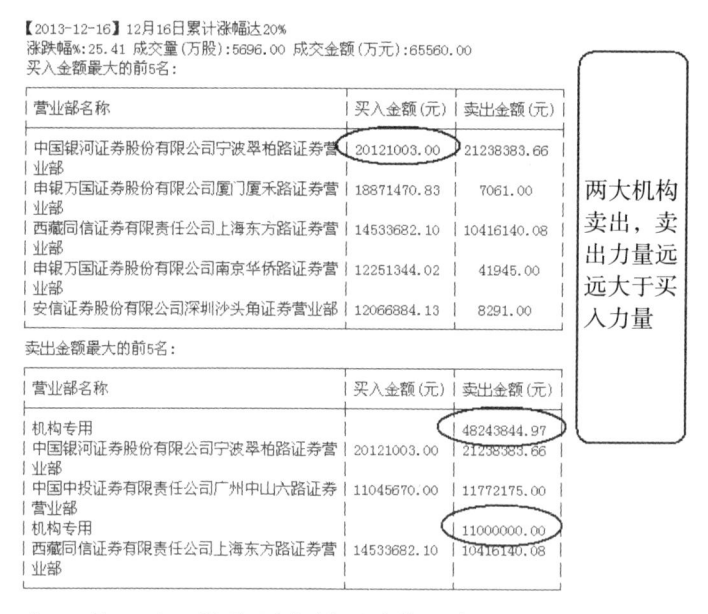

【2013-12-16】12月16日累计涨幅达20%
涨跌幅%：25.41　成交量（万股）：5696.00　成交金额（万元）：65560.00

买入金额最大的前5名：

营业部名称	买入金额（元）	卖出金额（元）
中国银河证券股份有限公司宁波翠柏路证券营业部	20121003.00	21238383.66
申银万国证券股份有限公司厦门厦禾路证券营业部	18871470.83	7061.00
西藏同信证券有限责任公司上海东方路证券营业部	14533682.10	10416140.08
申银万国证券股份有限公司南京华侨路证券营业部	12251344.02	41945.00
安信证券股份有限公司深圳沙头角证券营业部	12066884.13	8291.00

卖出金额最大的前5名：

营业部名称	买入金额（元）	卖出金额（元）
机构专用		48243844.97
中国银河证券股份有限公司宁波翠柏路证券营业部	20121003.00	21238383.66
中国中投证券有限责任公司广州中山六路证券营业部	11045670.00	11772175.00
机构专用		11000000.00
西藏同信证券有限责任公司上海东方路证券营业部	14533682.10	10416140.08

两大机构卖出，卖出力量远远大于买入力量

2013年12月17日，股价再次封死涨停，但是，在卖出的席位中，再次出现机构。

2014年1月23日，股价再次封死涨停，在主力追踪中，出现两个积极信号：第一是买入资金第一名是卖出第一名的7倍；第二是买入席位中出现两个机构席位。这一点对于做多资金而言，是极佳的利多信号，自己也正是受到了这个信号的诱惑，从而在2月17日形成买入的决策中，受到了1月13日利多信号的夸大的影响，从而过滤掉了2013年12月16日~17日的机构果断卖出动作，这就是所谓的多利多信号的选择性依赖、多利空信号的视而不见，根本原因在于受盘面诱惑的贪婪心态的影响。

【2013-12-17】12月17日日涨幅偏离值达到7%
涨跌幅%:10.77 成交量(万股):2865.00 成交金额(万元):36772.00

买入金额最大的前5名：

营业部名称	买入金额(元)	卖出金额(元)
齐鲁证券有限公司宁波江东北路证券营业部	20032851.27	
申银万国证券股份有限公司南京山西路证券营业部	16836347.00	
财通证券股份有限公司温岭东辉北路证券营业部	13319216.69	53382.00
光大证券股份有限公司苏州苏惠路证券营业部	10750485.17	
财富证券有限责任公司郴州八一南路证券营业部	10298427.93	10334449.00

机构继续果断卖出

卖出金额最大的前5名：

营业部名称	买入金额(元)	卖出金额(元)
机构专用		13070000.00
安信证券股份有限公司深圳沙头角证券营业部		13066023.43
财富证券有限责任公司郴州八一南路证券营业部	10298427.93	10334449.00
申银万国证券股份有限公司乌鲁木齐人民路证券营业部	105145.00	10072304.01
浙商证券股份有限公司临安万马路证券营业部	7038464.85	7140729.15

【4.异动上榜】
【2014-01-23】01月23日日涨幅偏离值达到7%
涨跌幅%:7.84 成交量(万股):3102.00 成交金额(万元):39970.00

买入金额最大的前5名：

营业部名称	买入金额(元)	卖出金额(元)
东方证券股份有限公司上海南亭公路证券营业部	79593341.61	
长江证券股份有限公司成都人民南路证券营业部	11718727.55	7872.00
国泰君安交易单元(227002)	10553905.13	
机构专用	10502300.23	
光大证券股份有限公司奉化南山路证券营业部	7326498.00	85285.00

卖出金额最大的前5名：

营业部名称	买入金额(元)	卖出金额(元)
中国银河证券股份有限公司北京望京证券营业部	199110.00	10355448.26
安信证券股份有限公司云浮新兴新洲大道南证券营业部	2576.00	4506747.20
西南证券股份有限公司杭州庆春东路证券营业部	26000.00	4423642.57
东莞证券有限责任公司东莞塘厦证券营业部	499813.00	3170793.92
招商证券股份有限公司深圳布吉罗岗路证券营业部	991420.00	2670124.00

1月23日，两家机构买入2000多万，还有买入力量第一名的买入金额达到近8000万，远远大于卖出第一名的1035万

3. 分时图分析

20140217

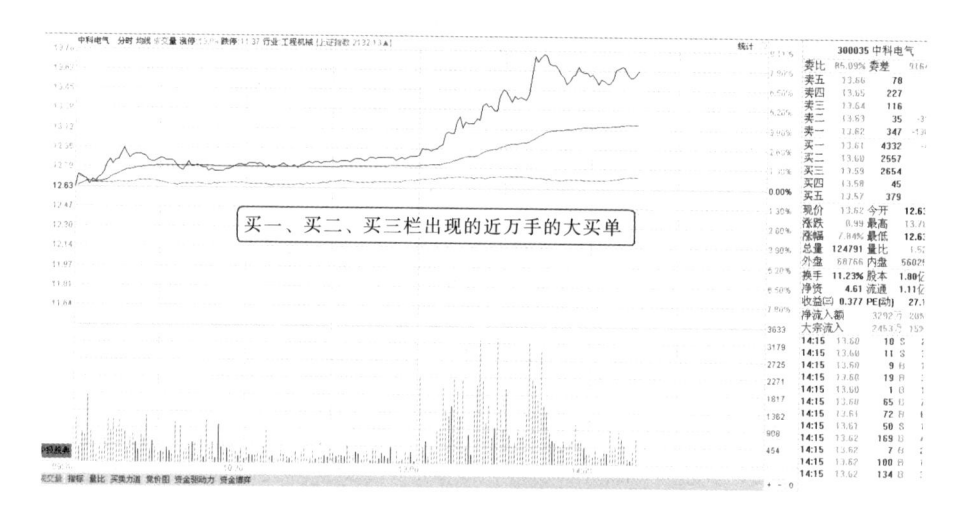

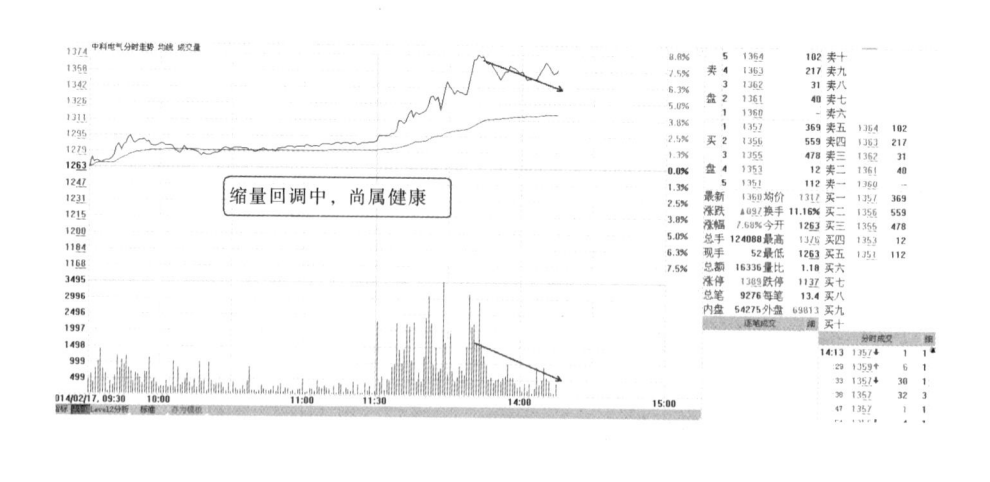

弱市盈利战法精讲

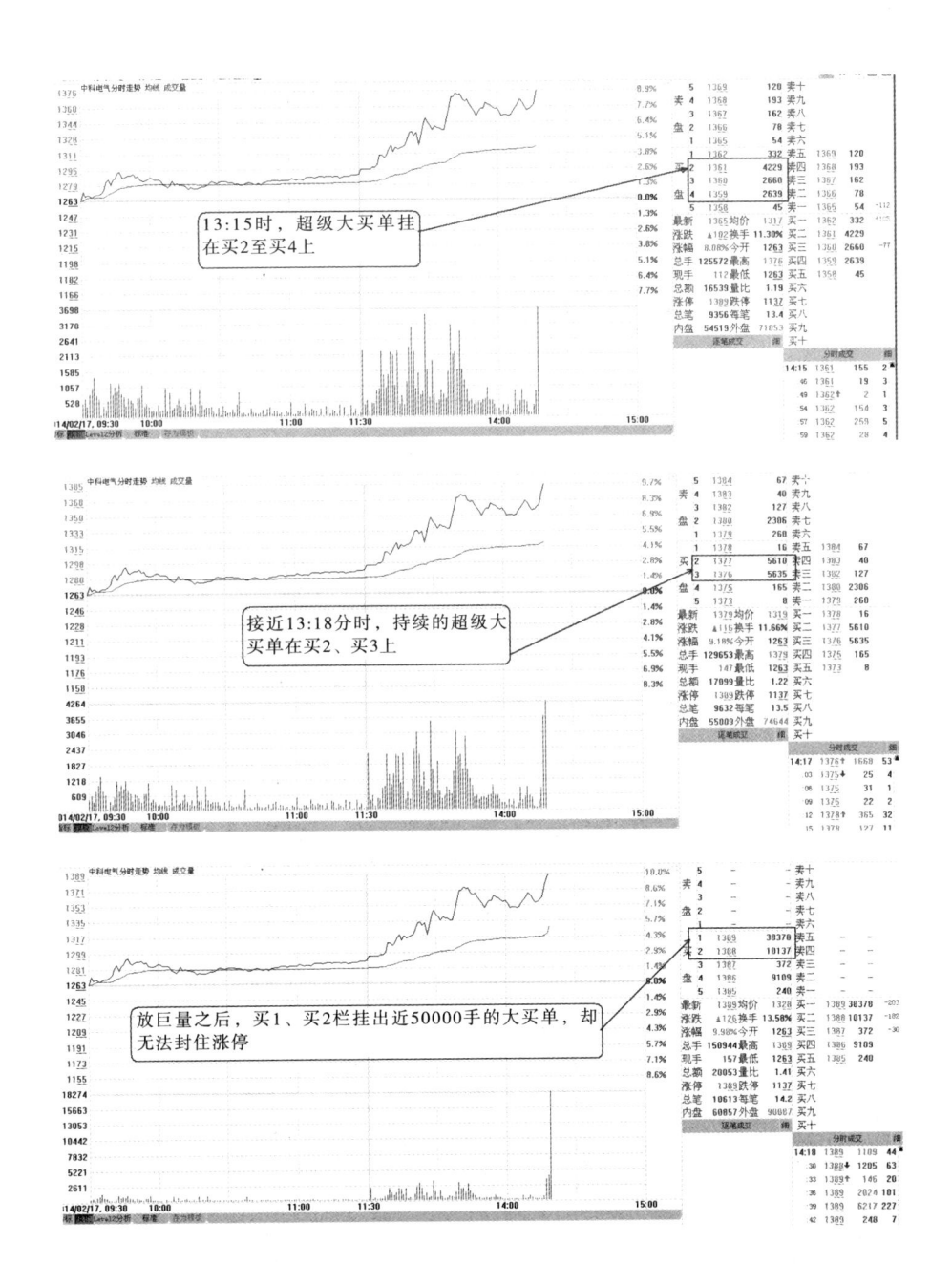

13:15时，超级大买单挂在买2至买4上

接近13:18分时，持续的超级大买单在买2、买3上

放巨量之后，买1、买2栏挂出近50000手的大买单，却无法封住涨停

84 淘金弱势股

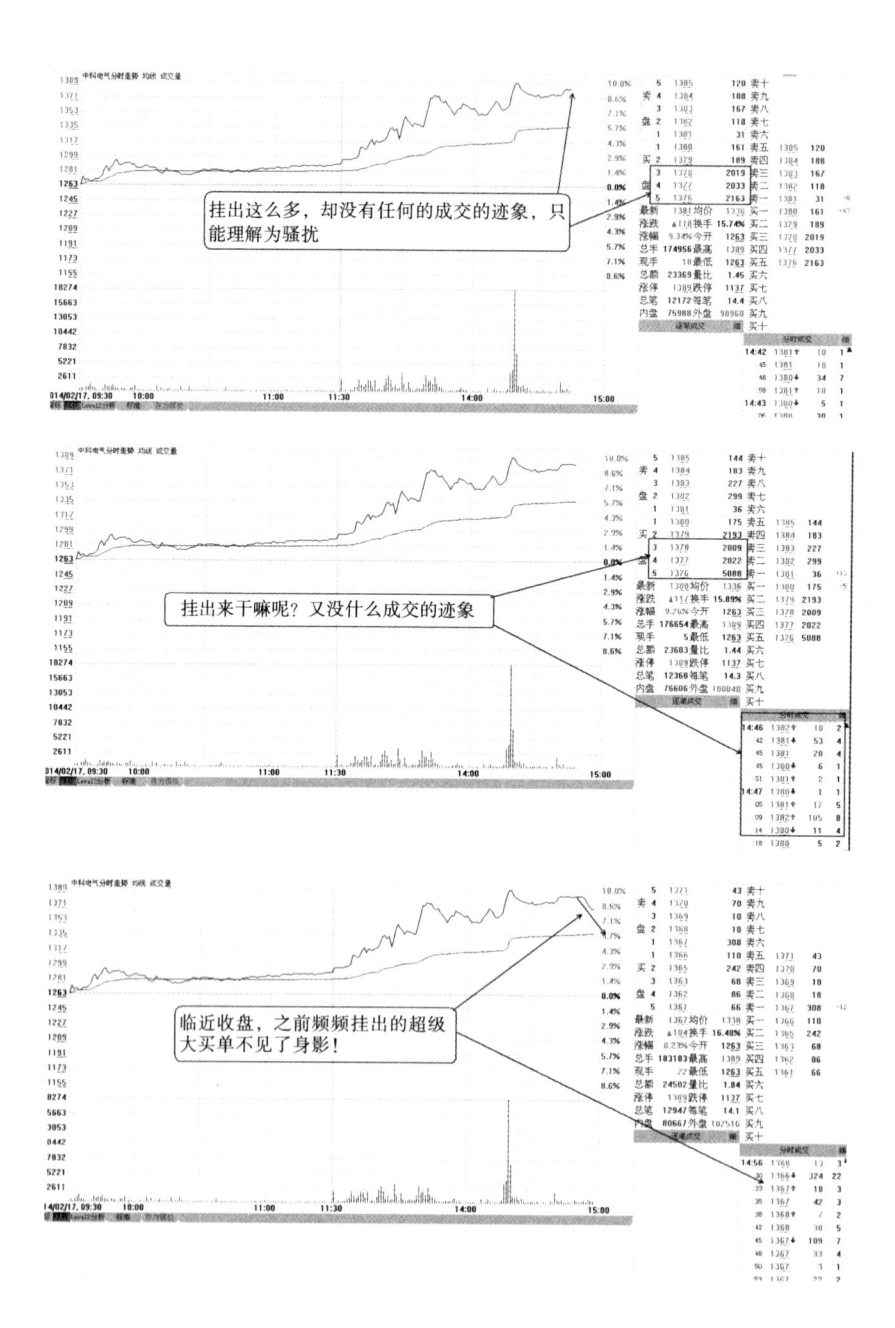

挂出这么多，却没有任何的成交的迹象，只能理解为骚扰

挂出来干嘛呢？又没什么成交的迹象

临近收盘，之前频频挂出的超级大买单不见了身影！

2014年2月17日，封死涨停板的过程中，出现了连续多次虚假大买单挂单的盘口，身临其境时，自己对这种盘口的风险认识不到位，其实，事后冷静分析，当时这种盘口本身就是空方诱多的动作。单单从反复出现这一异常特征来说，就是很明显的风险提示，危险就在当下。但是，自己却被前方1月23日极好的盘后数据和短期的攻击信号所迷惑，固执地认为当下的这个封板动作是积极的，是明显的启动攻击的信号。如果结合当时的大盘短线趋势、创业板指数的短线风险等因素，会更加容易得出清晰理性的判断，但是，问题就在于自己被短期的强势趋势所迷惑，从而导致进场的第一步就已经犯错。

2014年2月18日：

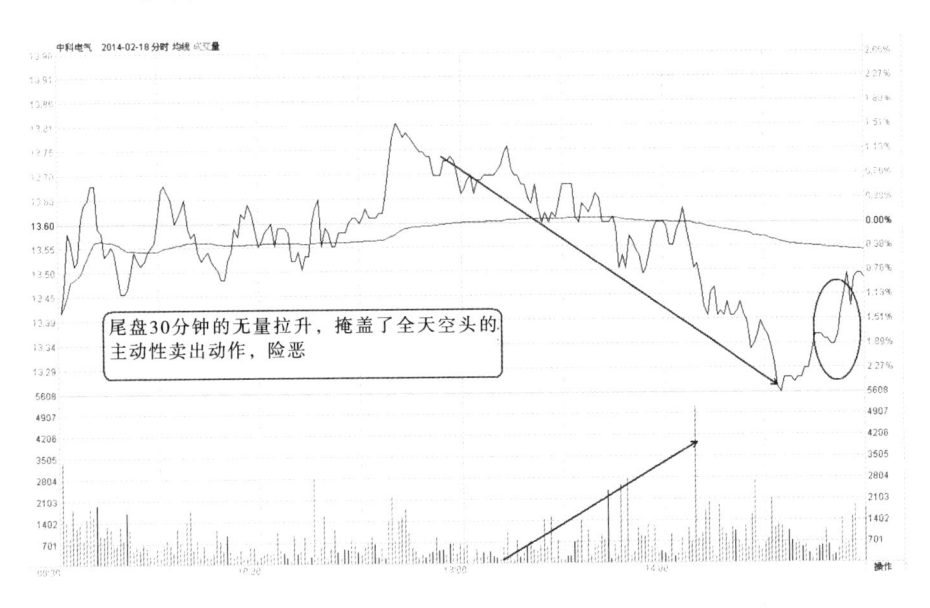

2014年2月19日

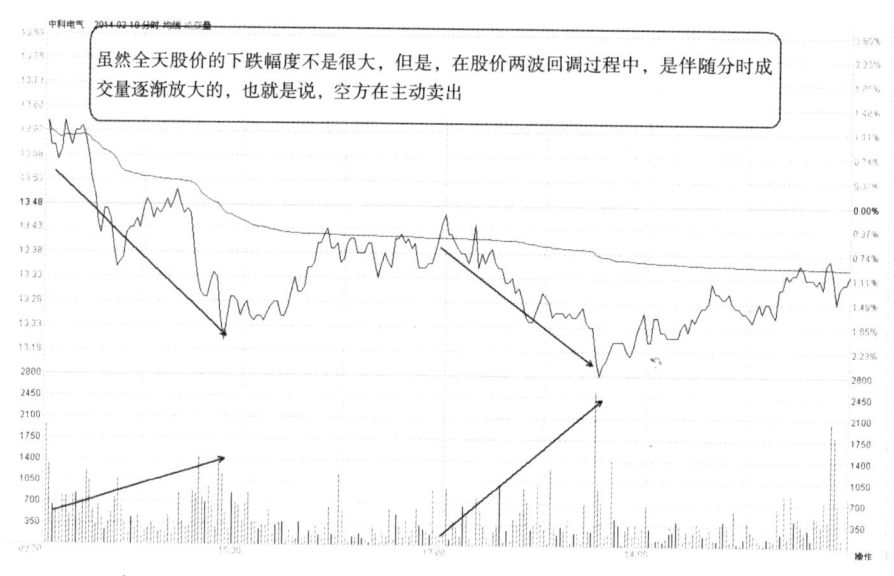

虽然全天股价的下跌幅度不是很大，但是，在股价两波回调过程中，是伴随分时成交量逐渐放大的，也就是说，空方在主动卖出

2014年2月20日

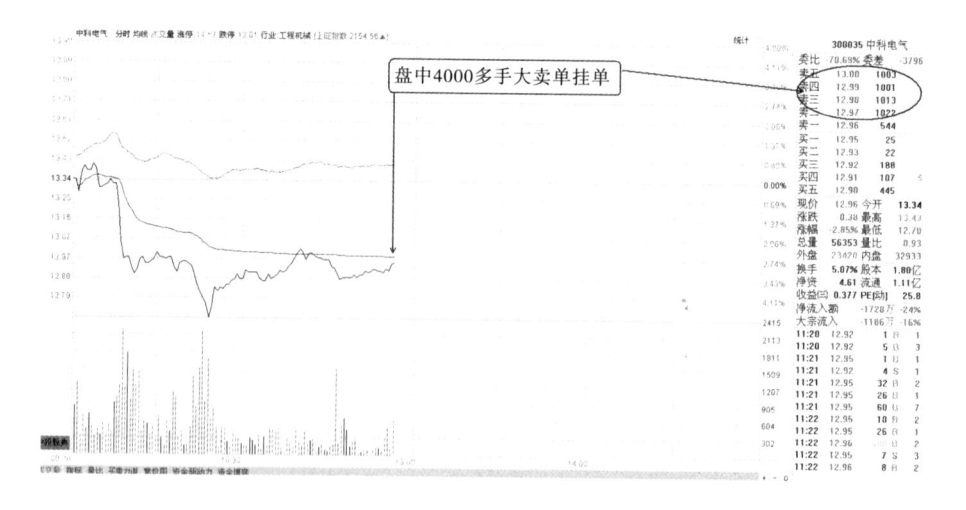

盘中4000多手大卖单挂单

弱市盈利战法精讲 87

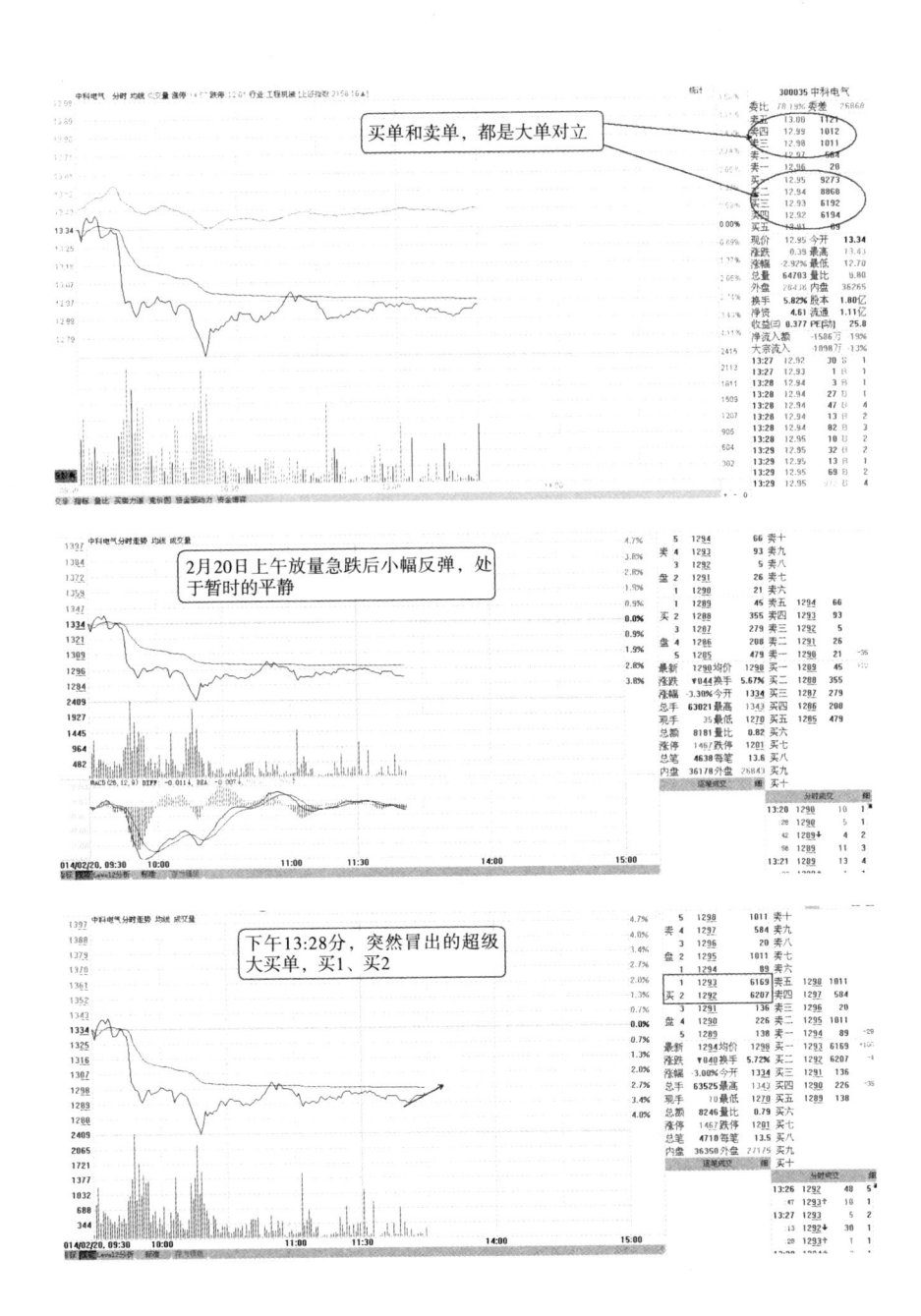

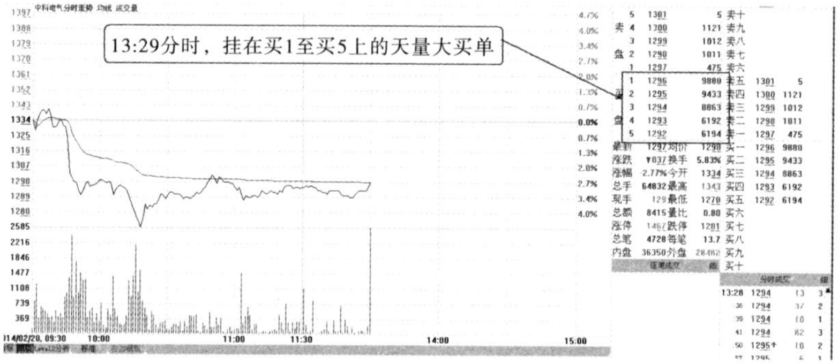
13:29分时，挂在买1至买5上的天量大买单

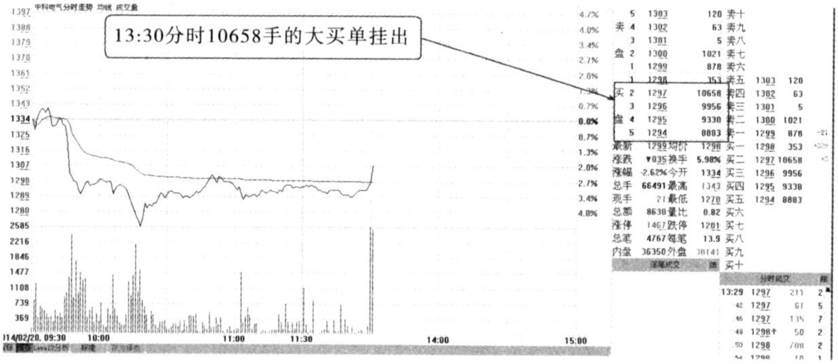
13:30分时10658手的大买单挂出

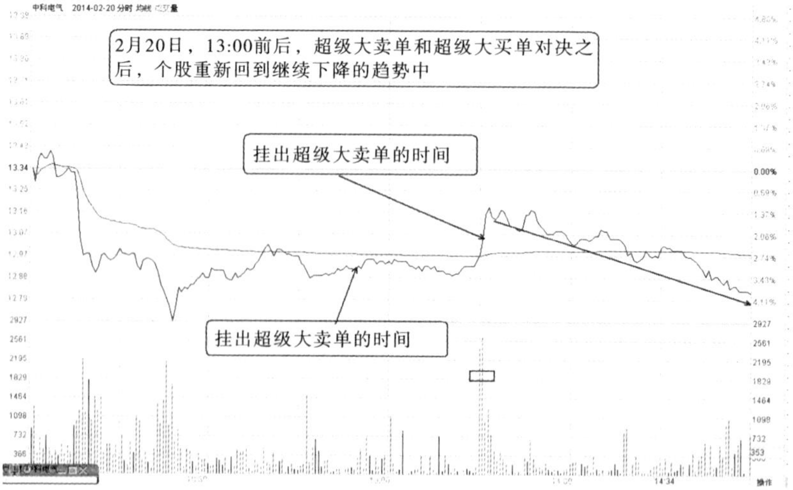
2月20日，13:00前后，超级大卖单和超级大买单对决之后，个股重新回到继续下降的趋势中
挂出超级大卖单的时间
挂出超级大卖单的时间

如果说2月18日、2月19日两日的分时图，在卖出信号不是很明显的情况下，不会促使自己做出小亏离场的决策，还是可以原谅的，但是，2月20日的分时图就很能说明问题了。第一：早盘的连续两波大幅放量杀跌至-4%左右，是第一卖出信号；第二：在午后又出现多次虚假大买单挂单的盘口，在股价从-4%反弹至-1%的过程中，明显很多虚假大买单被撤掉而没有成交，就是最后的卖出信号了。因为，随着股价的回调，价格重心已经逐渐吞没了2月17日的涨停板，更大的风险即将来袭，信号已经很明显了。

2014年2月21日

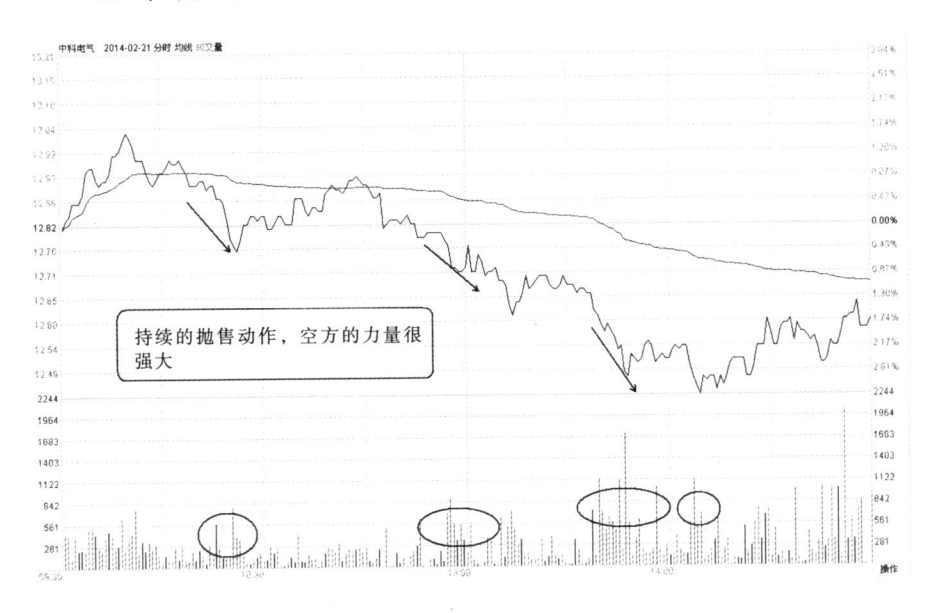

持续的抛售动作，空方的力量很强大

之二：

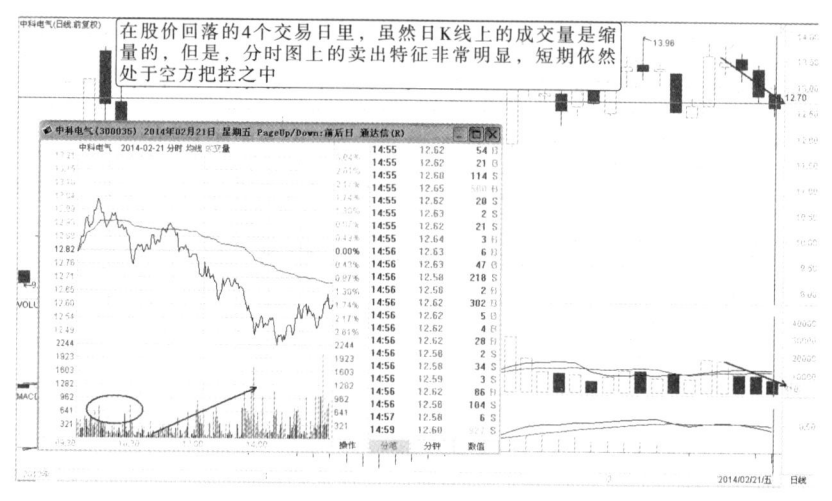

中科电气日K线图

再次证明，在股价回落初期，股价缩量回调带来的损失更大。道理很简单，如果是调整期间出现放量大幅回调，很多人都知道风险将至，趋势破坏，小亏离场是上策。但是，偏偏就用缩量回调的方法，让你放松警惕，让你心存侥幸，反正回调是缩量的，股价问题不大。看似问题不大的时候，正是你接下来大幅亏损的原因所在。这里有一个关键的因素作为辅助判断：股价在缩量回调的同时，股价重心不能明显下移，启动的涨停板不能被吞掉，从重要性的等级上来看，这个重心位置的要素要大于缩量的要素。还有一点就是，分时上的特征会更加清晰，不能被收盘的日线图的特征所迷惑，分时图上带来的蛛丝马迹更加强于日线图上的特征。

2014年2月24日:

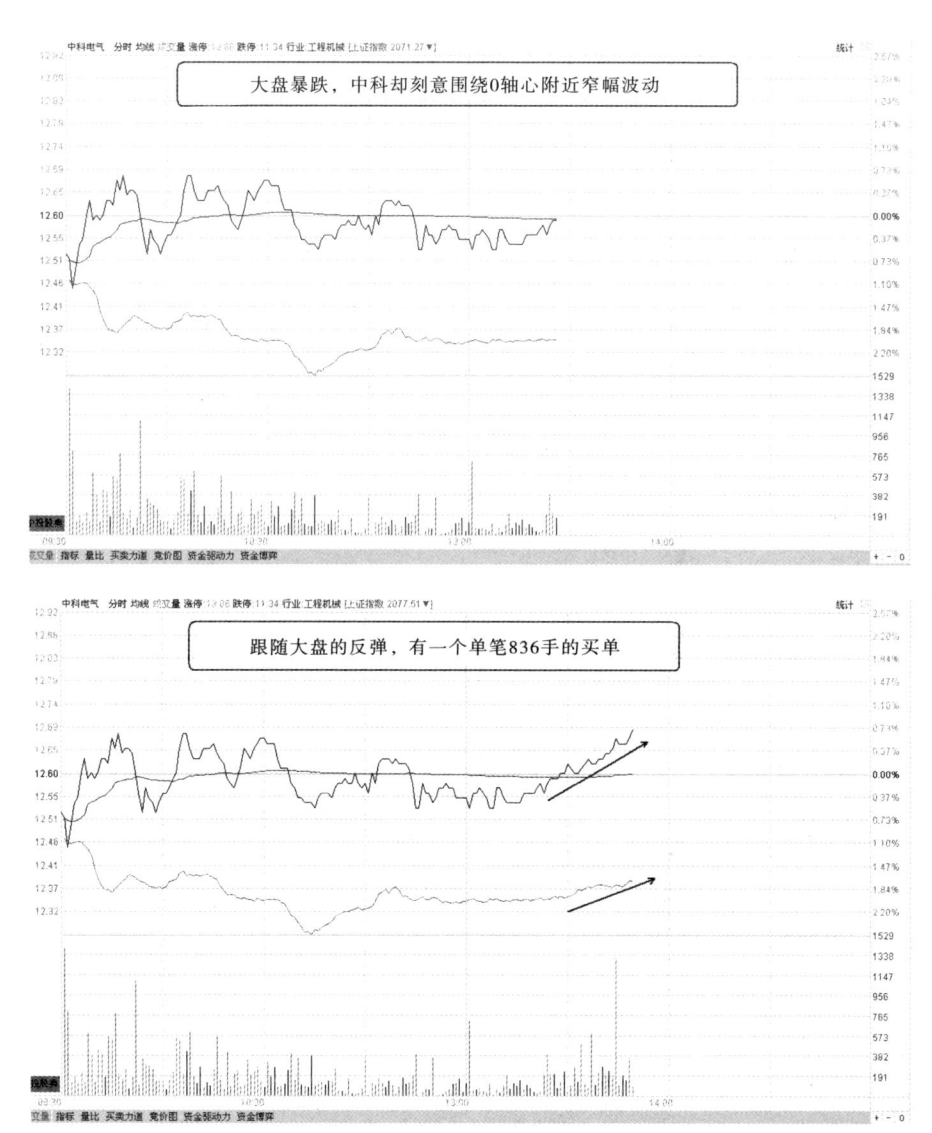

大盘暴跌,中科却刻意围绕0轴心附近窄幅波动

跟随大盘的反弹,有一个单笔836手的买单

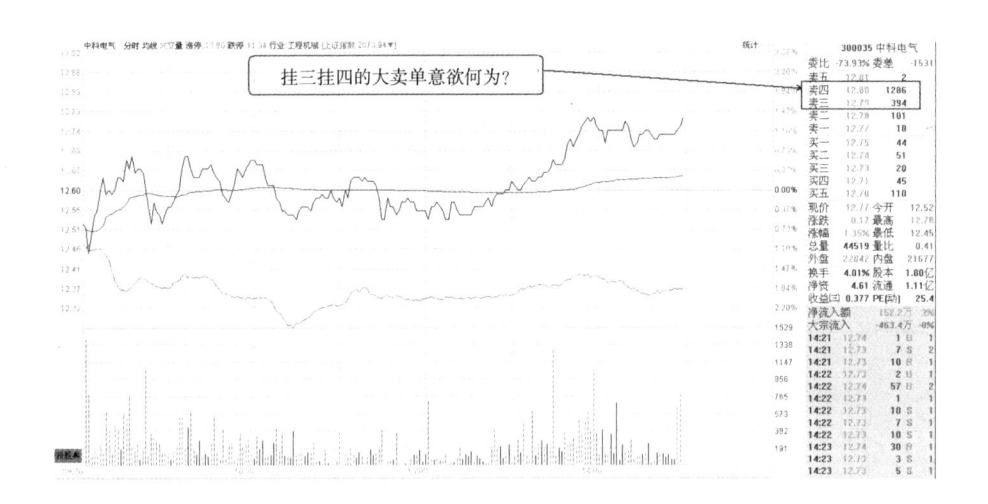

淘金弱势股

挂三挂四的大卖单意欲何为?

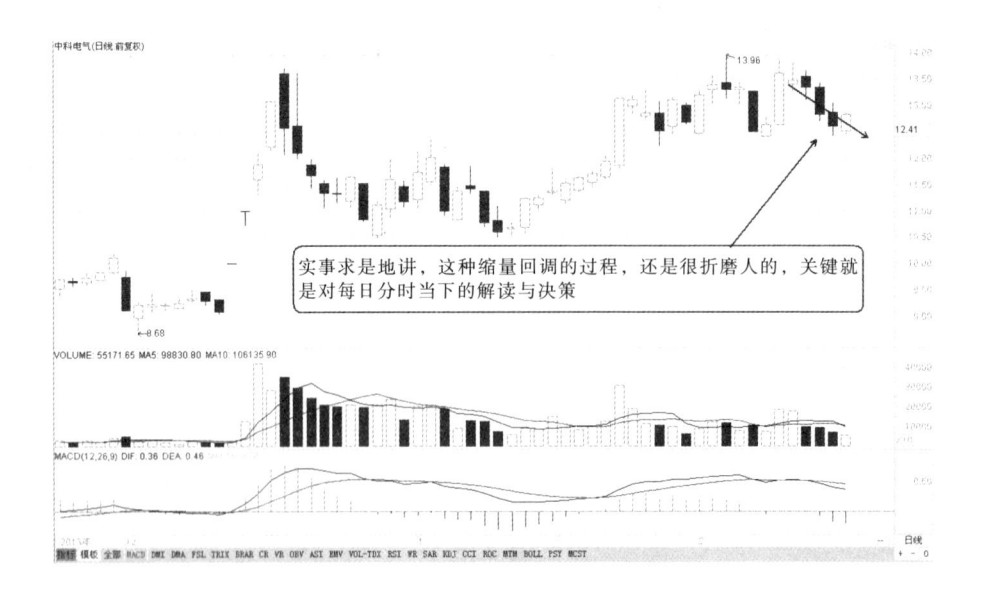

实事求是地讲,这种缩量回调的过程,还是很折磨人的,关键就是对每日分时当下的解读与决策

2014年2月25日

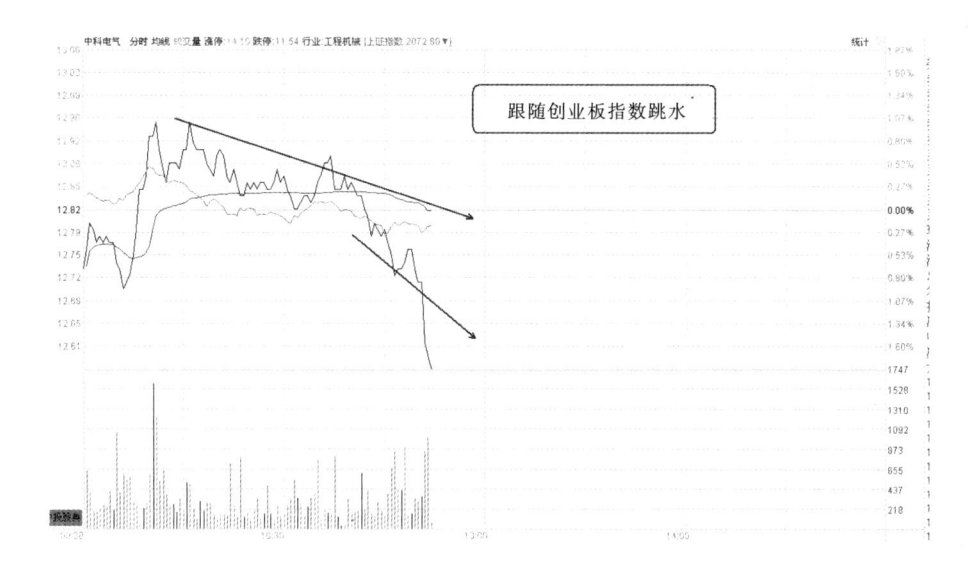

跟随大盘的急速反弹

跟随创业板指数跳水

持续的放量下跌

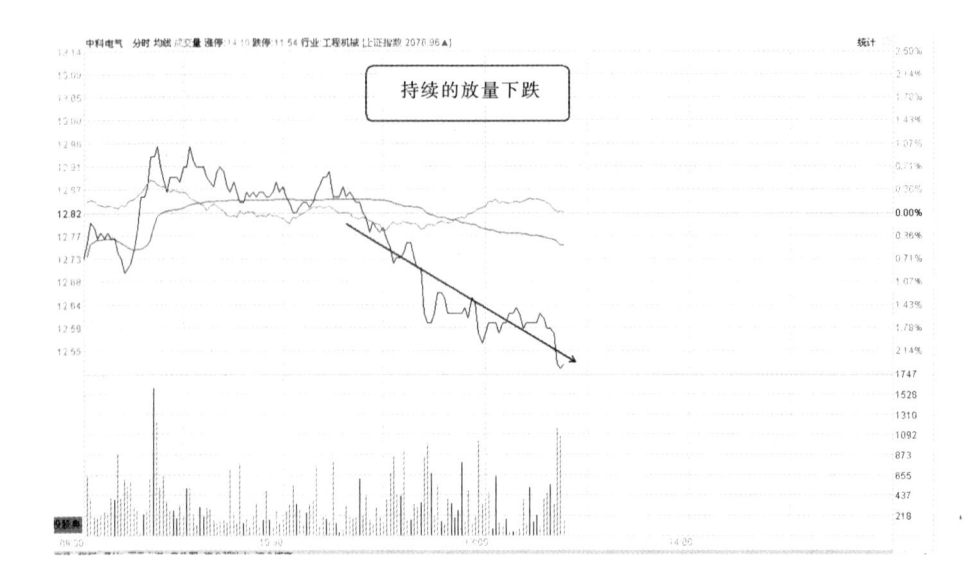

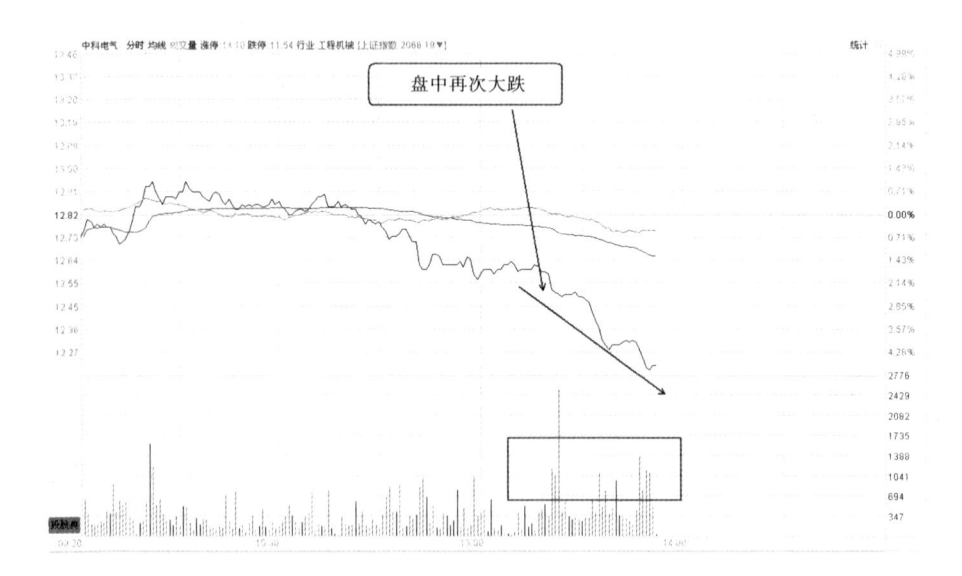

盘中再次大跌

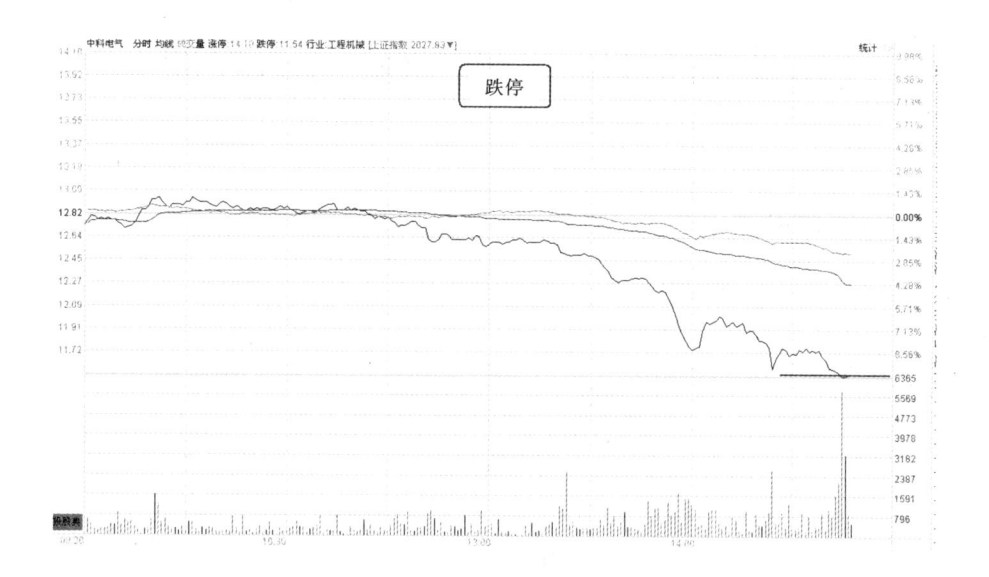

5. 总结

① 在13.80买入，于12.50卖出，持仓7日，亏损比例10%左右。自己在操作过程中死死坚守对12.50短期支撑位置的依赖，从而对多次虚假大买单挂单、分时图上多次的主动性卖出动作、股价连续下跌吞掉涨停板等卖出信号统统视而不见，实在愚昧、固执之极！

② 短线来说，连续几个交易日的缩量回调带来的亏损远远大过单日放量下跌的亏损。这是个需要牢记于心的教训。下次，再次出现这种特征时一定要化解掉，及时作出判断，采取措施，规避风险。

6. 世名科技——先盈后亏的教训

世名科技交易时间段：2016年11月21日~2016年12月12日

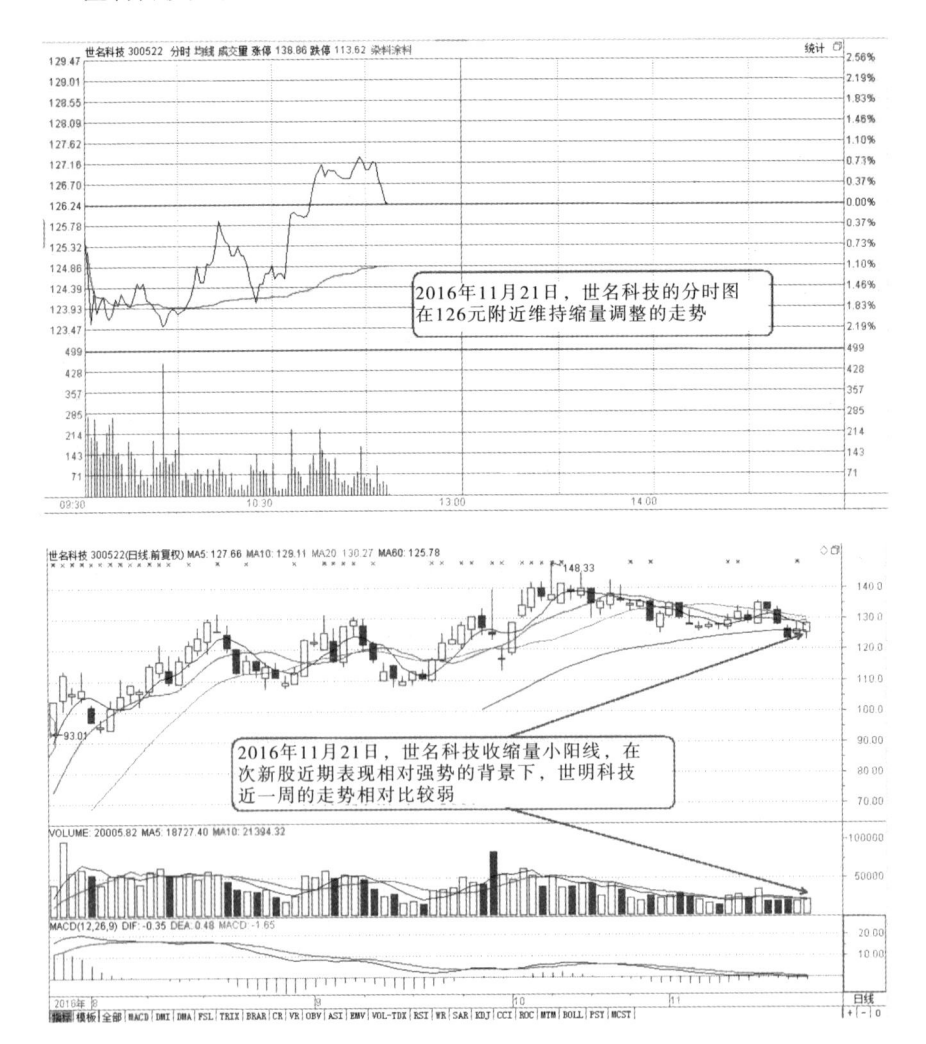

2016年11月21日，世名科技的分时图在126元附近维持缩量调整的走势

2016年11月21日，世名科技收缩量小阳线，在次新股近期表现相对强势的背景下，世明科技近一周的走势相对比较弱

对于类似世名科技这一类基本面优质的成长次新股，要选择横盘运行阶段的低位买入。低位买入有利于在指数震荡、个股跟随调整过程中安心持股。

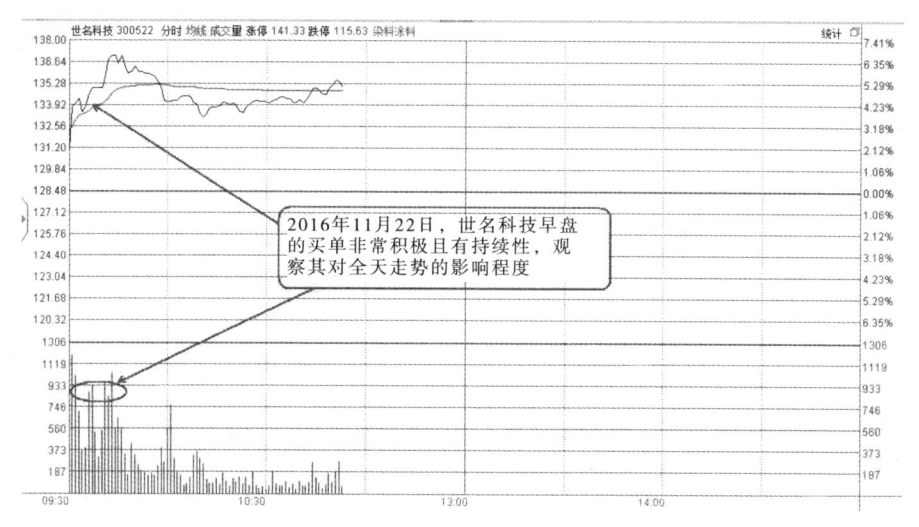

[图：世名科技 300522 分时图，标注"2016年11月22日，世名科技早盘的买单非常积极且有持续性，观察其对全天走势的影响程度"]

分时早盘的强势不代表全天能走强。

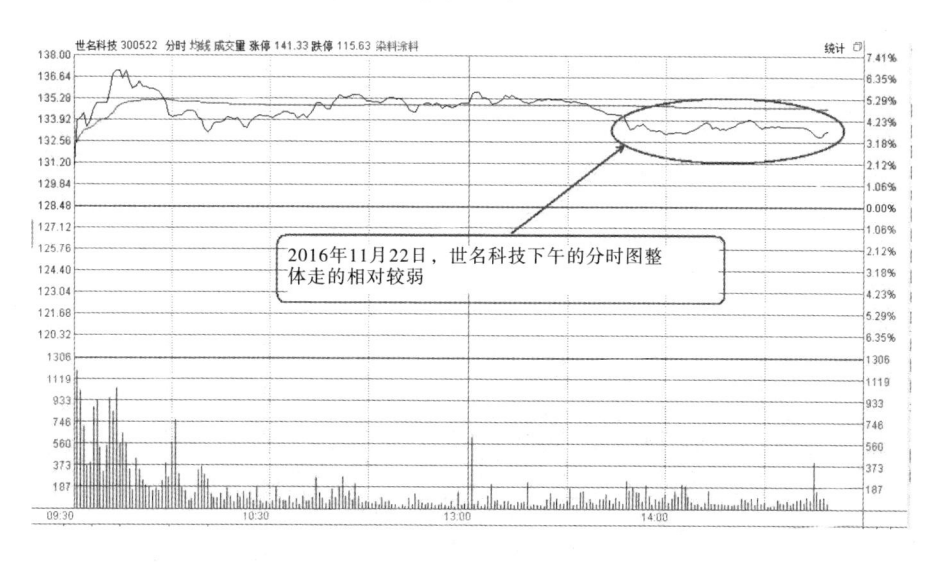

[图：世名科技 300522 分时图，标注"2016年11月22日，世名科技下午的分时图整体走的相对较弱"]

很明显，下午1个小时的交易时间里，世名科技的抛压还是比较大的。

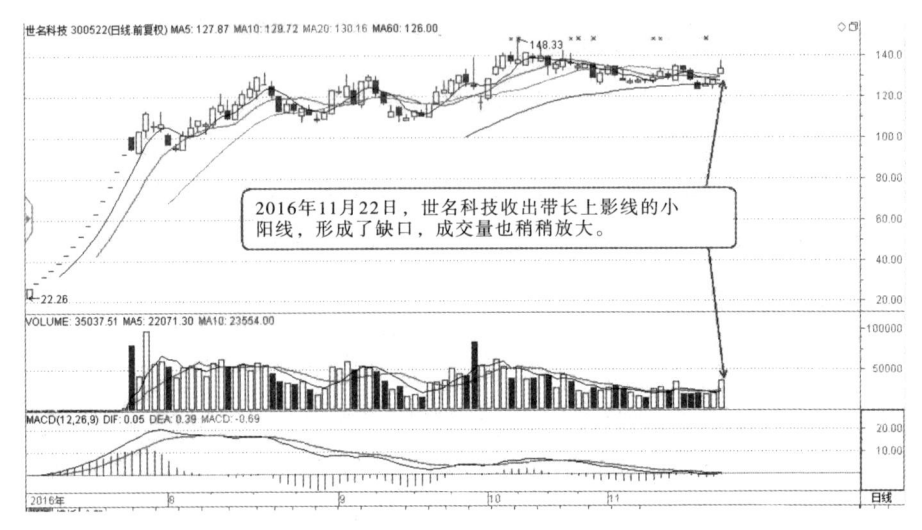

2016年11月22日，世名科技收出带长上影线的小阳线，形成了缺口，成交量也稍稍放大。

带量中阳线，下方有缺口支撑，短期维持强势是大概率事件。

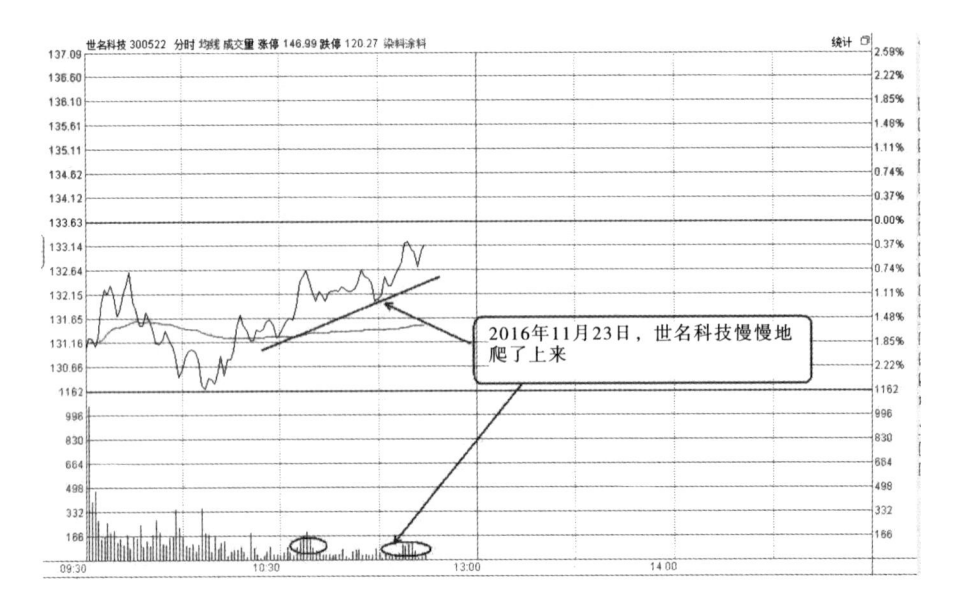

2016年11月23日，世名科技慢慢地爬了上来

早盘延续昨天下午的调整，先调后涨。

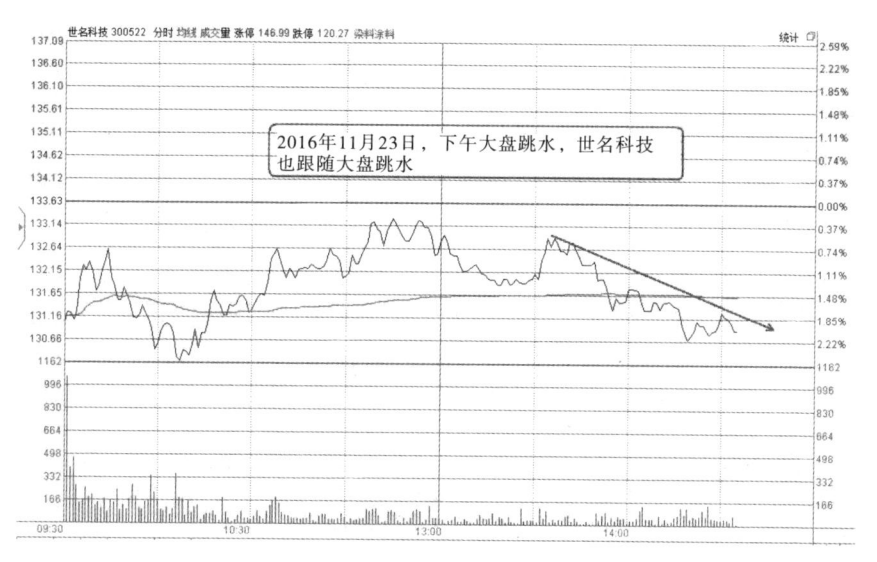

2016年11月23日，下午大盘跳水，世名科技也跟随大盘跳水

跟随指数调整，说明个股的独立性还不强，这也是短期个股攻击性不强的特征之一。

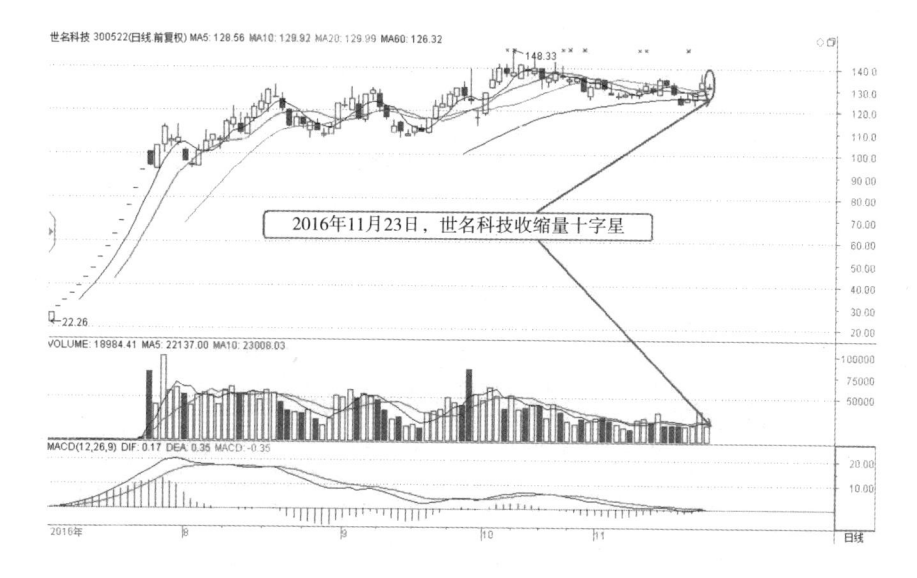

2016年11月23日，世名科技收缩量十字星

虽然没走出预计中的上涨，但是缩量调整还算健康。

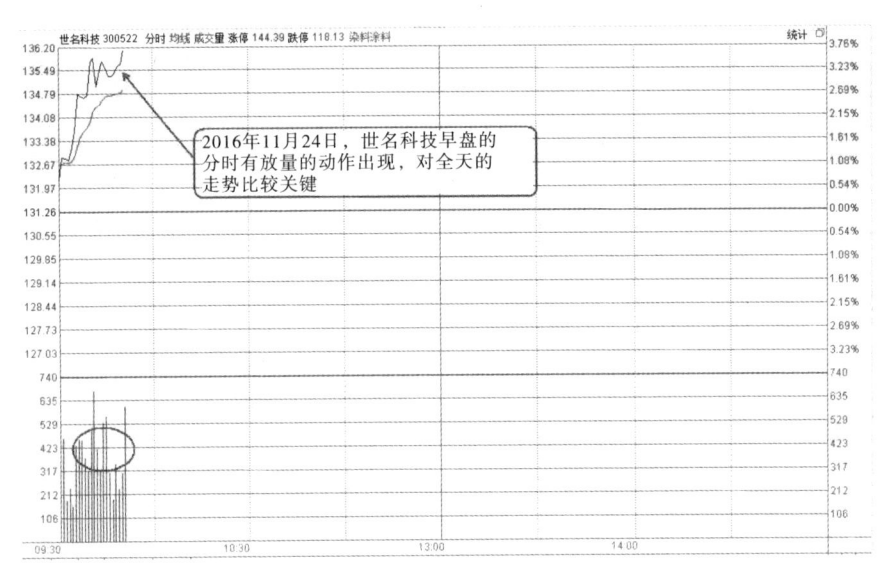

> 2016年11月24日，世名科技早盘的分时有放量的动作出现，对全天的走势比较关键

11月24日，再度出现早盘上攻的动作。

> 2016年11月24日，世名科技收带长影线的小阳线

11月24日，世名科技第二次上攻无效。

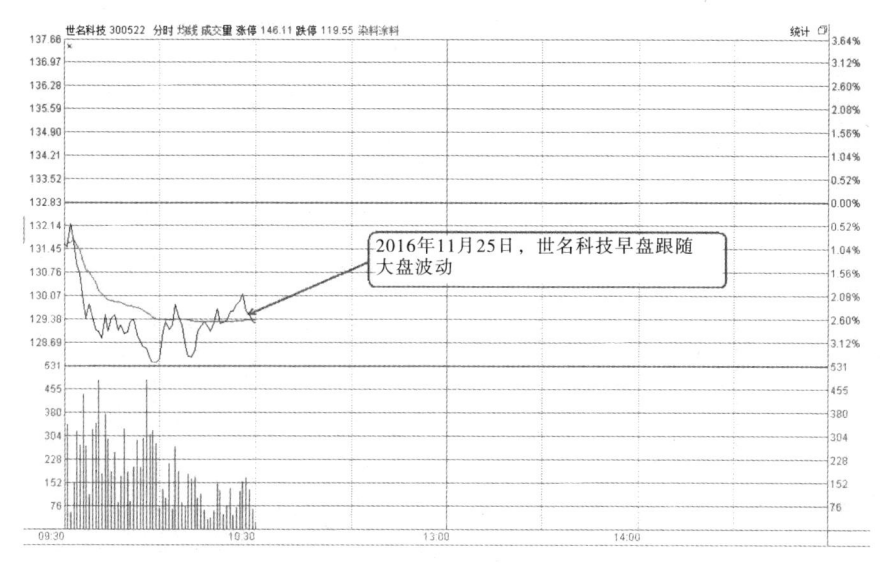

2016年11月25日，世名科技早盘跟随大盘波动

早盘陷入调整。

2016年11月25日，下午世名科技开始放量拉升

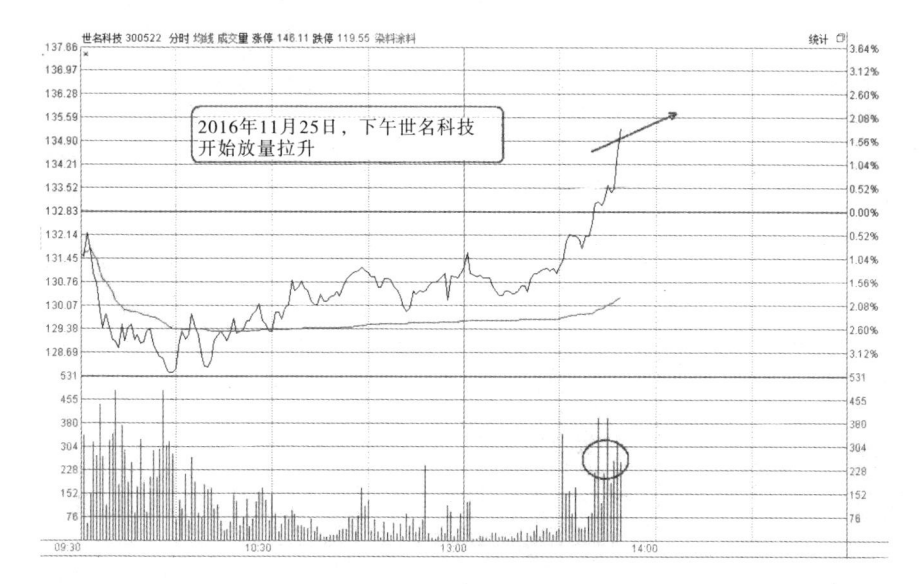

11月25日，世名科技经过上午长时间的调整后，下午开始起涨。

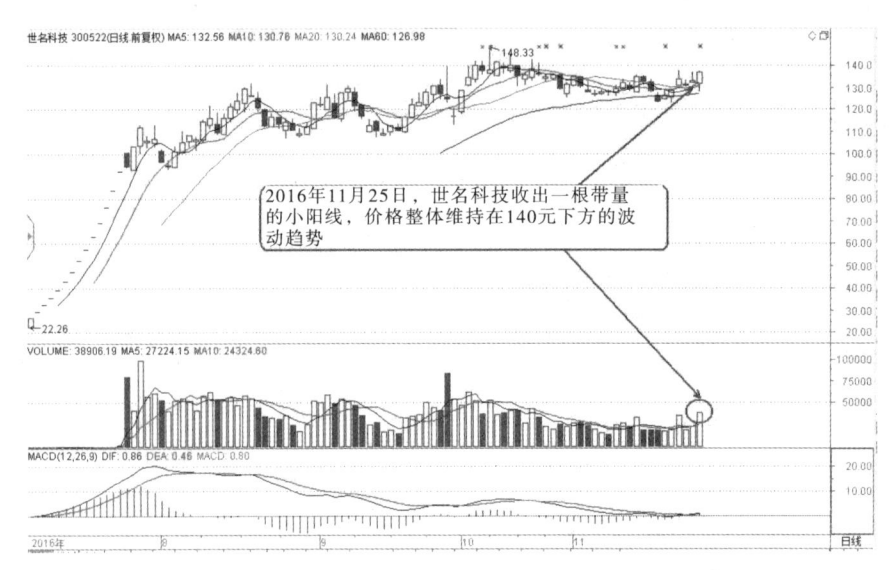

2016年11月25日，世名科技收出一根带量的小阳线，价格整体维持在140元下方的波动趋势

11月25日，世名科技收盘价创出短期反弹以来的小新高。

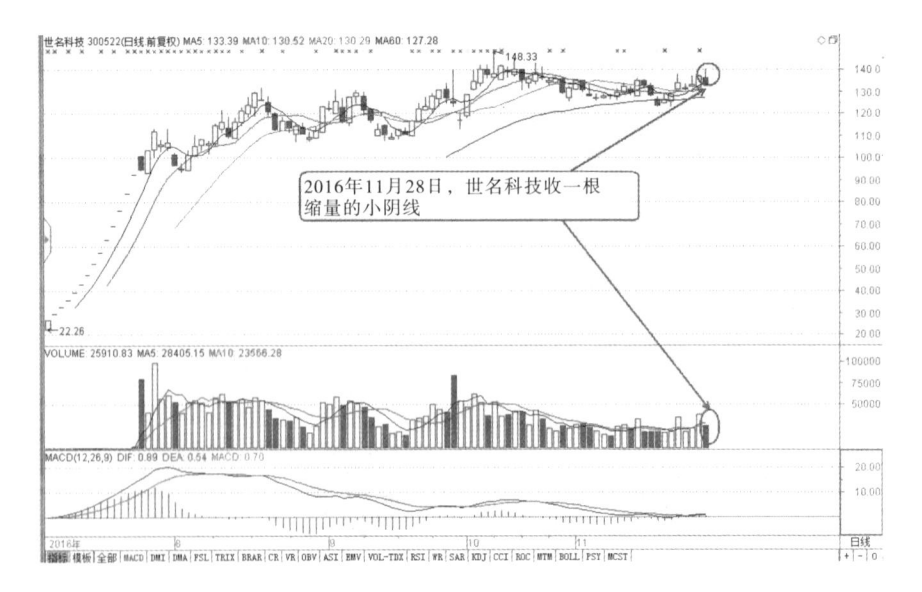

2016年11月28日，世名科技收一根缩量的小阴线

11月28日，世名科技陷入横盘整理。

2016年11月29日，高送转行情进行中，相关媒体报道也开始增多

关于世名科技高送转可能性的新闻报道开始发酵。

2016年11月29日，上午临近收盘时，开始出现放量的动作

11月29日，世名科技上攻的分时图是带量的。

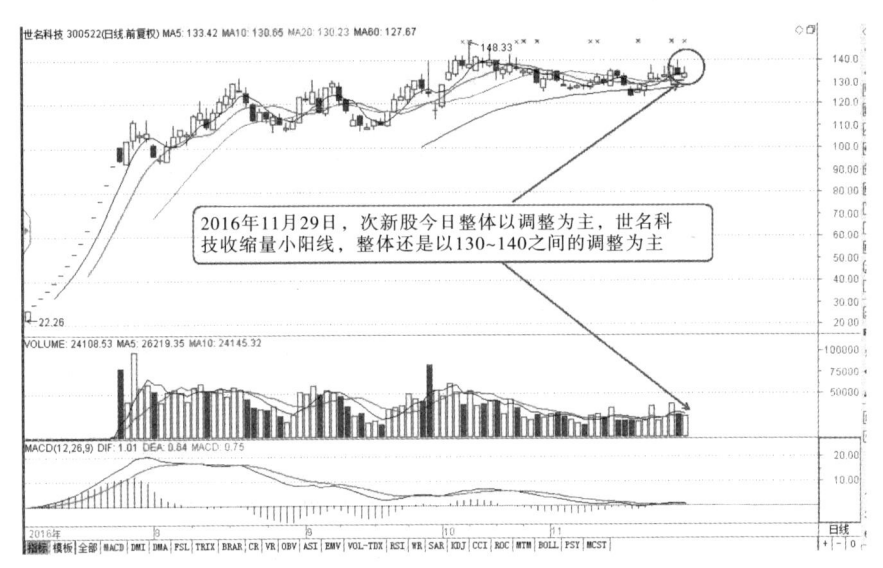

2016年11月29日，次新股今日整体以调整为主，世名科技收缩量小阳线，整体还是以130~140之间的调整为主

11月29日，今天世名科技的走势和28日类似，横盘整理。

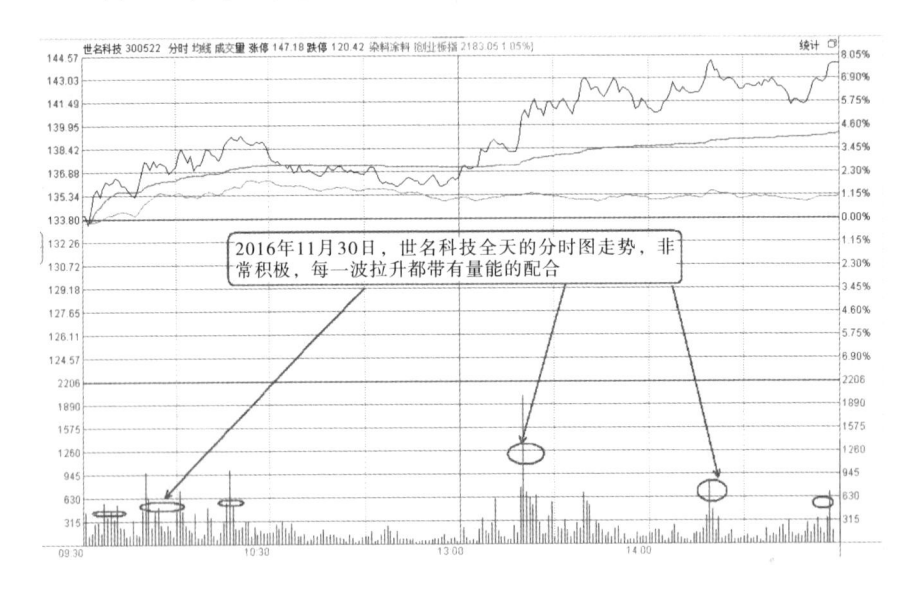

2016年11月30日，世名科技全天的分时图走势，非常积极，每一波拉升都带有量能的配合

11月30日，世名科技终于走出积极的攻击性分时走势。

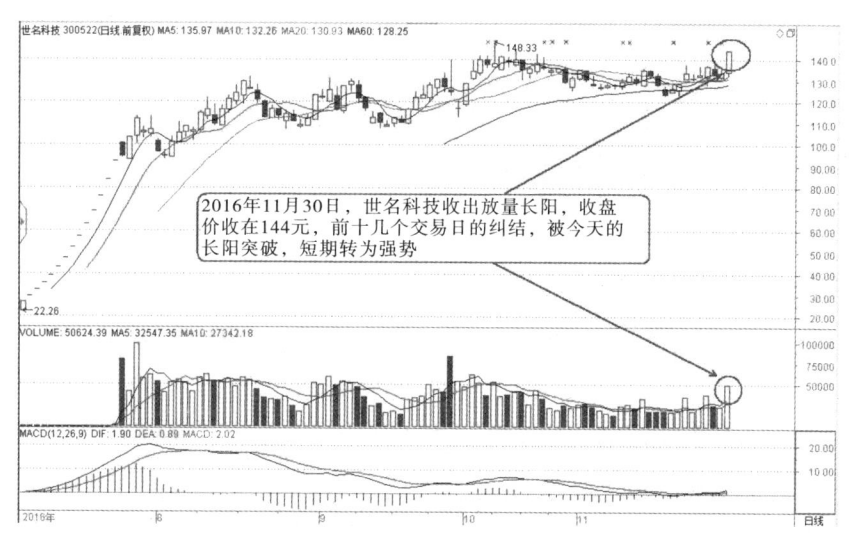

巨量长阳线结束了前一周的横盘调整，收盘价创出新高，短期转为强势，预计接下来强者恒强是大概率事件。

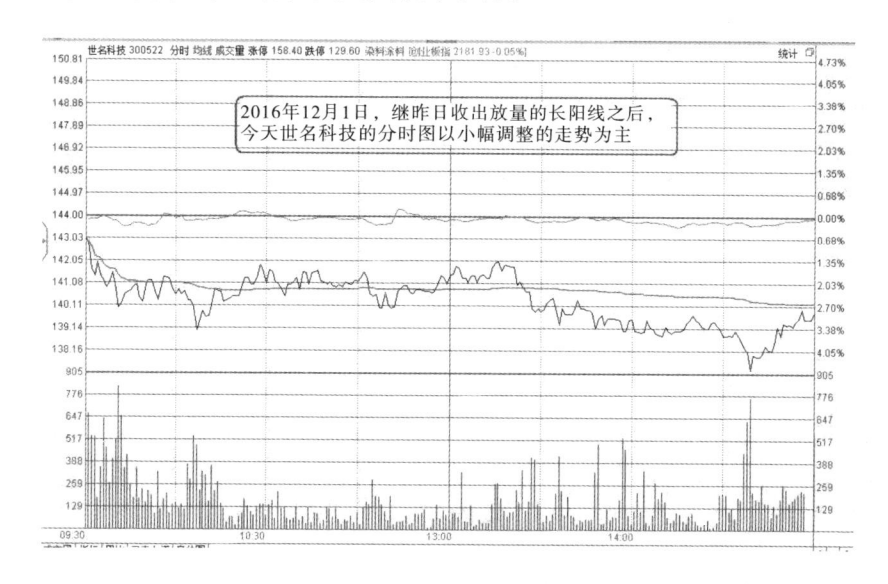

12月1日，世名科技的走势并没有走出预测中的强势上攻，却展开了大幅调整，盘中最大跌幅甚至达到了-5%。

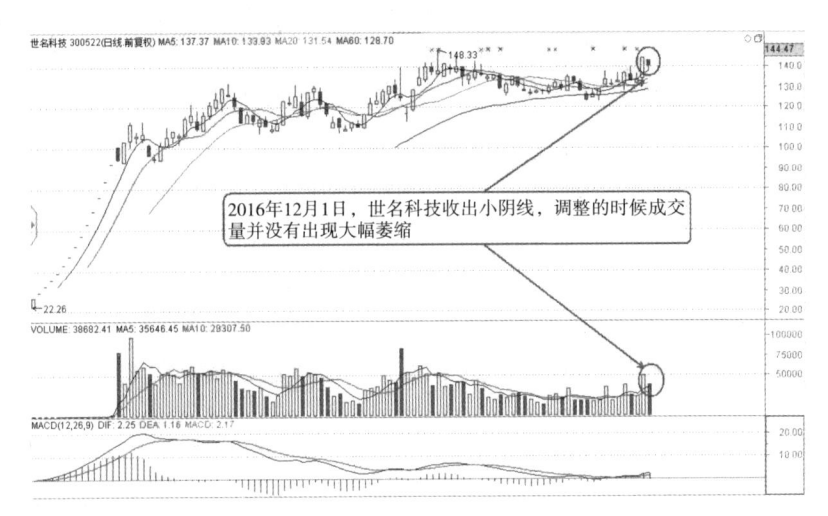

2016年12月1日，世名科技收出小阴线，调整的时候成交量并没有出现大幅萎缩

收盘来看，调整过程中并没有缩量，从技术上来看，这是趋势要转弱的信号。

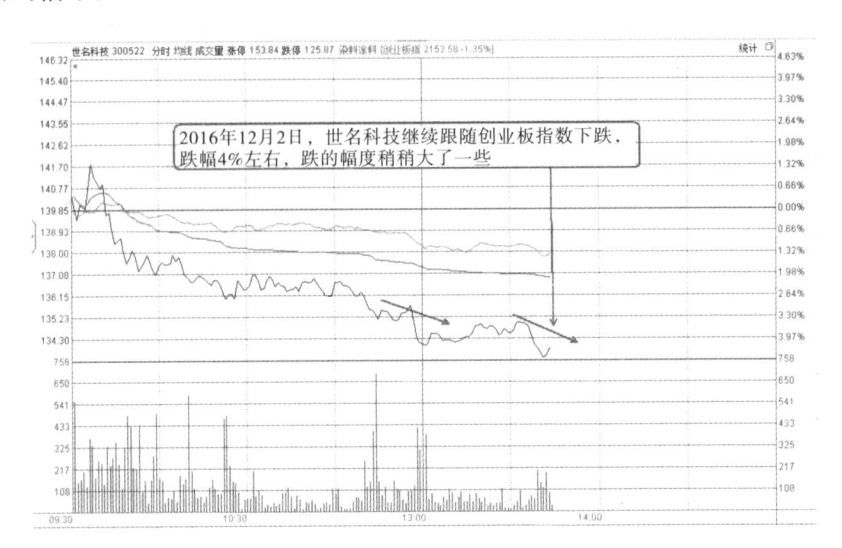

2016年12月2日，世名科技继续跟随创业板指数下跌，跌幅4%左右，跌的幅度稍稍大了一些

12月2日，世名科技继续大幅调整，注意分时上回调时的成交量是放大的。再次出现转弱信号。

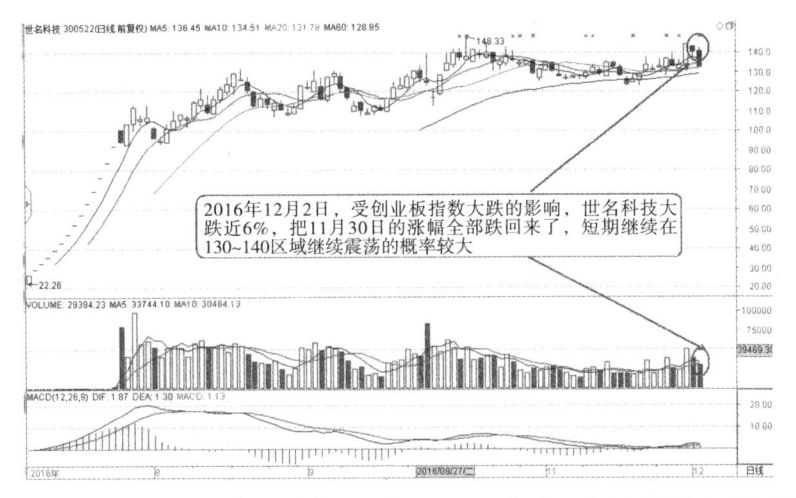

2016年12月2日，受创业板指数大跌的影响，世名科技大跌近6%，把11月30日的涨幅全部跌回来了，短期继续在130~140区域继续震荡的概率较大

世名科技12月2日当天跌幅达到-5.6%，收出一根中阴线，最重要的是，把11月30日的长阳线给吞掉了。到这里短期的弱势特征已经确立了。但是，由于受到波段交易策略的思维定式的限制，此时还是持股未动。

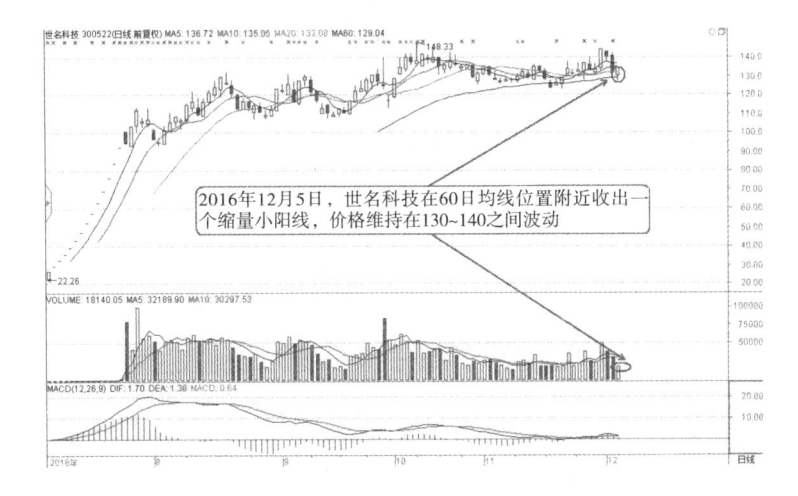

2016年12月5日，世名科技在60日均线位置附近收出一个缩量小阳线，价格维持在130~140之间波动

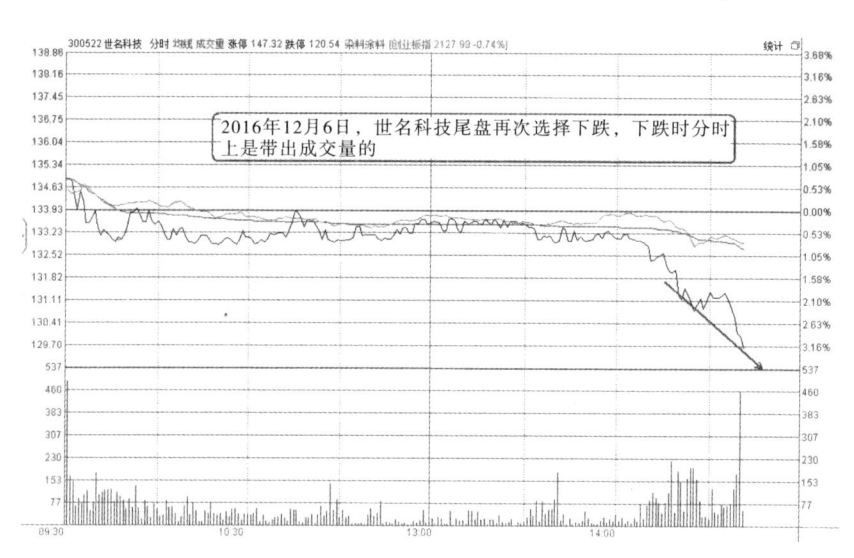

12月5日，世名科技在中阴下杀后，收出一跟缩量小阳线。

12月6日，世名科技尾盘分时上的带量下杀，这也是资金不断卖出离场的信号。

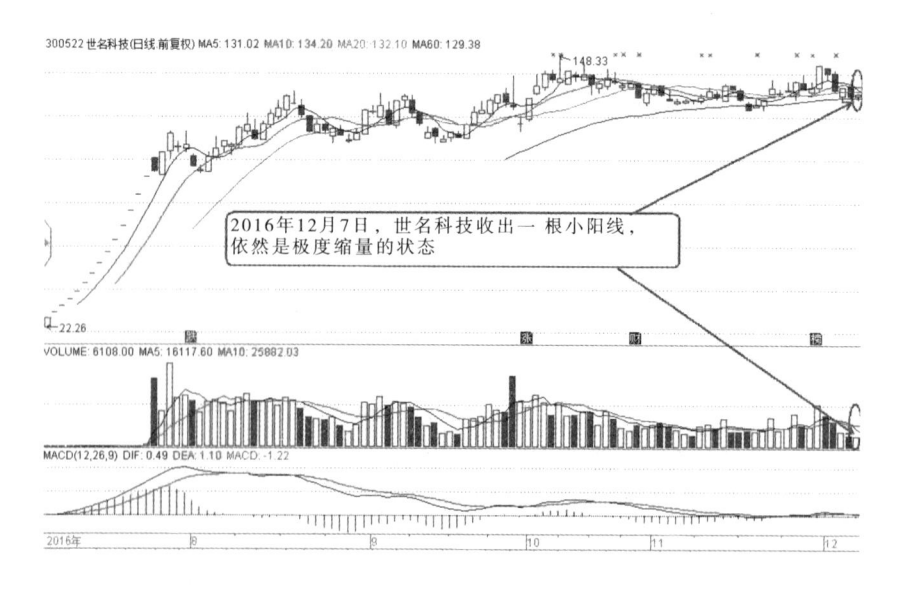

在12月2日、12月6日的持续下跌动作后，12月7日，世名科技收出一根缩量小阳线，今天的走势和12月5日小阳线类似，都属于反弹无力的迹象。

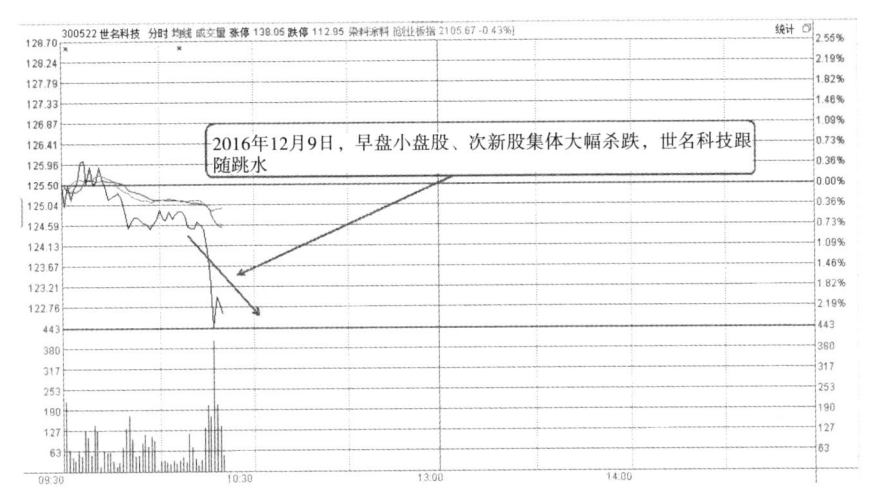

12月9日，早盘分时上的带量跳水，资金出逃。

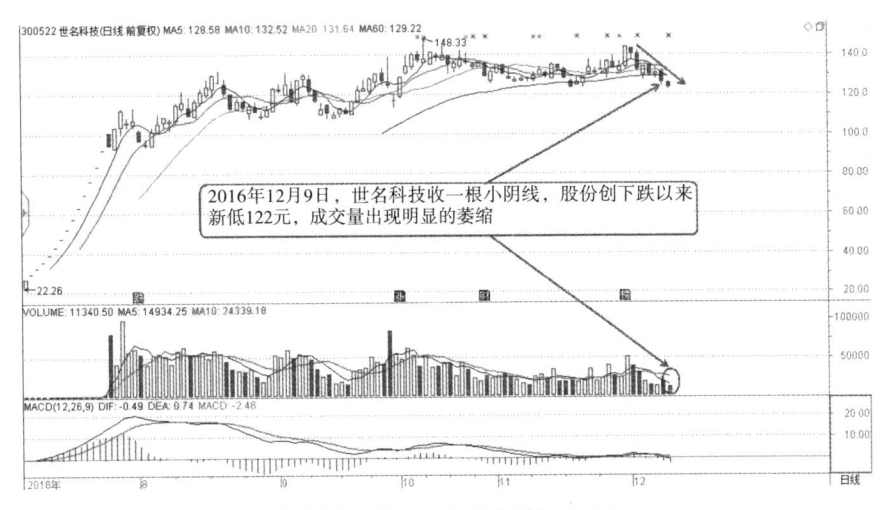

12月9日收盘，股价创出回调以来的新低122元。

淘金弱势股

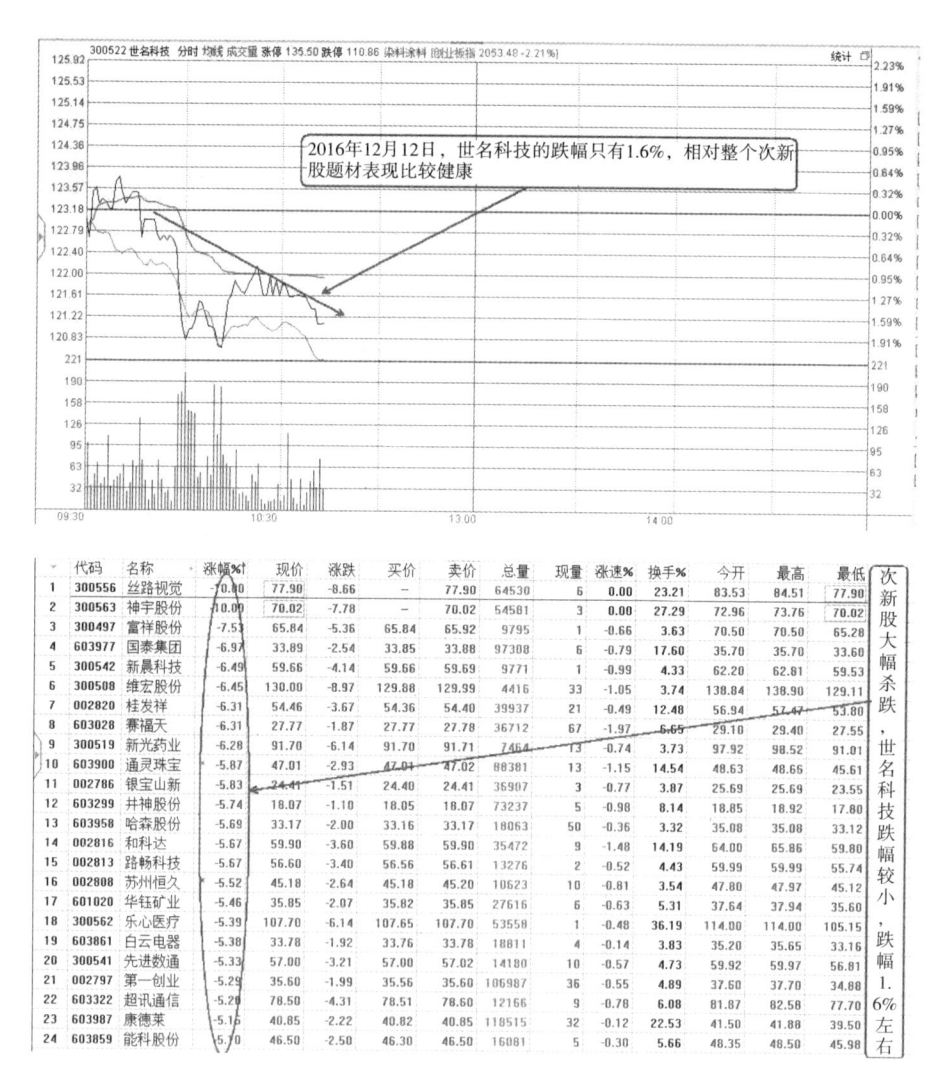

[图:300522 世名科技 分时图,标注"2016年12月12日,世名科技的跌幅只有1.6%,相对整个次新股题材表现比较健康"]

	代码	名称	涨幅%	现价	涨跌	买价	卖价	总量	现量	涨速%	换手%	今开	最高	最低	
1	300556	丝路视觉	-10.00	77.90	-8.66	—	77.90	64530	6	0.00	23.21	83.53	84.51	77.90	次新股大幅杀跌,世名科技跌幅较小,跌幅1.6%左右
2	300563	神宇股份	-10.00	70.02	-7.78	—	70.02	54581	3	0.00	27.29	72.96	73.76	70.02	
3	300497	富祥股份	-7.53	65.84	-5.36	65.84	65.92	9795	1	-0.66	3.63	70.50	70.50	65.28	
4	603977	国泰集团	-6.97	33.89	-2.54	33.85	33.88	97308	2	-0.79	17.60	35.70	35.70	33.60	
5	300542	新晨科技	-6.49	59.66	-4.14	59.66	59.69	9771	1	-0.99	4.33	62.20	62.81	59.53	
6	300508	维宏股份	-6.45	130.00	-8.97	129.88	129.99	4416	33	-1.05	3.74	138.84	138.90	129.11	
7	002820	桂发祥	-6.31	54.46	-3.67	54.45	54.40	39937	21	-0.49	12.48	56.94	57.47	53.80	
8	603028	赛福天	-6.31	27.77	-1.87	27.77	27.78	36712	67	-1.97	6.65	29.40	29.40	27.55	
9	300519	新光药业	-6.28	91.70	-6.14	91.70	91.71	7464	13	-0.74	3.73	97.92	98.52	91.01	
10	603900	通灵珠宝	-5.87	47.01	-2.93	47.01	47.02	88381	13	-1.15	14.54	48.63	48.66	45.61	
11	002786	银宝山新	-5.83	24.41	-1.51	24.41	24.41	36907	3	-0.77	3.87	25.69	25.69	23.55	
12	603299	井神股份	-5.74	18.07	-1.10	18.05	18.07	73237	5	-0.98	8.14	18.85	18.92	17.80	
13	603958	哈森股份	-5.69	33.17	-2.00	33.16	33.17	18063	50	-0.36	3.32	35.08	35.08	33.12	
14	002816	和科达	-5.67	59.90	-3.60	59.88	59.90	35472	9	-1.48	14.19	64.00	65.86	59.80	
15	002813	路畅科技	-5.67	56.60	-3.40	56.56	56.61	13276	2	-0.52	4.43	59.99	59.99	55.74	
16	002808	苏州恒久	-5.52	45.18	-2.64	45.18	45.20	10623	10	-0.81	3.54	47.80	47.97	45.12	
17	601020	华钰矿业	-5.46	35.85	-2.07	35.85	35.85	27616	6	-0.55	5.31	37.64	37.94	35.60	
18	300562	乐心医疗	-5.39	107.70	-6.14	107.65	107.70	55358	1	-0.48	36.19	114.00	114.00	105.15	
19	603861	白云电器	-5.38	33.78	-1.92	33.76	33.78	18811	4	-0.14	3.83	35.20	35.65	33.16	
20	300541	先进数通	-5.33	57.00	-3.21	57.00	57.02	14160	10	-0.57	4.73	59.92	59.97	56.81	
21	002797	第一创业	-5.29	35.60	-1.99	35.60	35.65	10987	36	-0.55	4.89	37.45	37.70	34.88	
22	603322	超讯通信	-5.20	78.50	-4.31	78.51	78.60	12166	9	-0.78	6.08	81.87	82.58	77.70	
23	603987	康德莱	-5.16	40.85	-2.22	40.82	40.85	118515	32	-0.12	22.53	41.55	41.88	39.55	
24	603859	能科股份	-5.10	46.50	-2.50	46.50	46.50	16091	4	-0.30	5.66	48.35	48.50	45.98	

12月12日早盘,世名科技跟随市场继续回调中,但是对比同主题其他次新股在6%左右的跌幅,世名科技的早盘跌幅只有1.6%左右,自己仍然不死心,仍然心存幻想。

弱市盈利战法精讲 111

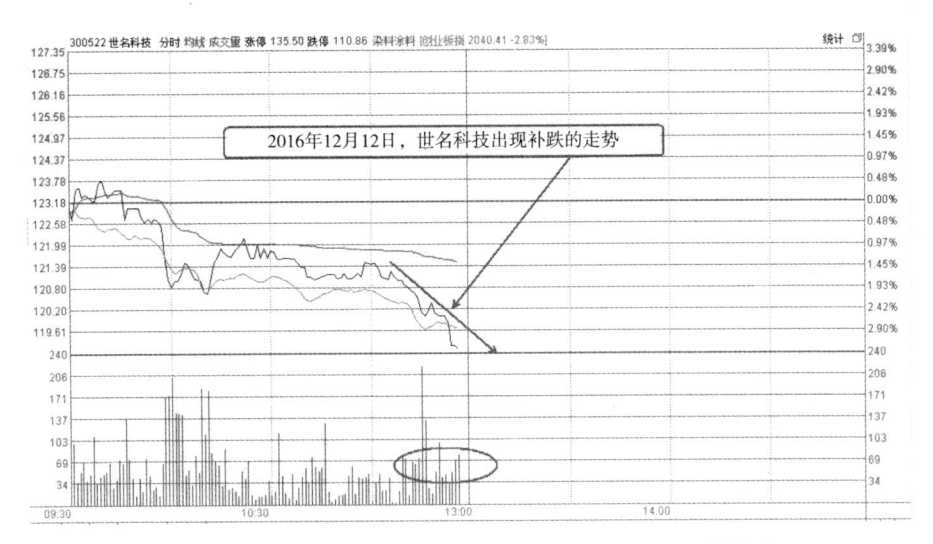

12月12日，世名科技终于抵抗不住大盘的暴跌，开始补跌。

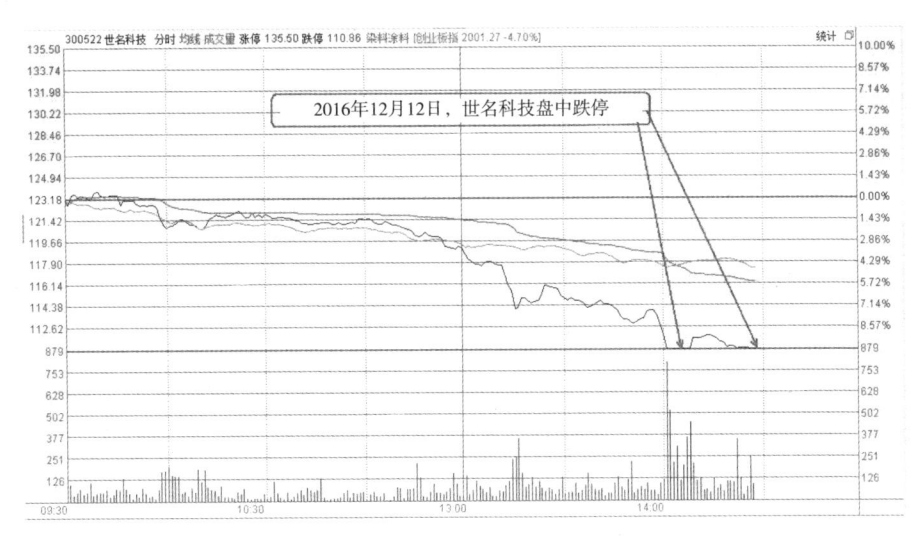

12月12日，世名科技盘中出现跌停。

2016年12月12日，世名科技跌停，收盘价在110左右，跌破了前期平台的下轨120

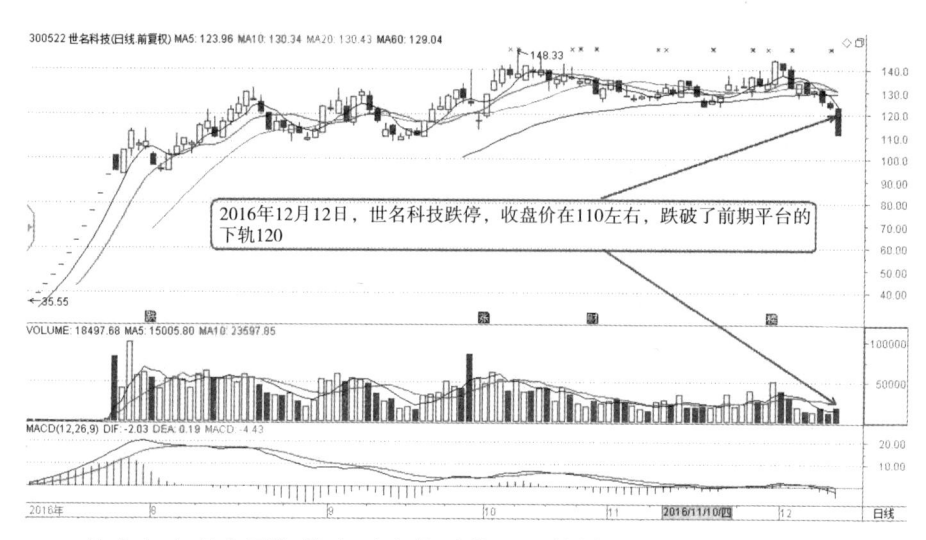

技术上出现大周期技术平台的破位，只能被动止损离场。

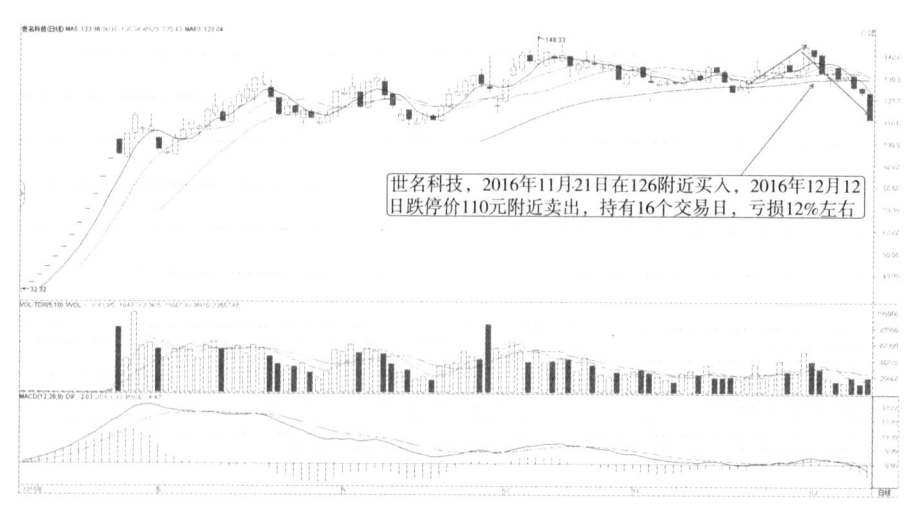

世名科技，2016年11月21日在126附近买入，2016年12月12日跌停价110元附近卖出，持有16个交易日，亏损12%左右

世名科技，波段持有16个交易日，先盈利14%左右，没有止盈，最后亏损12%离场。

总结

① 基本面成长性再优质的个股,也可能阶段性被资金抛弃,所以在波段交易策略的选股上要全面考虑,而不能陷入唯基本面优良这一个因素中,造成一叶遮目、管中窥豹的错误。

② 偶尔一次、两次的卖出技术特征信号出现,可以适当考虑放宽卖出条件,但是,如果在持股过程中多次反复出现卖出信号,那么及早退出是最好的策略。

③ 你自己认可的公司不一定是交易最佳标的,一定要选择自己熟悉的,而且市场资金也认可的标的,更为重要的是,一定要把市场资金认可的角度放在自己的认可的角度之上,因为,市场永远是对的,错的常常是我们自己。

7. 乐心医疗——高送转刺激下的获利

乐心医疗交易时间段：2017年1月18日～2017年2月3日

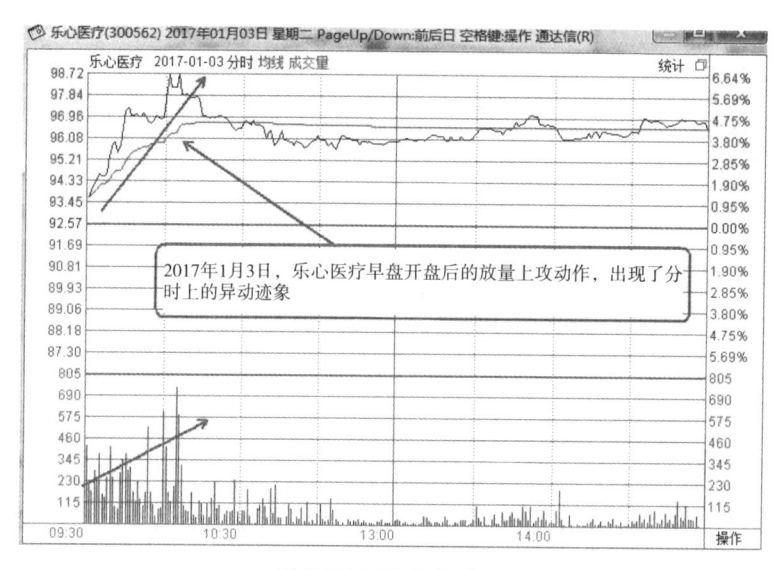

乐心医疗异动分时图

在1月18日买入之前的1月3日就开始对乐心医疗进行跟踪了，波段交易制定计划很重要，交易标的一定要在买入之前先选择出来，然后重点进行跟踪。

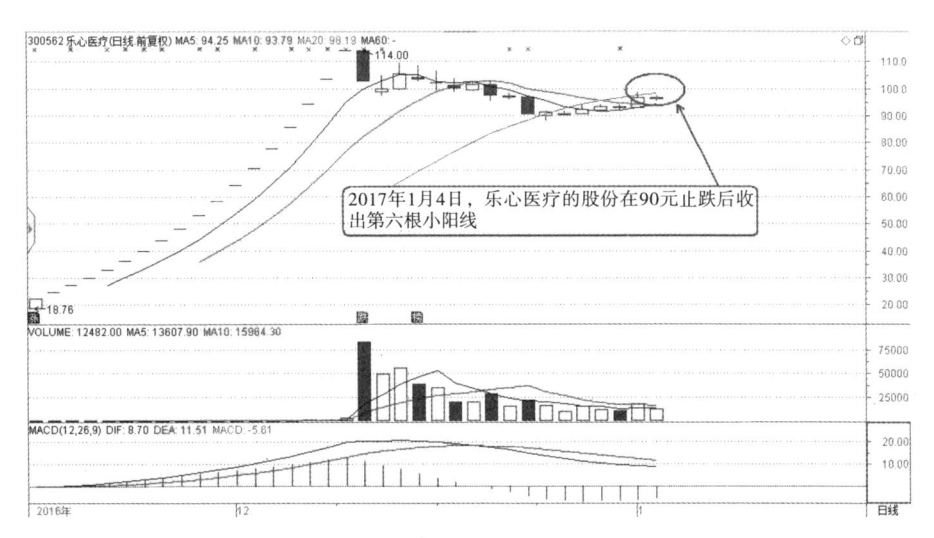

持续收出缩量小阳线，酝酿趋势。

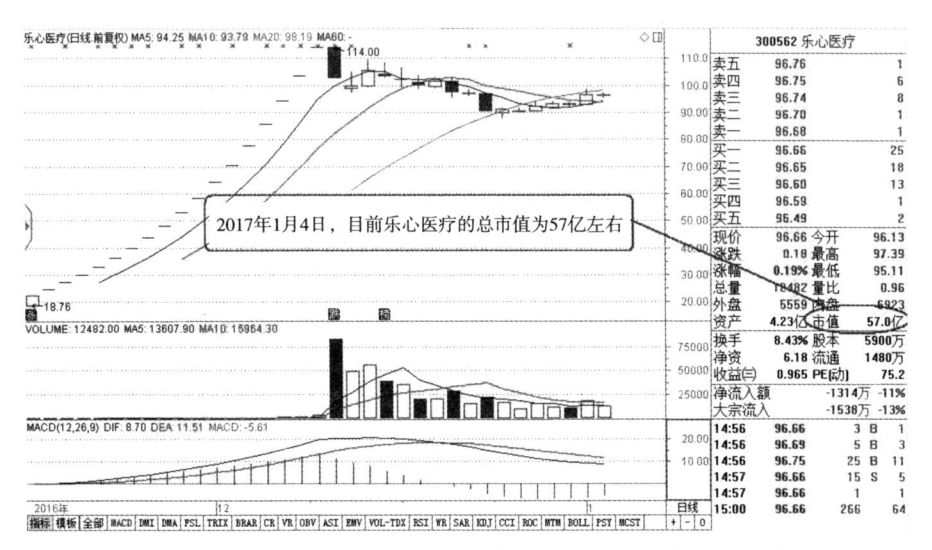

截至1月4日收盘，乐心医疗总市值57亿，流通市值14.3亿左右。

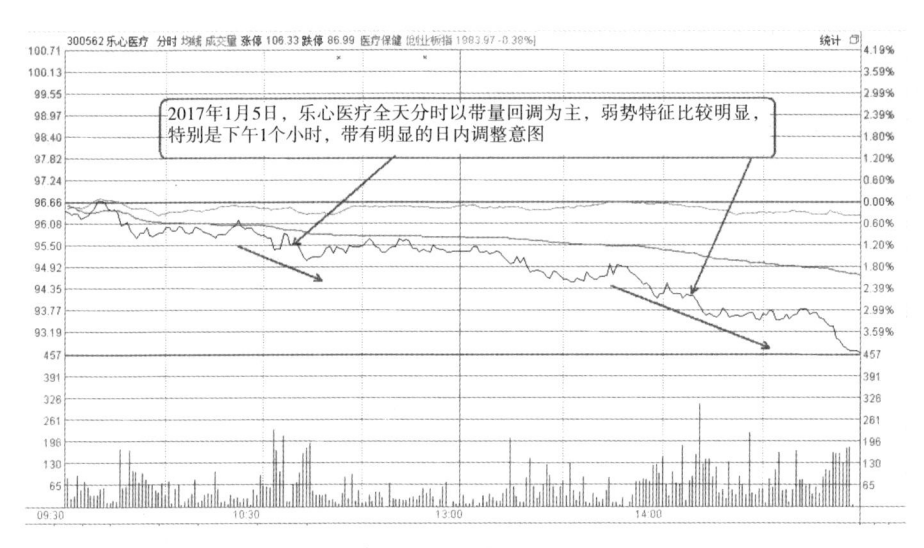

2017年1月5日，乐心医疗全天分时以带量回调为主，弱势特征比较明显，特别是下午1个小时，带有明显的日内调整意图

全天弱势回调，回调幅度在4%左右。

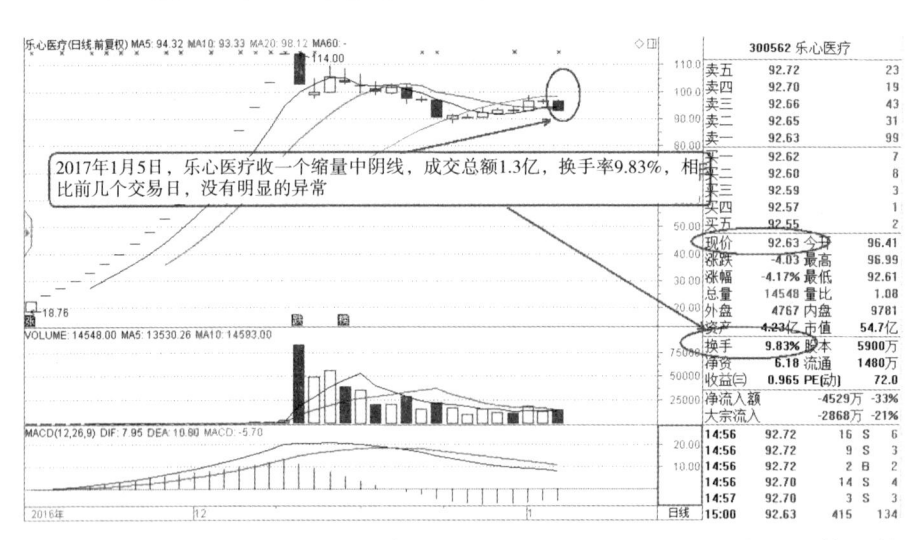

2017年1月5日，乐心医疗收一个缩量中阴线，成交总额1.3亿，换手率9.83%，相比前几个交易日，没有明显的异常

在单日回调过程中，换手率较低，日K线的成交量也不大，整体趋势上属于健康。

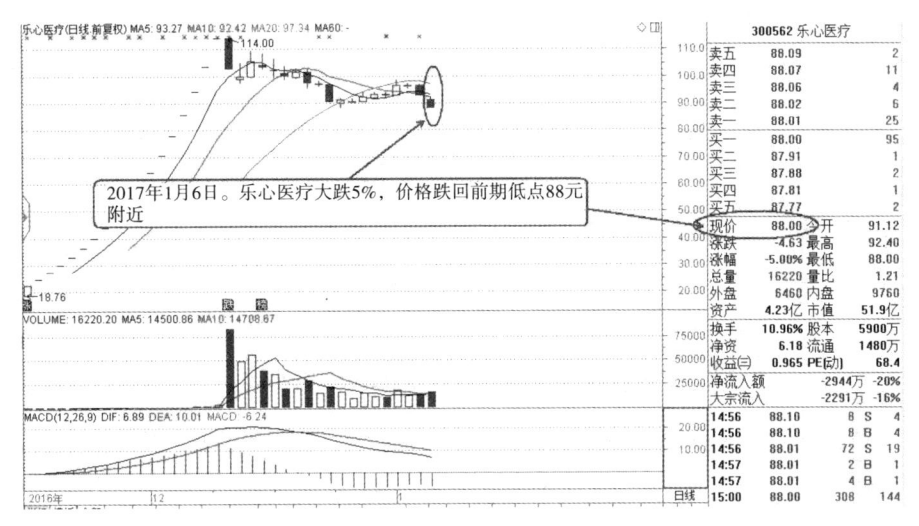

1月6日，乐心医疗再度回调，今天回调的幅度达到5%，回调幅度较大，今天的回调，成交量有所放大。

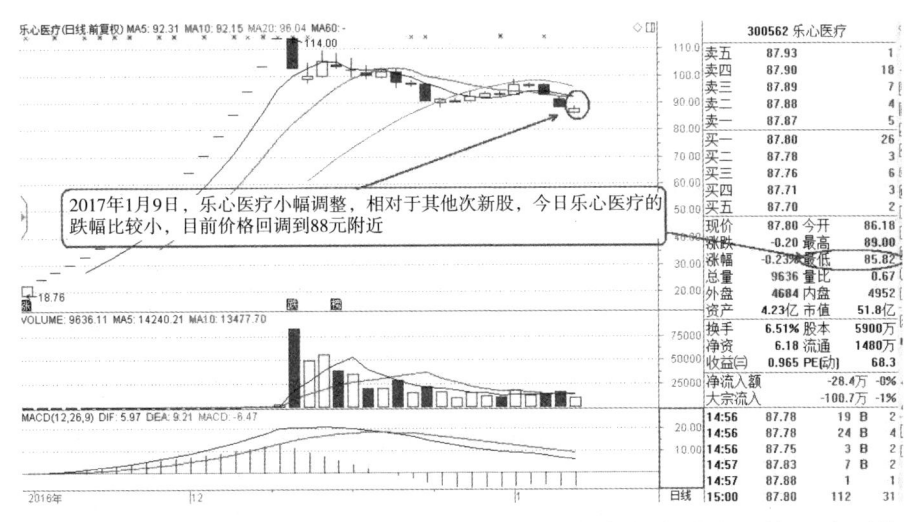

1月9日，在连续回调两个交易日后，股价收出缩量小阳线，这不能说明什么问题，继续观察，买入的时间还不成熟。

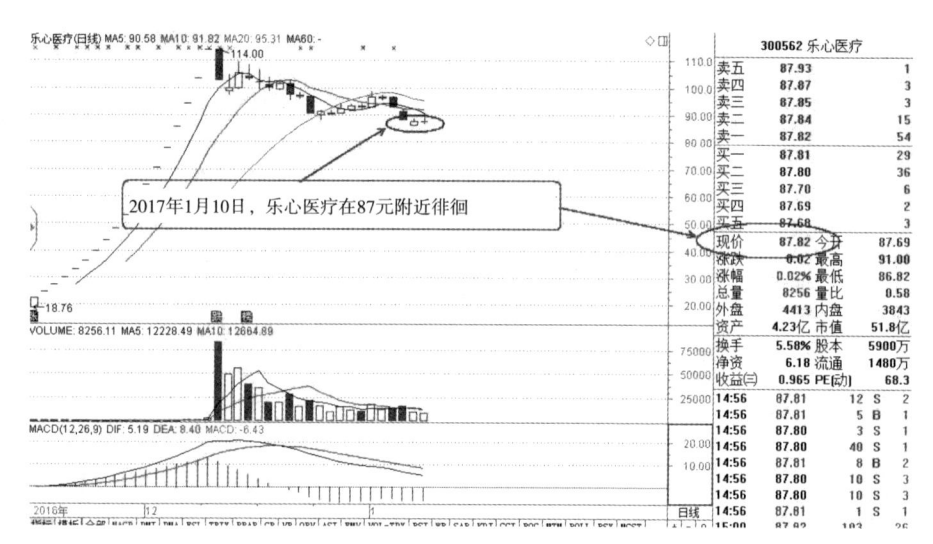

1月10日，乐心医疗连续两天收出缩量小阳线。

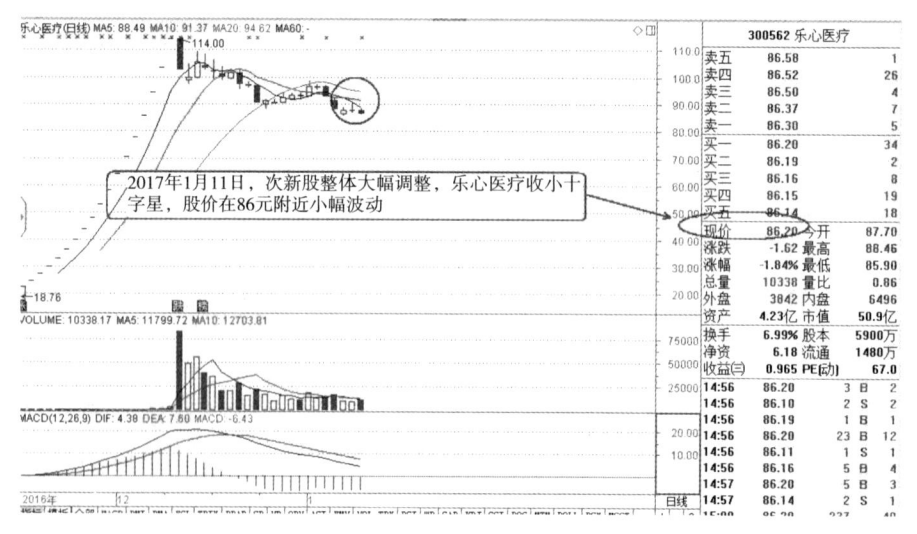

1月11日，乐心医疗收出缩量小阴线，和前两个交易日一样，股价波动幅度较小，成交量持续萎缩。

弱市盈利战法精讲

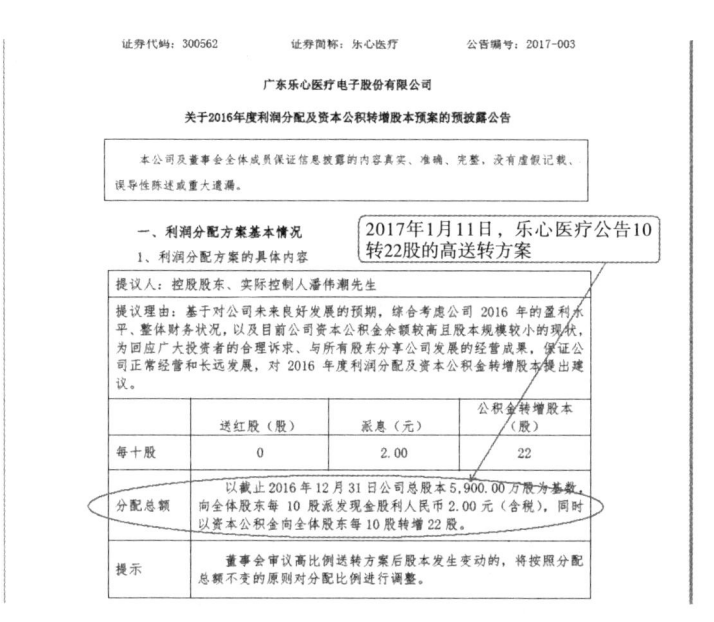

[公告图片：广东乐心医疗电子股份有限公司 关于2016年度利润分配及资本公积转增股本预案的预披露公告]

证券代码：300562　证券简称：乐心医疗　公告编号：2017-003

批注：2017年1月11日，乐心医疗公告10转22股的高送转方案

1月11日收盘后，乐心医疗发布高送转方案，股价迎来短期上涨趋势的刺激要素。

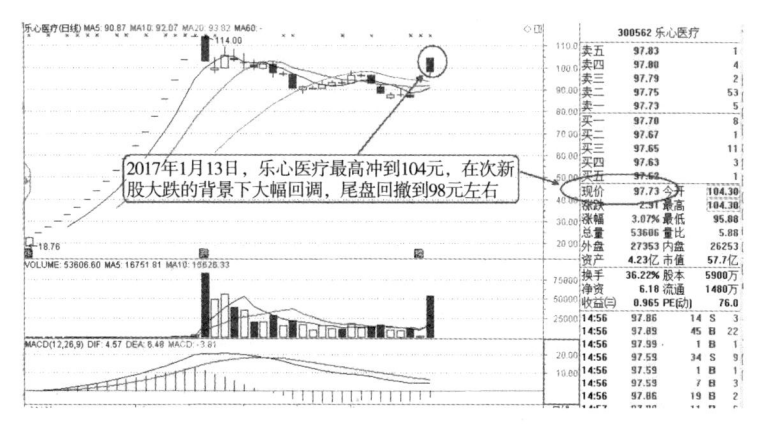

[K线图]

批注：2017年1月13日，乐心医疗最高冲到104元，在次新股大跌的背景下大幅回调，尾盘回撤到98元左右

在1月12日一字涨停板之后，1月13日，乐心医疗股价出现回调动作。注意今天成交量的突然放大。

淘金弱势股

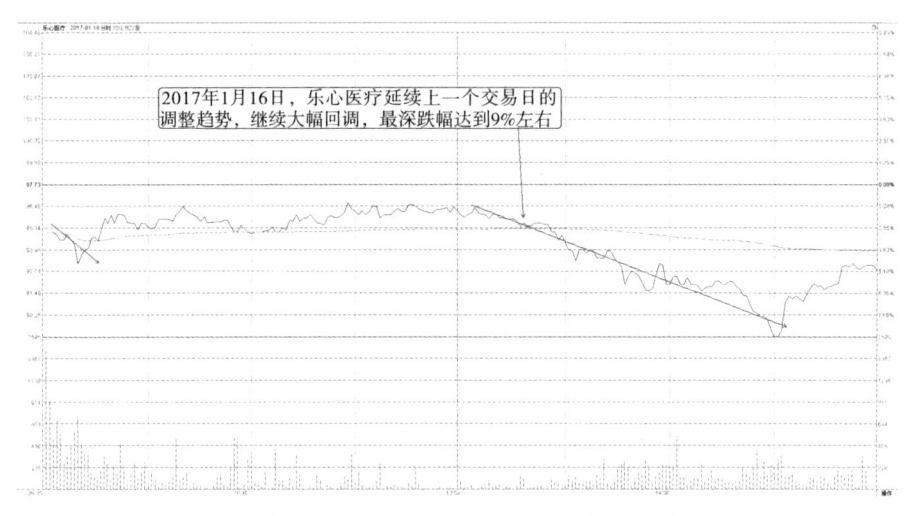

[图:2017年1月16日，乐心医疗延续上一个交易日的调整趋势，继续大幅回调，最深跌幅达到9%左右]

继续猛烈回调，连续两个交易日回调，盘面出现恐慌情绪。

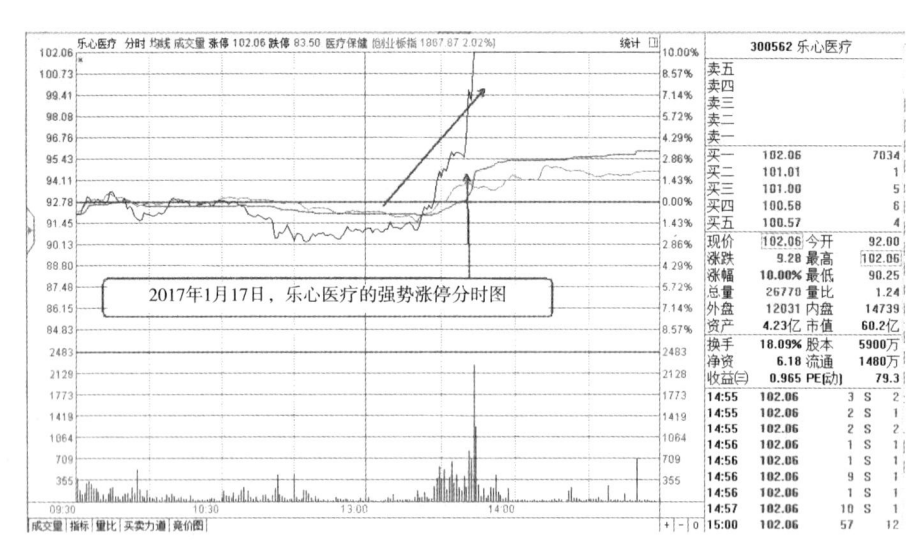

[图:2017年1月17日，乐心医疗的强势涨停分时图]

1月17日，乐心医疗盘面出现戏剧性逆转，下午开盘不久，快速拉升至涨停，短期洗盘完毕。

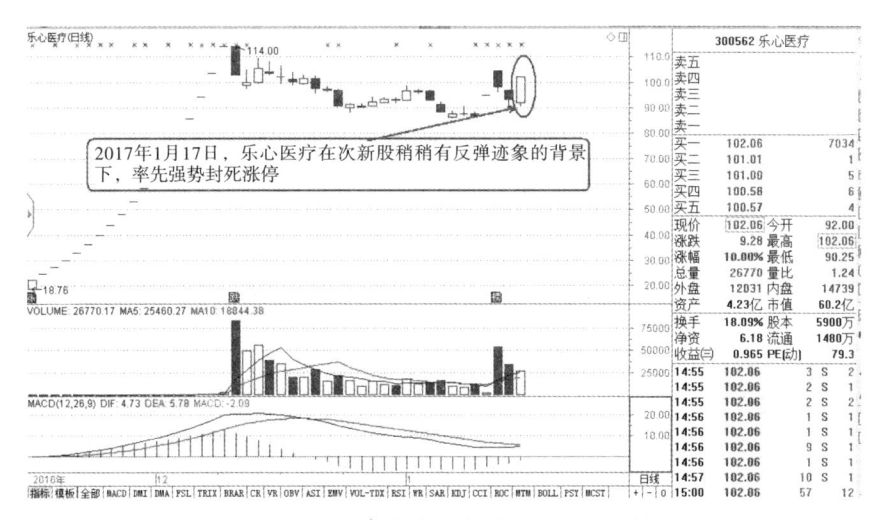

[图中标注：2017年1月17日，乐心医疗在次新股稍稍有反弹迹象的背景下，率先强势封死涨停]

1月17日，相对于1月12日受消息刺激的无量涨停板，今天乐心医疗收出带量涨停板。

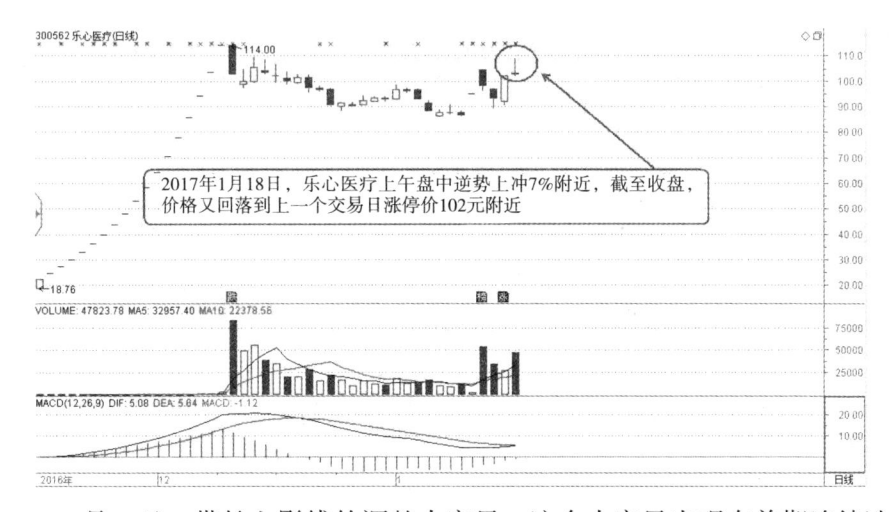

[图中标注：2017年1月18日，乐心医疗上午盘中逆势上冲7%附近，截至收盘，价格又回落到上一个交易日涨停价102元附近]

1月18日，带长上影线的调整十字星，这个十字星出现在前期连续洗盘并且涨停启动的涨停板上方，是短中期的较好买点，盘中在上午105元附近买入，当日收盘时，略微小亏。

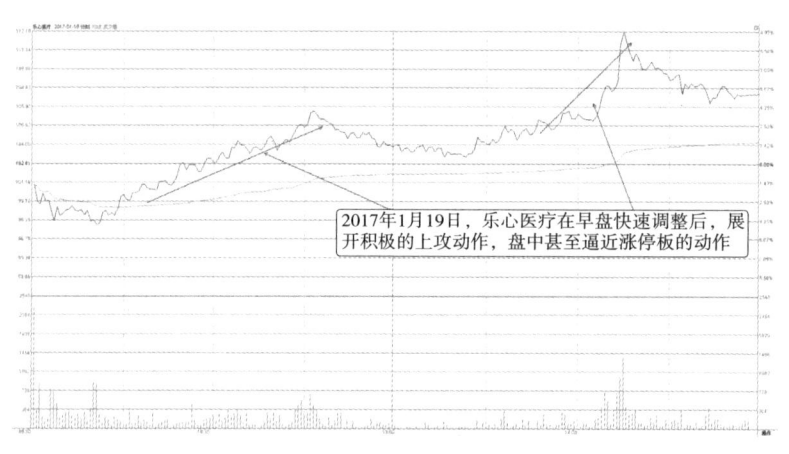

2017年1月19日，乐心医疗在早盘快速调整后，展开积极的上攻动作，盘中甚至逼近涨停板的动作

1月19日，乐心医疗展开预料中的上攻动作。注意，在展开全天的上涨之前，早盘继续挖了个坑，分时调整到-4%附近，继续制造恐慌气氛，但是，其实上涨趋势已经确立，这种洗盘只是短期的小把戏而已。

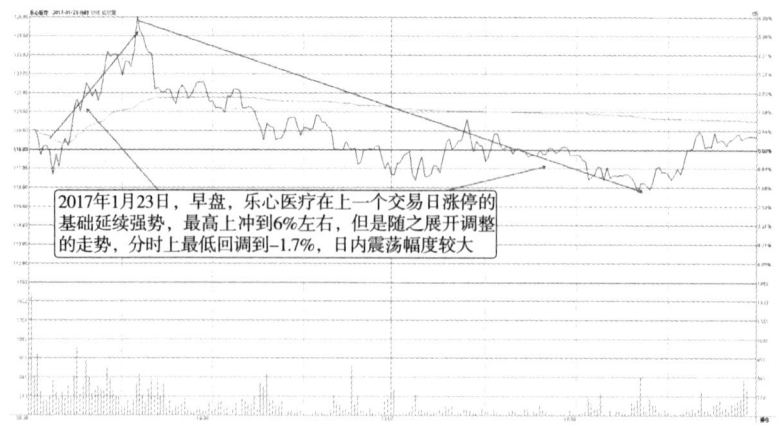

2017年1月23日，早盘，乐心医疗在上一个交易日涨停的基础延续强势，最高上冲到6%左右，但是随之展开调整的走势，分时上最低回调到-1.7%，日内震荡幅度较大

1月23日，乐心医疗早盘震荡上行，股价冲出近期新高，随后展开调整，全天属于健康调整的范畴，唯一美中不足的是，在昨天大幅上涨之

后，今天分时日内波动幅度稍稍偏大。

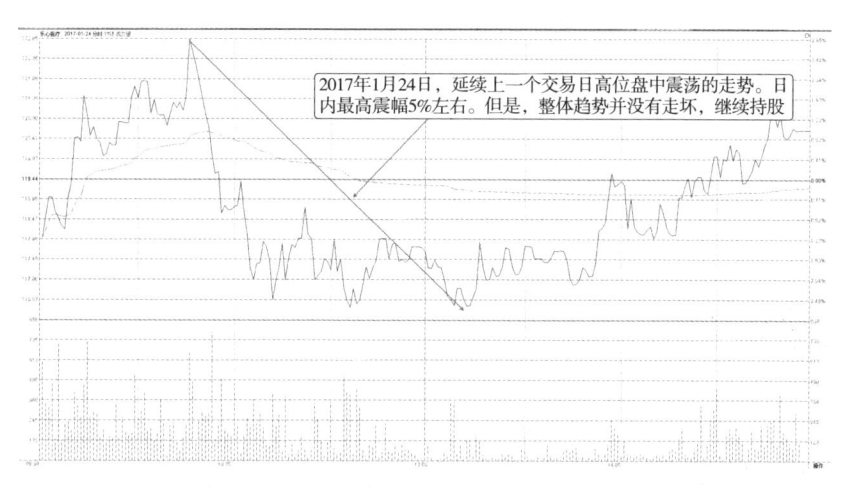

[图：2017年1月24日分时图，标注"2017年1月24日，延续上一个交易日高位盘中震荡的走势。日内最高震幅5%左右。但是，整体趋势并没有走坏，继续持股"]

1月24日，股价继续调整，但是今天的调整就健康很多，股价波动幅度较小，耐心持股。

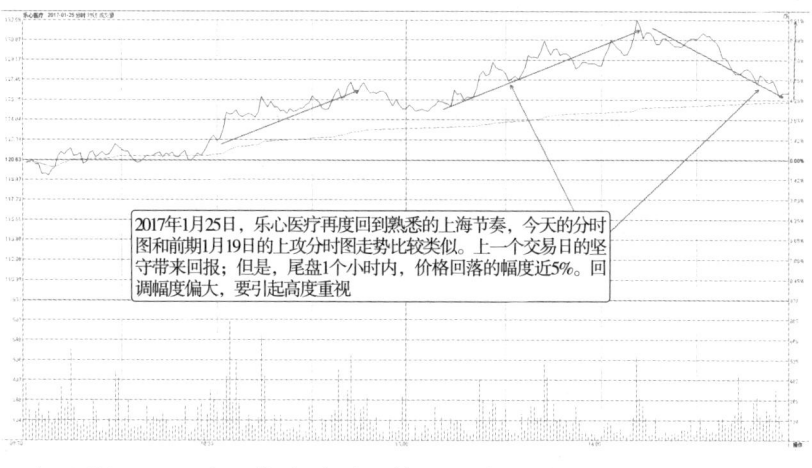

[图：2017年1月25日分时图，标注"2017年1月25日，乐心医疗再度回到熟悉的上海节奏，今天的分时图和前期1月19日的上攻分时图走势比较类似。上一个交易日的坚守带来回报；但是，尾盘1个小时内，价格回落的幅度近5%。回调幅度偏大，要引起高度重视"]

昨天强调，面对股价波动耐心持股，今天就收获回报，股价全天阶梯式上涨；但是，尾盘的调整幅度近5%，幅度偏大。这是第一次出现要引起重视的信号。这个时候显然无法说服自己卖出，但是要提醒自己注意警惕。

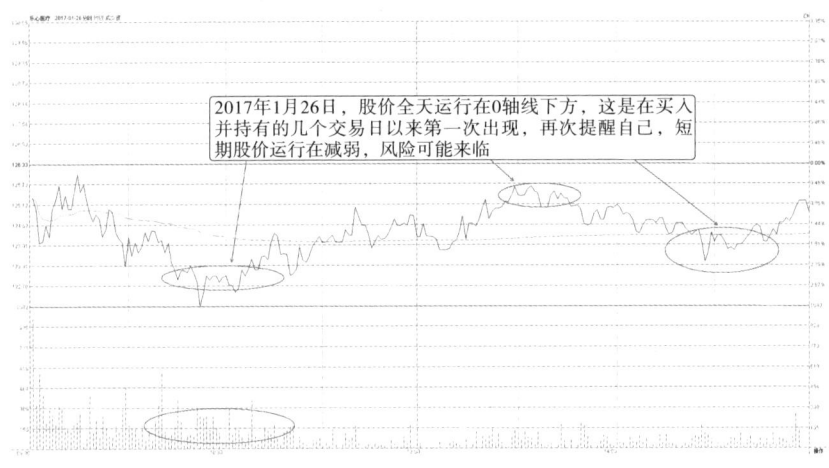

2017年1月26日，股价全天运行在0轴线下方，这是在买入并持有的几个交易日以来第一次出现，再次提醒自己，短期股价运行在减弱，风险可能来临

盘面弱势横盘整理，第二次出现弱势信号。

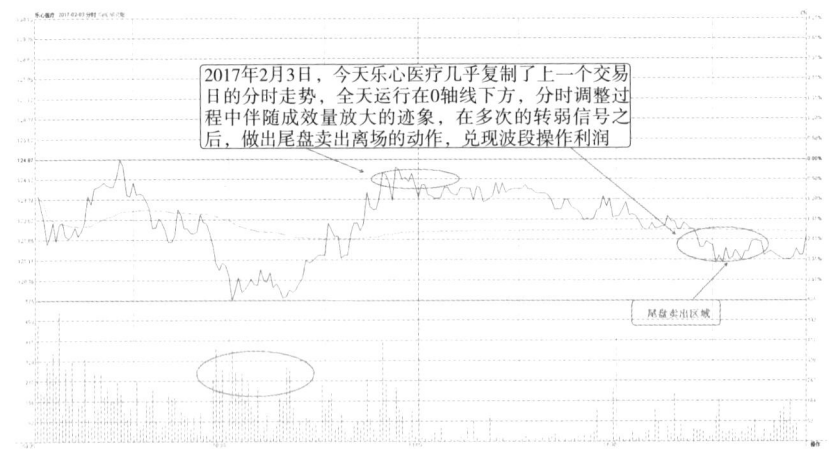

2017年2月3日，今天乐心医疗几乎复制了上一个交易日的分时走势，全天运行在0轴线下方，分时调整过程中伴随成交量放大的迹象，在多次的转弱信号之后，做出尾盘卖出离场的动作，兑现波段操作利润

尾盘卖出区域

连续第二次在0轴线下方弱势横盘，并且分时调整时出现明显的放量迹象，这已经是第三次趋势弱势的信号了。多次趋势转弱信号的出现，

不能再犹豫了，选择尾盘果断卖出。

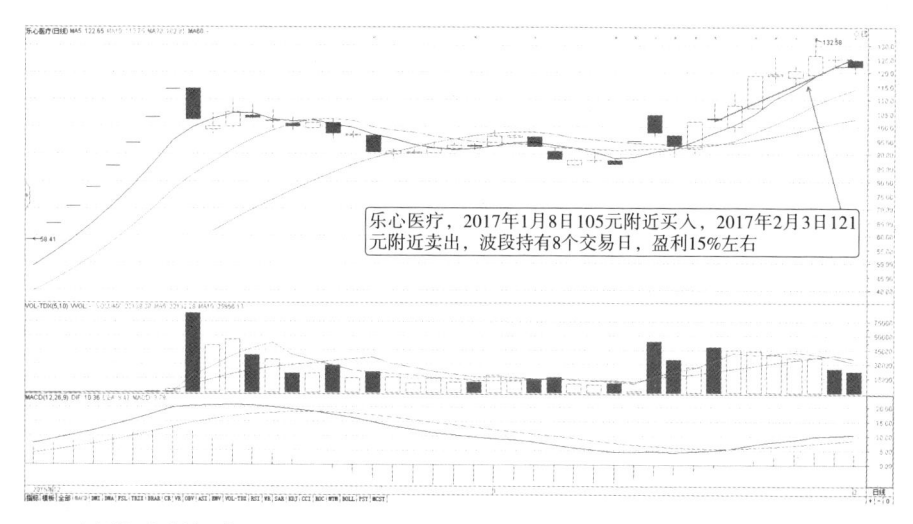

乐心医疗，2017年1月8日105元附近买入，2017年2月3日121元附近卖出，波段持有8个交易日，盈利15%左右

波段盈利机会。

总结

① 选择波段持有的标的一定要慎重，在买入之前多计划，认真筛选可能的买入标的。

② 在标的选择出来之后，也不要着急买入，时刻牢记，当下的市场处于弱势震荡的格局中，耐心等待买入机会，买入的时机可以稍晚些、再稍晚些。

③ 个股出现突发利好刺激消息后，深入思考主导资金的反应，观察其态度，揣摩其意图。

④ 个股启动特征确立，不要再犹豫，果断买入。

⑤持股过程中，要排除各种干扰，既要战胜要买入后获得小利润浮盈尽快卖出锁定利润的冲动，也要保持冷静，不能被买入就涨冲昏头脑而不去察觉风险。

⑥股价转弱信号连续出现，果断离场。

8.弱势盈利战法之——新泉股份

新泉股份交易时间段：2017年7月3日~2017年7月28日

2017年7月3日：

深次新股指数K线图：

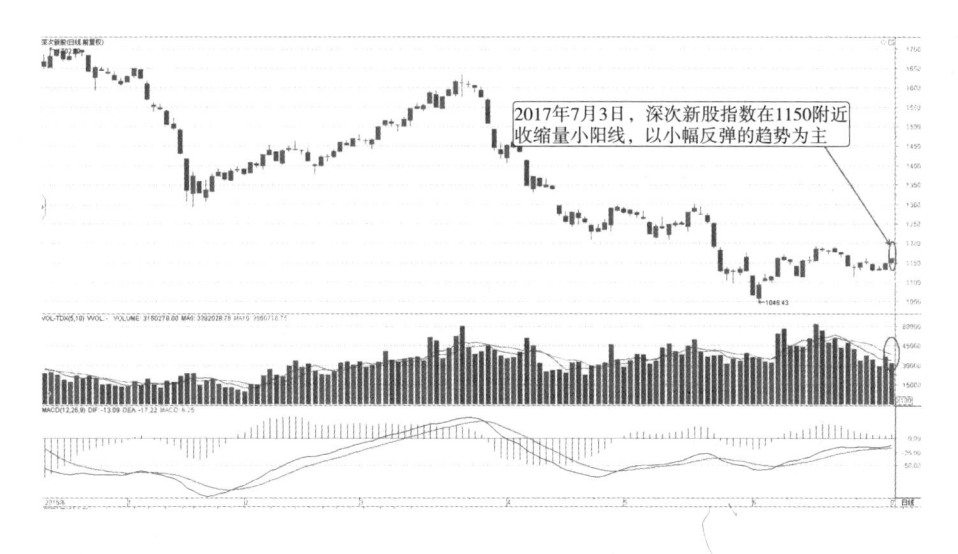

2017年7月3日，深次新股指数在1150附近收缩量小阳线，以小幅反弹的趋势为主

新泉股份走势：

新泉股份下午分时图冲高缩量回调

2017年7月3日，新泉股份下午开盘缩量调整后，再度开始放量上攻

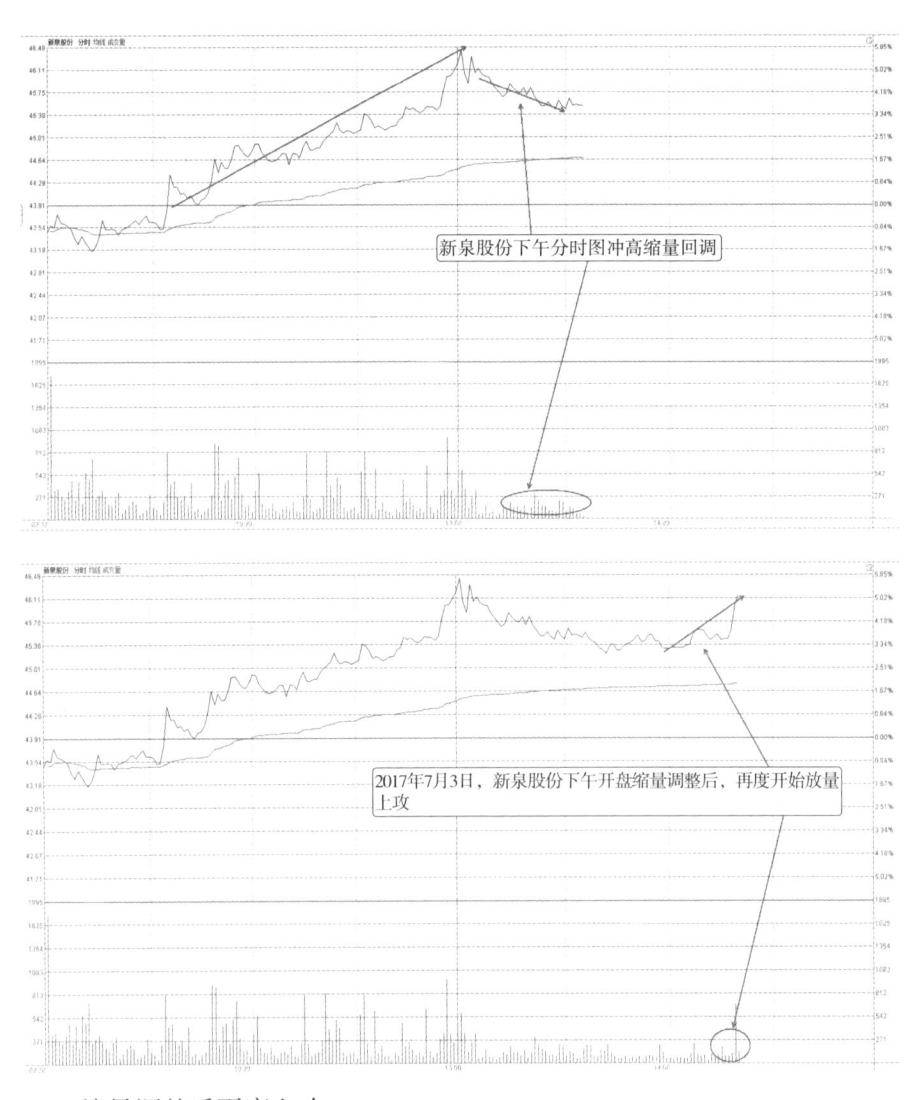

缩量调整后再度上攻。

弱市盈利战法精讲 129

图注：下午，在买二上有580手的买单挂出

图注：2017年7月3日，新泉股份在上一个交易日的带量缺口上方，今天收出第二根带量中阳线，股价盘中创出近1月以来的新高46.48，短期趋势积极

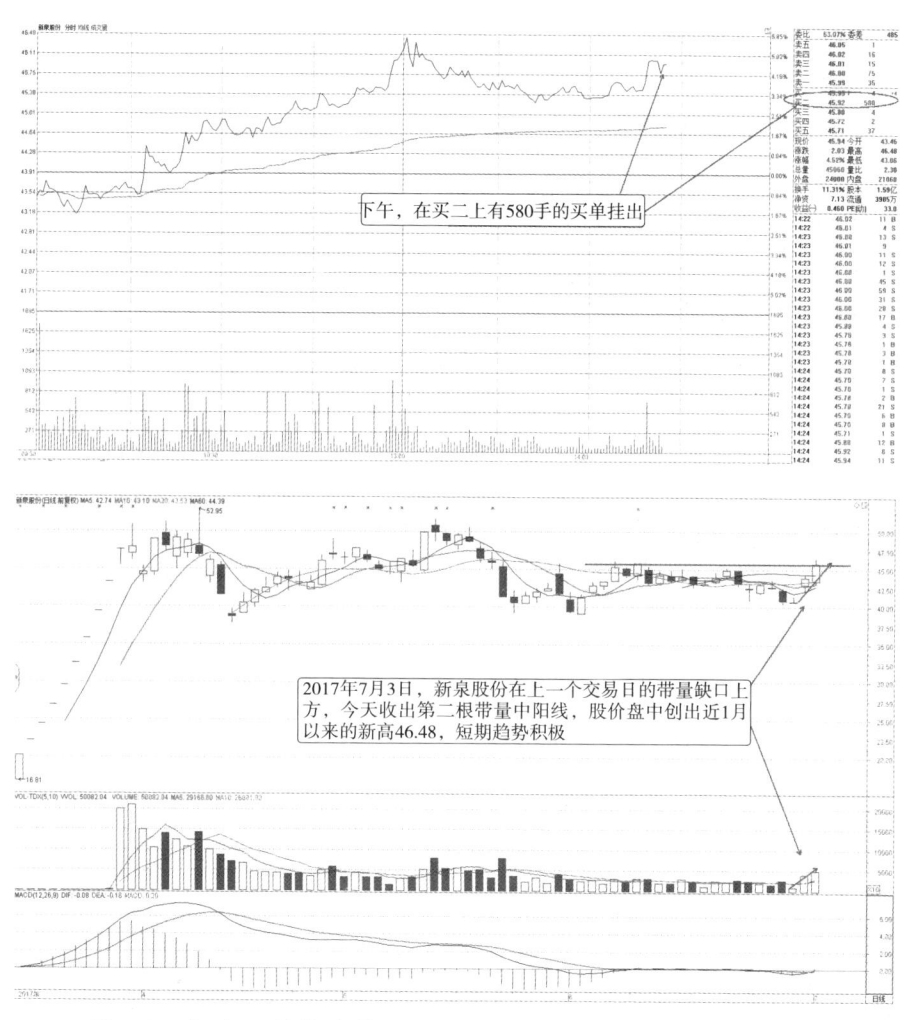

7月3日，新泉股份的走势明显强于同期的深次新股指数走势；虽然新泉股份今天收出了一根中阳线，但是从日K线的整体走势来看，并没有实破前期46元附近的阻力位置；在下午分时上攻的过程中，在委买二的价位出现了580手的大买单，说明短期资金还是有借力想法的。

2017年7月4日

深次新股指数K线图：

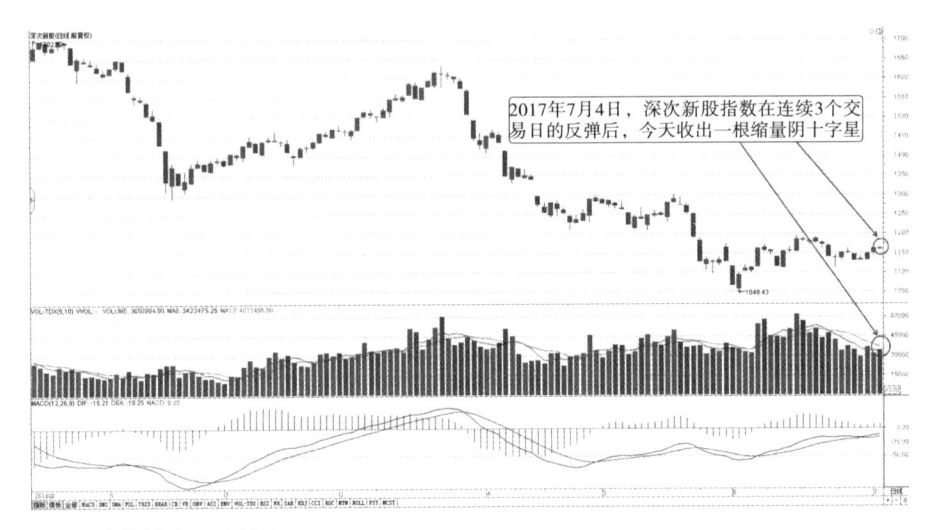

2017年7月4日，深次新股指数在连续3个交易日的反弹后，今天收出一根缩量阴十字星

新泉股份走势图：

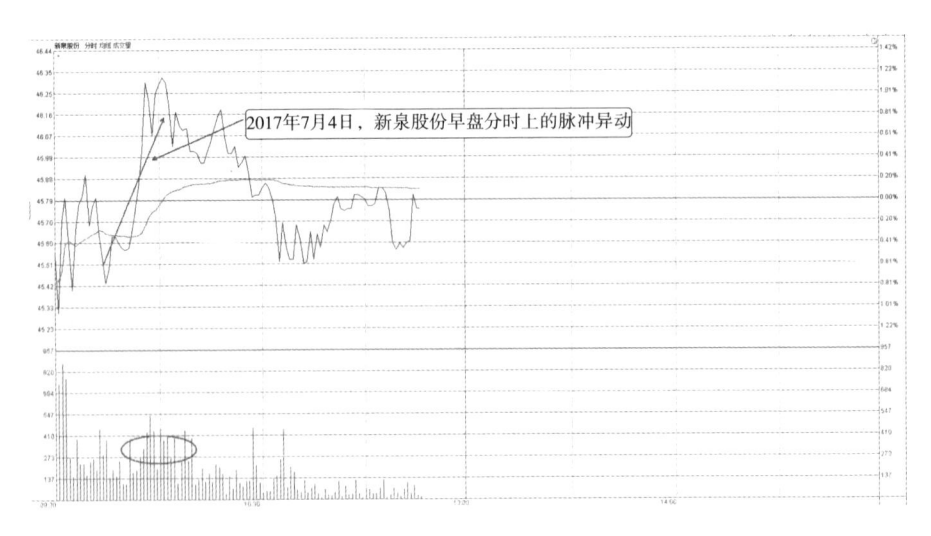

2017年7月4日，新泉股份早盘分时上的脉冲异动

连续性的小买单

再一次的连续主动性小买单

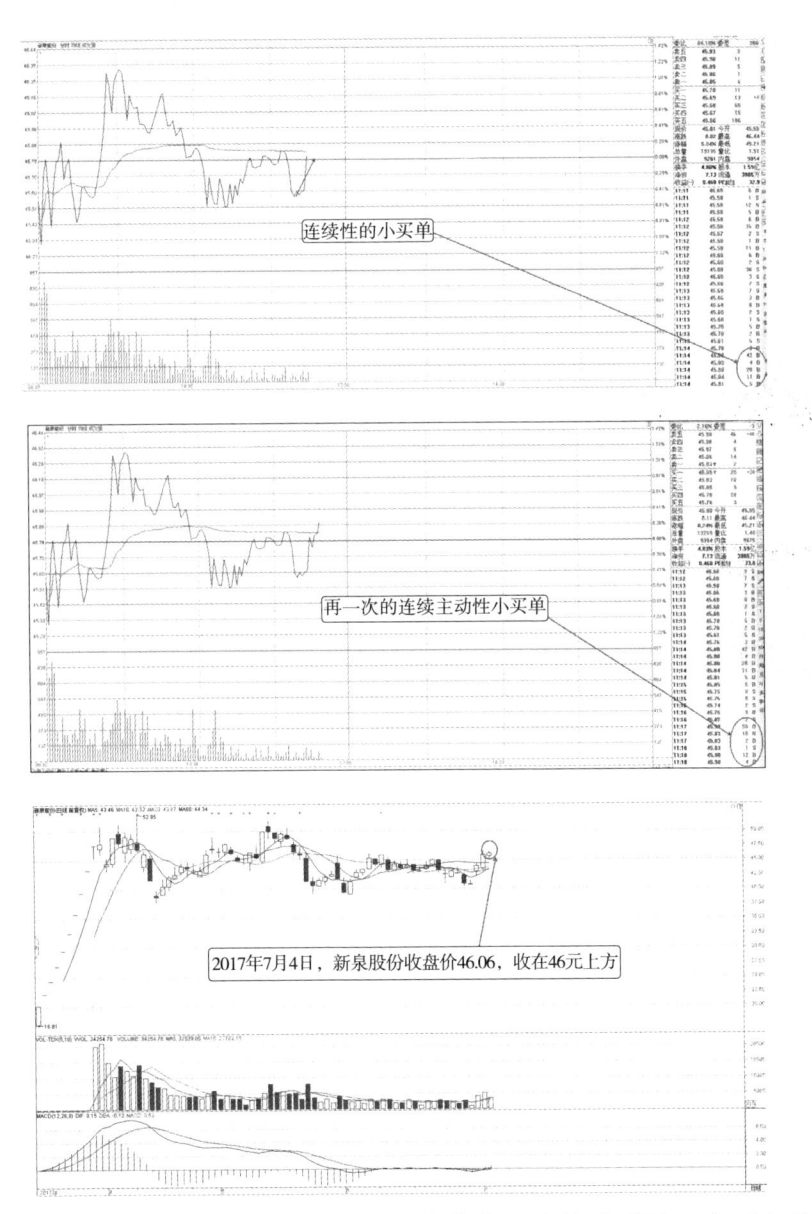

2017年7月4日,新泉股份收盘价46.06,收在46元上方

新泉股份今天早盘前20分钟的走势带有一定的迷惑性,表面上看,

延续昨天的强势，继续反弹的走势，但是，开盘不久就从强势反弹转变为横盘整理为主。在以后的操盘过程中，遇到类似的走势一定不能太心急，耐心观察就是。从今天的成交单上来看，主要以小单为主，这和上一个交易日在委二大买单的思路相互吻合，在昨天收出中阳后，资金在今天选择了顺势横盘整理的走势。

2017年7月5日

深次新股指数K线图：

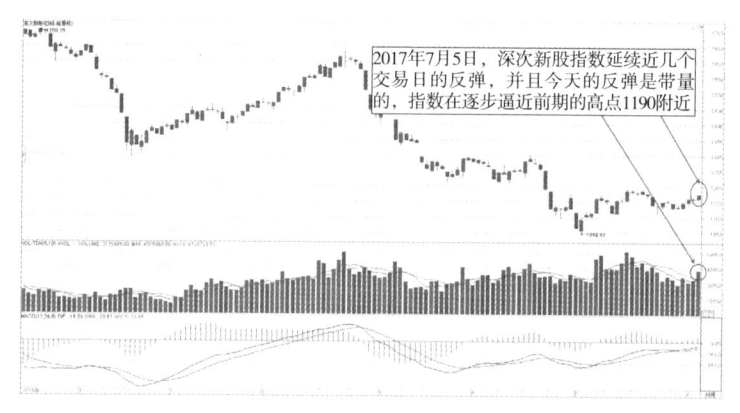

2017年7月5日，深次新股指数延续近几个交易日的反弹，并且今天的反弹是带量的，指数在逐步逼近前期的高点1190附近

新泉股份走势图：

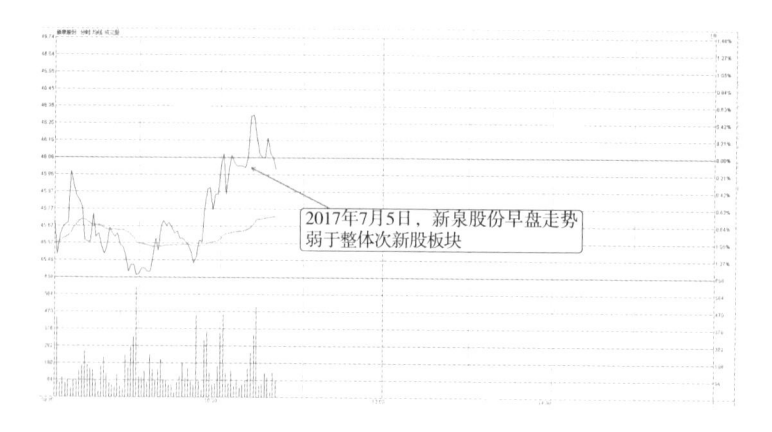

2017年7月5日，新泉股份早盘走势弱于整体次新股板块

图中标注：
- 分时上出现明显的向上异动动作
- 2017年7月5日，连续第二根缩量小阳线，新泉股份今天并没有选择向上突破

深次新股指数今天选择带量的向上攻击的走势，虽然攻击的幅度不是很大，整体是带量的反弹走势，但是，新泉股份的走势就弱于深次新股指数的走势，全天以横盘整理的走势为主。今天新泉股份在整理过程中一直以缩量为主，在这个位置，缩量就无法形成继续的上攻。

2017年7月6日

深次新股K线图：

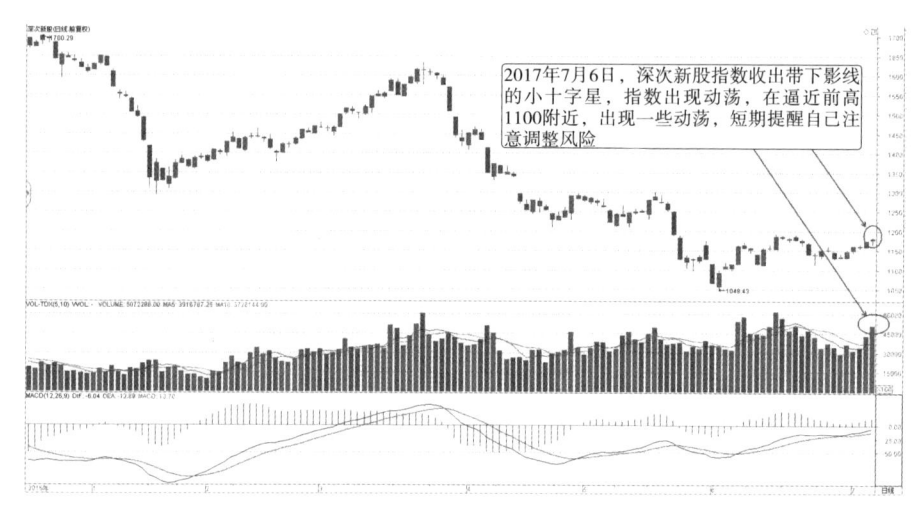

2017年7月6日，深次新股指数收出带下影线的小十字星，指数出现动荡，在逼近前高1100附近，出现一些动荡，短期提醒自己注意调整风险

新泉股份走势图：

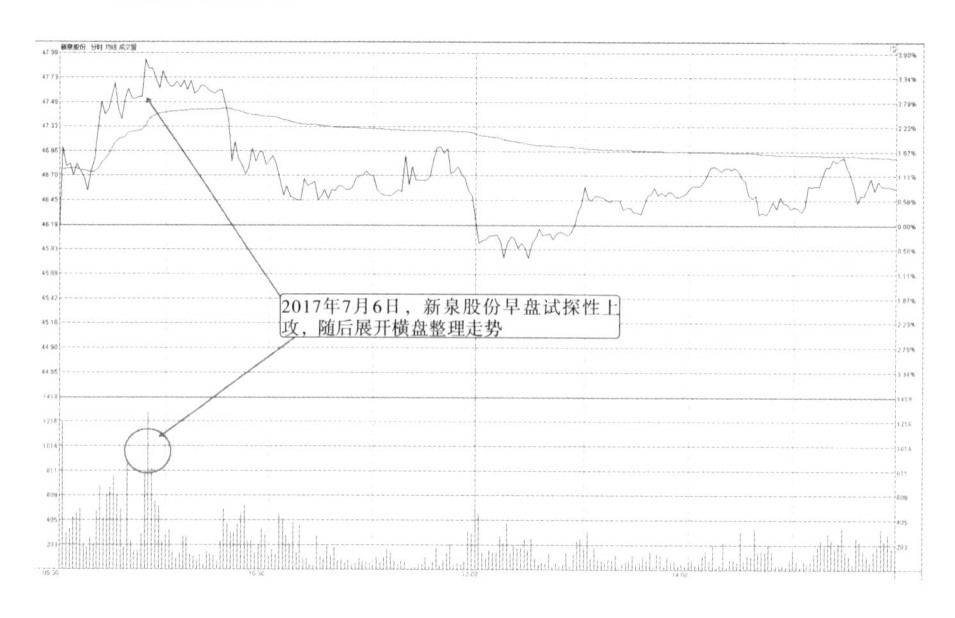

2017年7月6日，新泉股份早盘试探性上攻，随后展开横盘整理走势

[图]2017年7月6日。新泉股份在45元上方发出连续第三根小十字星

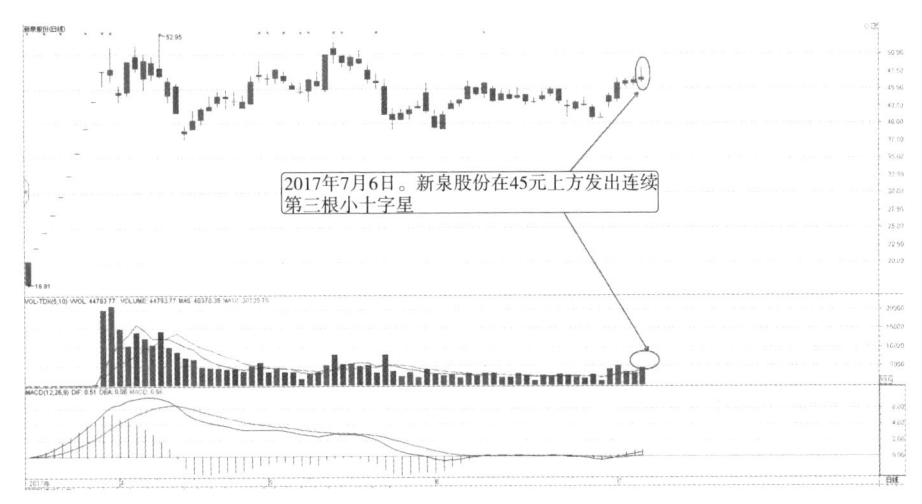

新泉股份早盘跟随指数放量反弹，但是在深次新指数回调的过程中，新泉股份也跟随回调，没法形成自己的独立走势。

2017年7月7日

深次新股指数K线图：

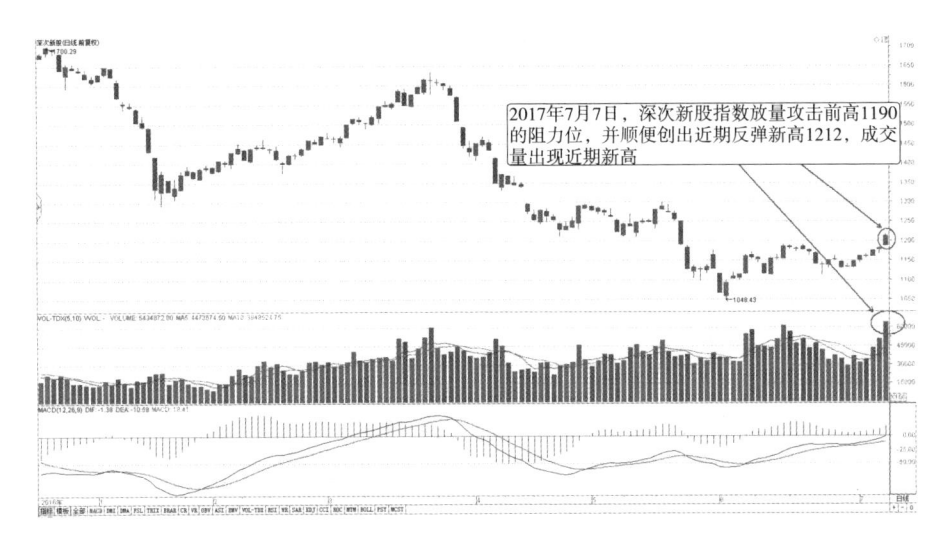

[图]2017年7月7日，深次新股指数放量攻击前高1190的阻力位，并顺便创出近期反弹新高1212，成交量出现近期新高

新泉股份走势图：

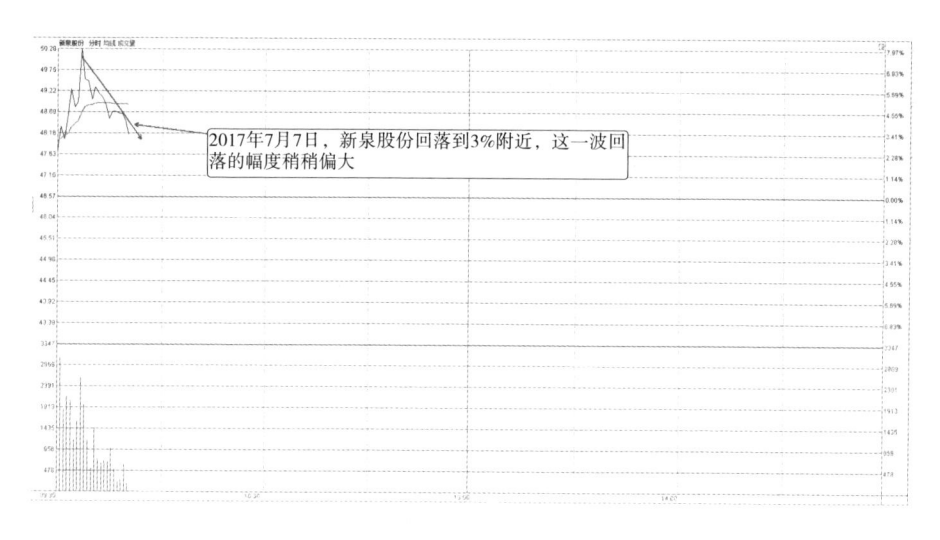

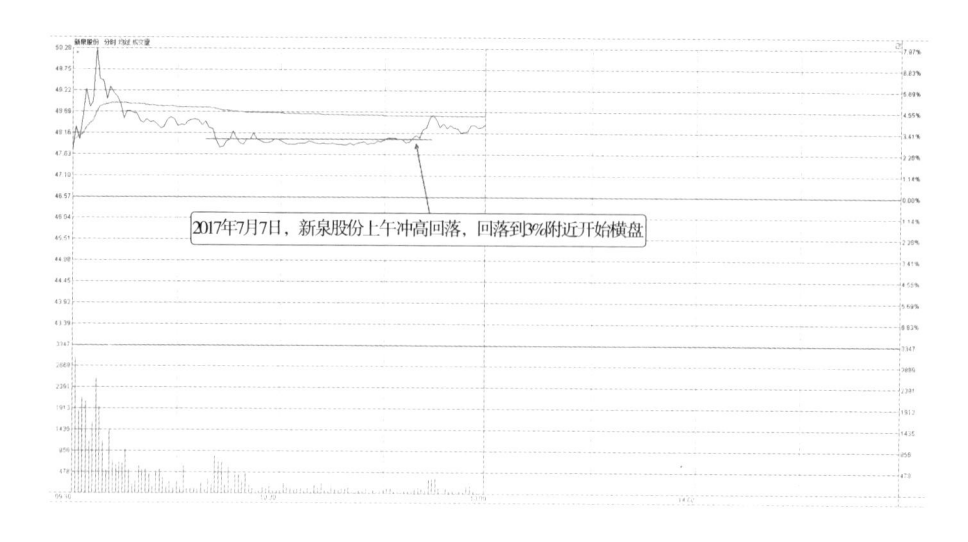

2017年7月7日，新泉股份回落到3%附近，这一波回落的幅度稍稍偏大

2017年7月7日，新泉股份上午冲高回落，回落到3%附近开始横盘

[图]2017年7月1日，在委卖三位置上挂出的490手的大卖单

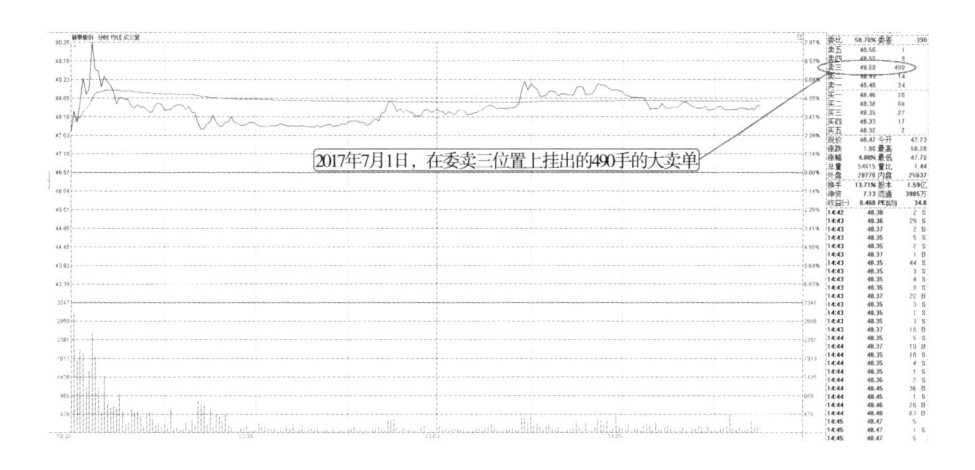

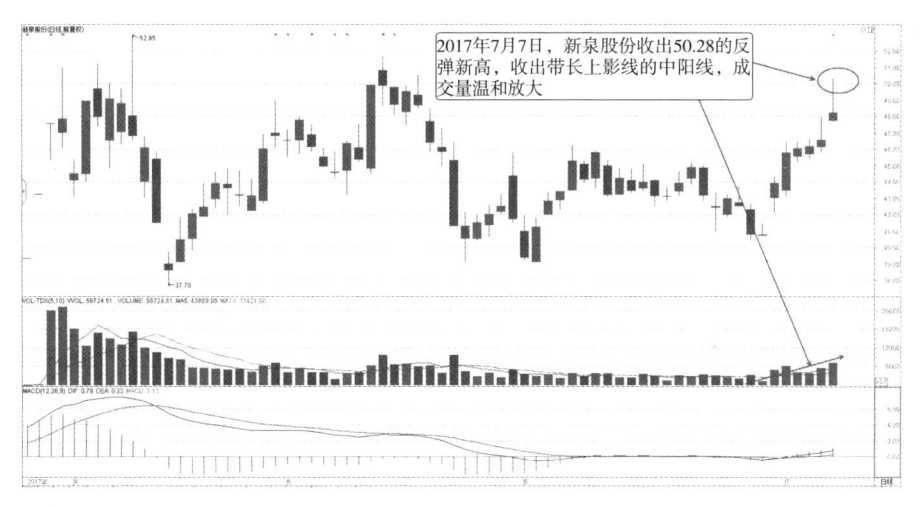

[图]2017年7月7日，新泉股份收出50.28的反弹新高，收出带长上影线的中阳线，成交量温和放大

今天开盘不久，新泉股份跟随市场快速上冲到8%左右，但是成交量无法持续跟上，导致快速回调。注意，从8%回调到3%，回调的幅度在5%左右，幅度较大，新泉股份浪费了今天早盘做多的力量，短期的动荡无法避免。

2017年7月10日

深次新股指数K线图：

2017年7月10日，深次新股指数下跌3%，收带量中阴线，短期趋势开始调整

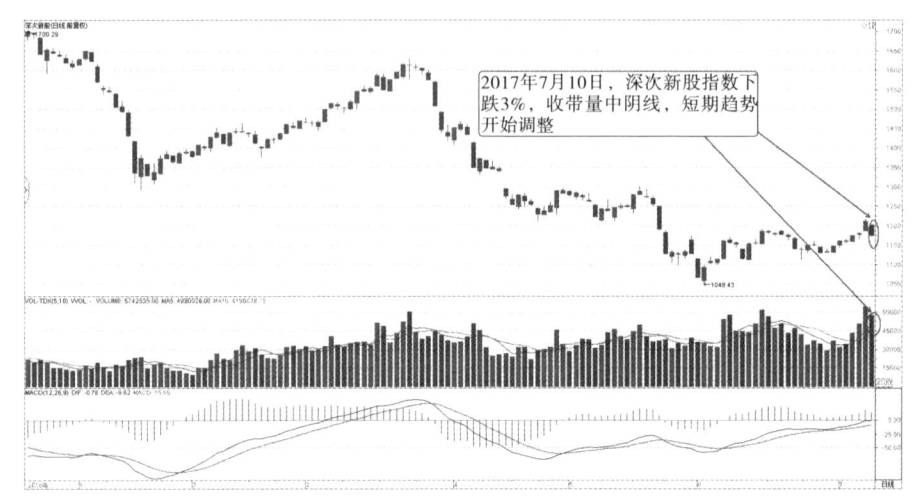

新泉股份走势图：

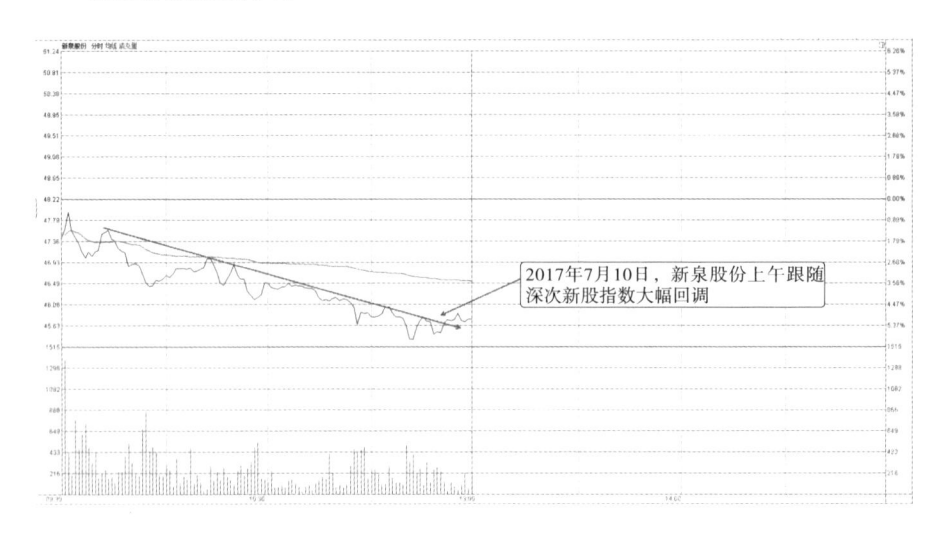

2017年7月10日，新泉股份上午跟随深次新股指数大幅回调

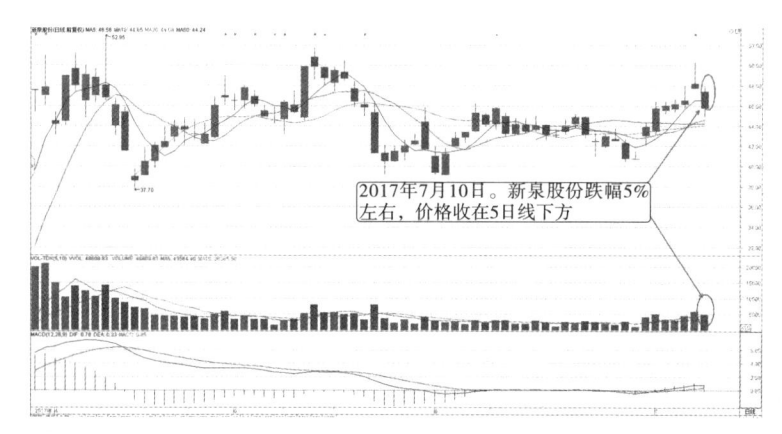

正像上一个交易日早盘急速上冲后大幅回落的预示一样,今天全天以大幅回调为主。注意今天新泉股份下跌的幅度在5%左右,是短期近几个交易日中很少出现的。昨天的上冲无法形成有效突破,对多方人气的影响是比较大的。

2017年7月11日

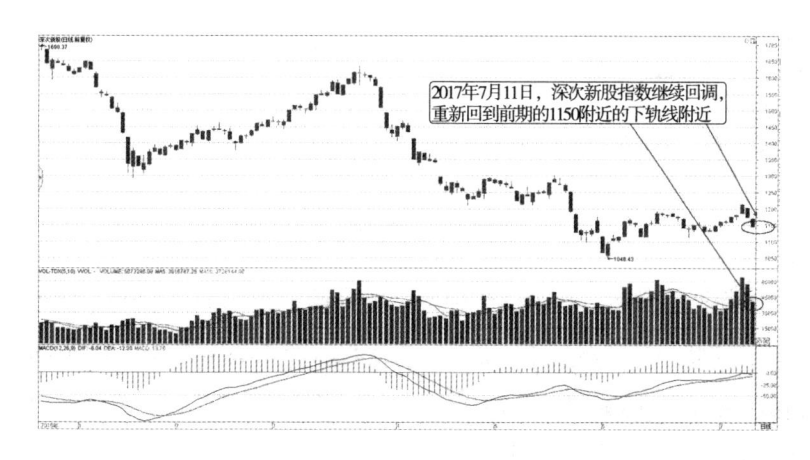

深次新股指数K线图:

新泉股份走势图：

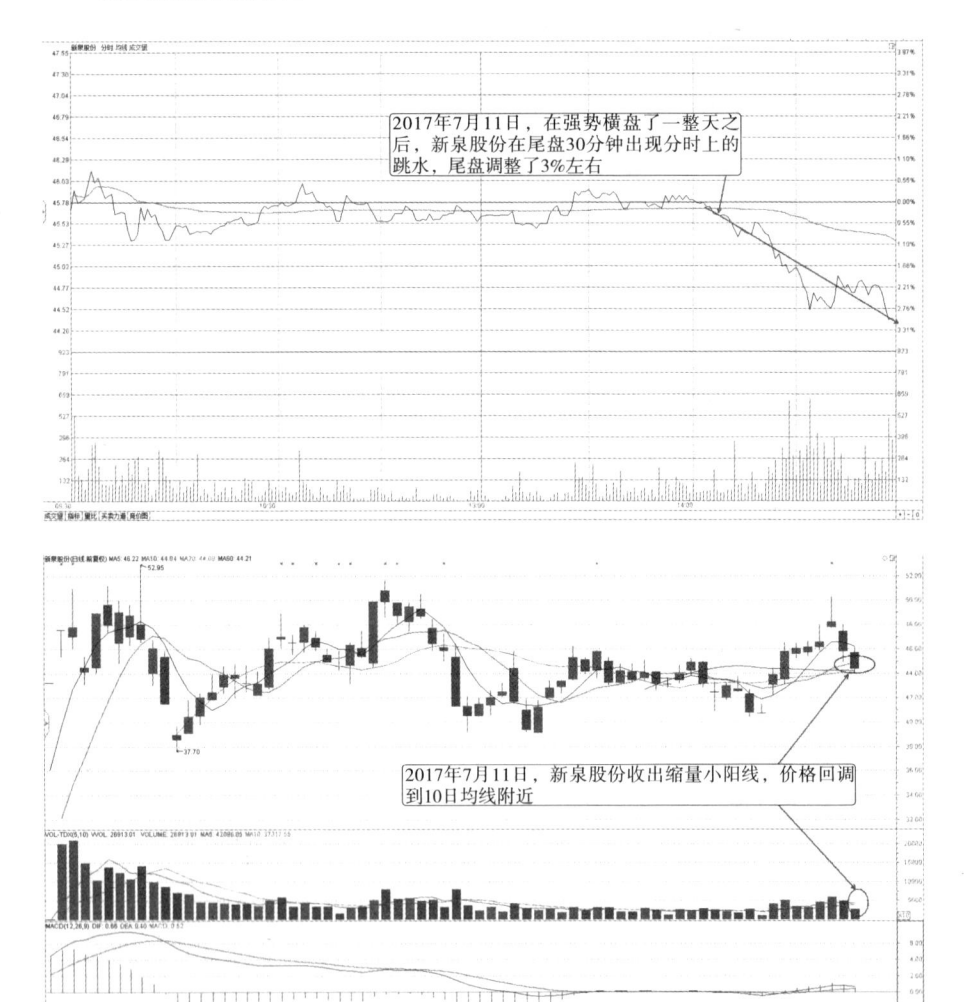

2017年7月11日，在强势横盘了一整天之后，新泉股份在尾盘30分钟出现分时上的跳水，尾盘调整了3%左右

2017年7月11日，新泉股份收出缩量小阳线，价格回调到10日均线附近

深次新股指数今天大跌2.52%，对新泉股份的影响比较大，导致新泉股份无量下跌。这也恰恰说明，在个股趋势波动的过程中，受关联风格市场指数波动的影响是非常大的。

2017年7月12日

深次新股指数走势图：

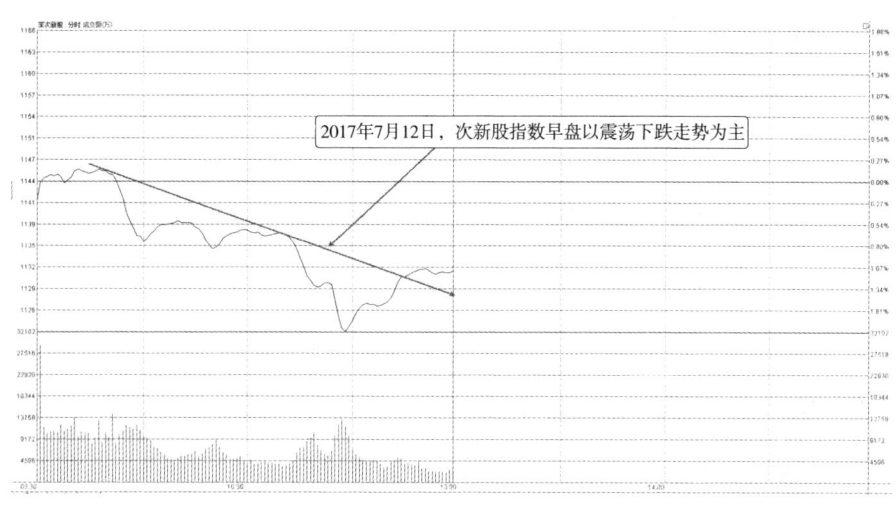

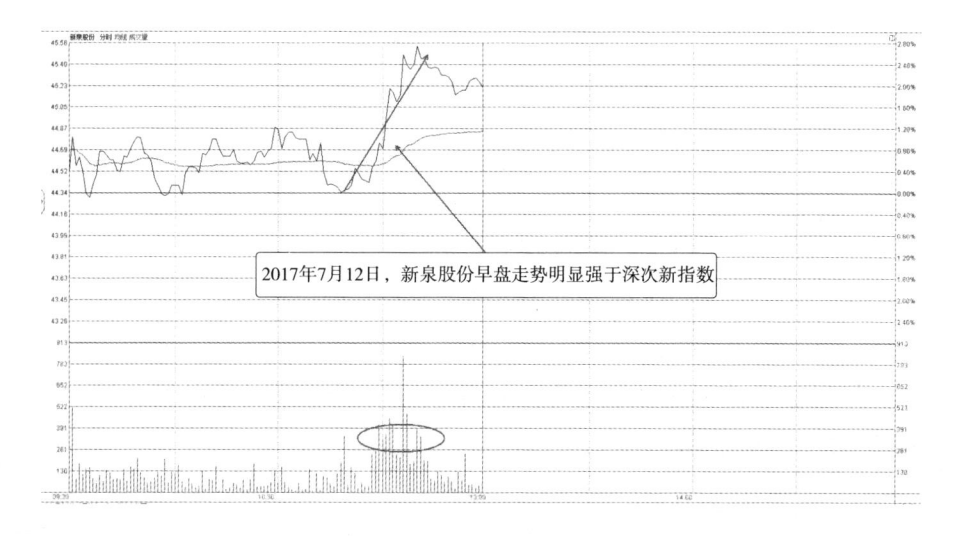

2017年7月12日，次新股指数早盘以震荡下跌走势为主

新泉股份走势图：

2017年7月12日，新泉股份早盘走势明显强于深次新指数

2017年7月12日，新泉股份下午缩量横盘

2017年7月12日，新泉股份上涨4%

指数短期连续杀跌后酝酿短线的反弹，很明显新泉股份今天的反弹要强于深次新股指数。

2017年7月13日

深次新指数K线图：

2017年7月13日，深次新股指数在1150附近收小阴线，短期以还是以弱势回调为主

新泉股份走势图：

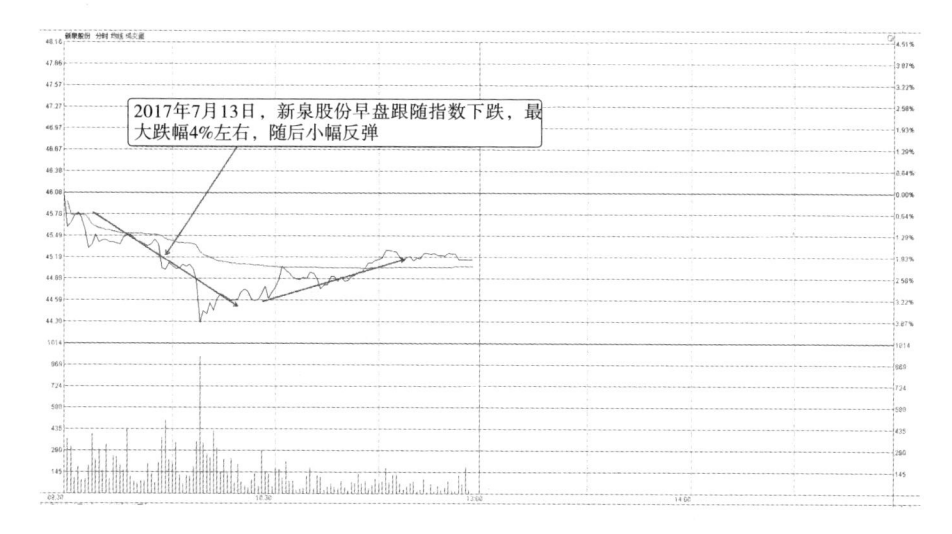

2017年7月13日，新泉股份早盘跟随指数下跌，最大跌幅4%左右，随后小幅反弹

新泉股份跟随深次新股指数，短期延续回调的走势。

2017年7月14日

深次新股指数K线图：

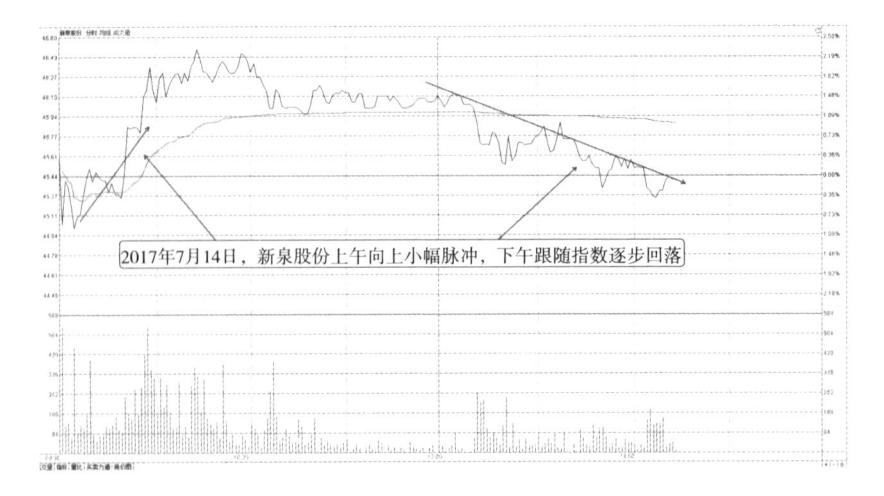

2017年7月14日，深次新股指数连续回调一周，今天盘中创出回调新低1115点左右

新泉股份走势图：

2017年7月14日，新泉股份上午向上小幅脉冲，下午跟随指数逐步回落

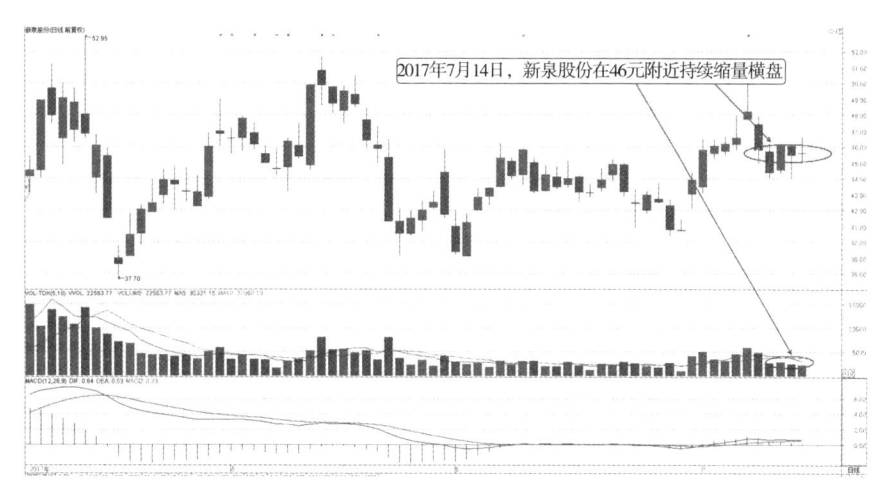

[图中标注：2017年7月14日，新泉股份在46元附近持续缩量横盘]

新泉股份的走势和7月13日的走势类似，在深次新股指数回调创出新低的过程中，新泉股份今天没有创出新低，强于深次新股指数的波动。

2017年7月17日

深次新股指数K线图：

[图中标注：2017年7月17日，深次新股指数大跌7.9%，创出历史新低1028.42]

新泉股份走势图：

2017年7月17日，上午无量反抽，最终在次新股板块大幅杀跌的背景下，封住跌停直至收盘

2017年7月17日，新泉股份跌停，股价回调到前期平台下轨线40元附近

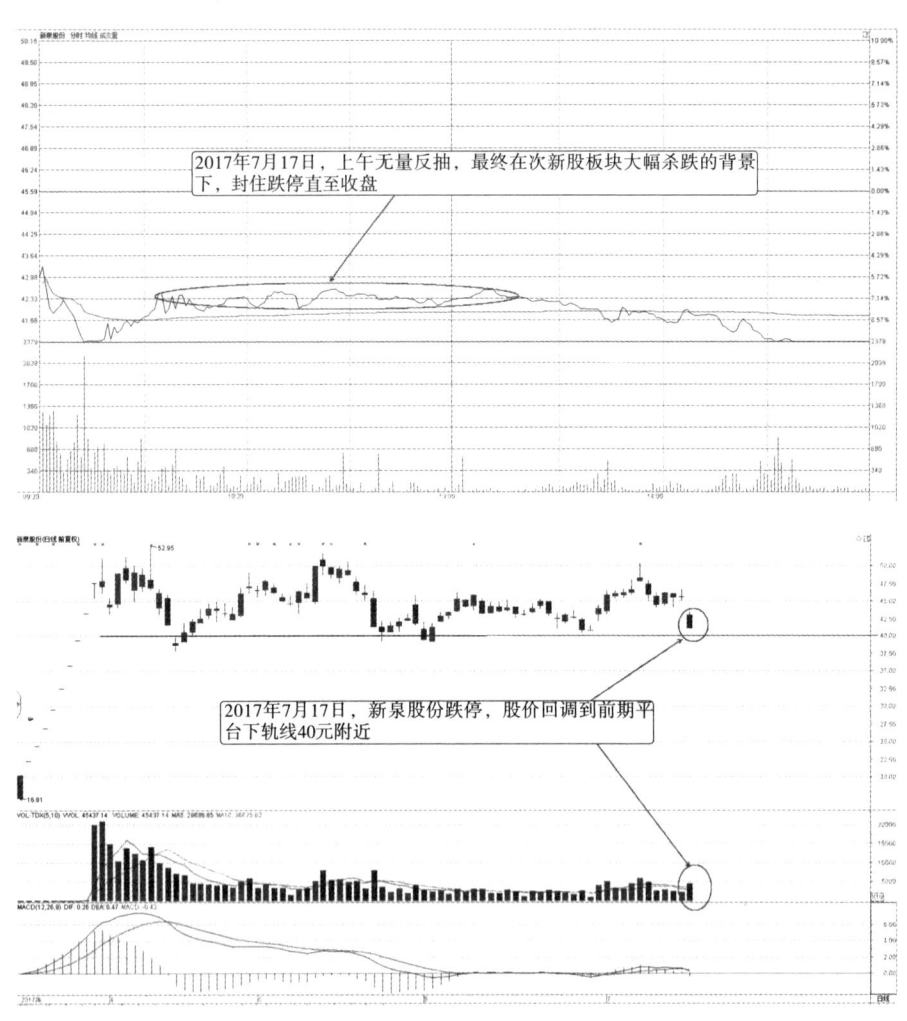

深次新股指数大跌7.9%，新泉股份直接跌停，覆巢之下，难有完卵。

2017年7月18日

深次新股指数K线图:

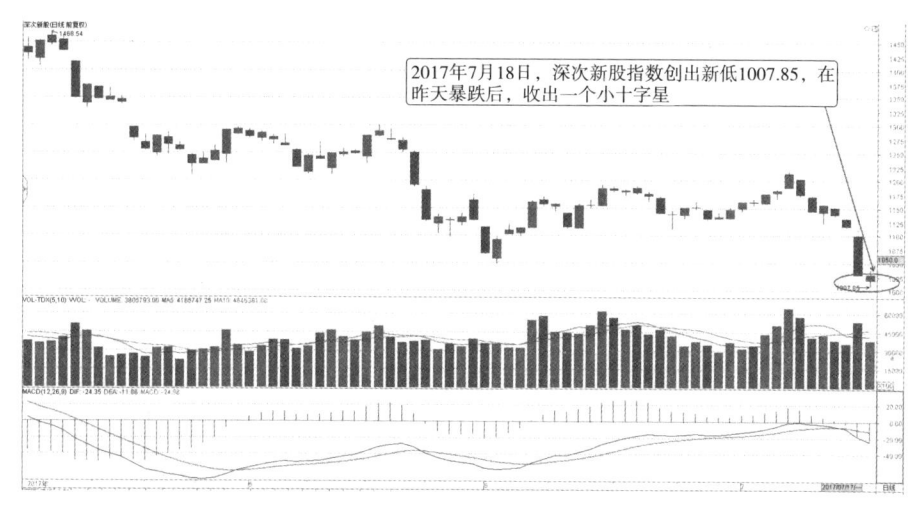

2017年7月18日,深次新股指数创出新低1007.85,在昨天暴跌后,收出一个小十字星

新泉股份走势图:

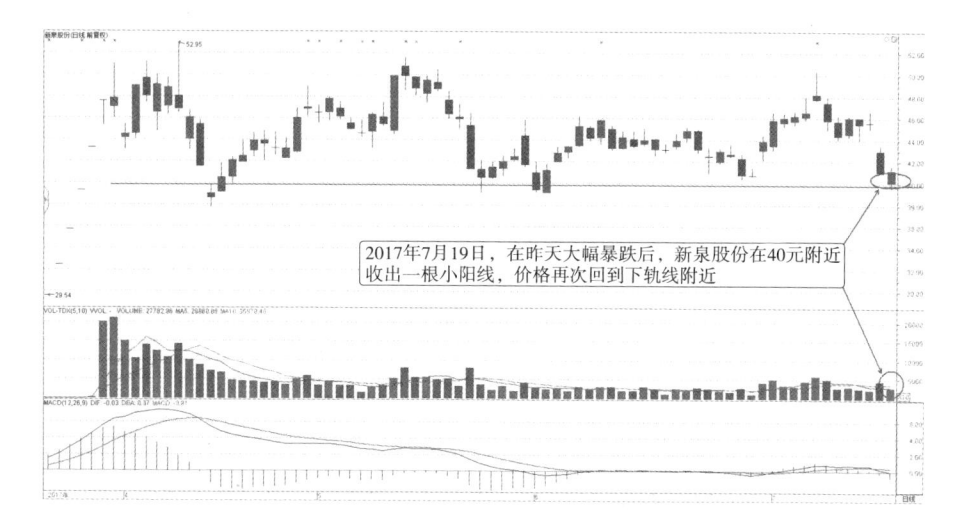

2017年7月19日,在昨天大幅暴跌后,新泉股份在40元附近收出一根小阳线,价格再次回到下轨线附近

新泉股份在40元下轨线附近，短期有止跌的动作，但是，很明显的是，在反弹的过程中，今天的成交量依然很小，所以接下来短期的走势很难判断。

2017年7月19日

深次新股指数K线图：

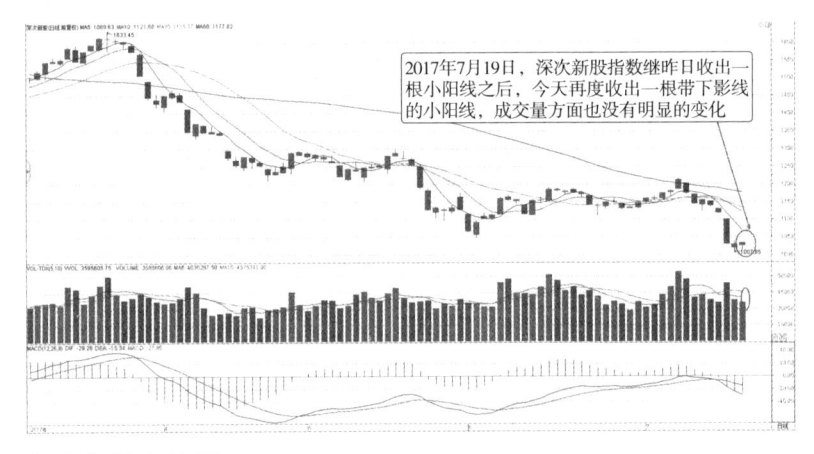

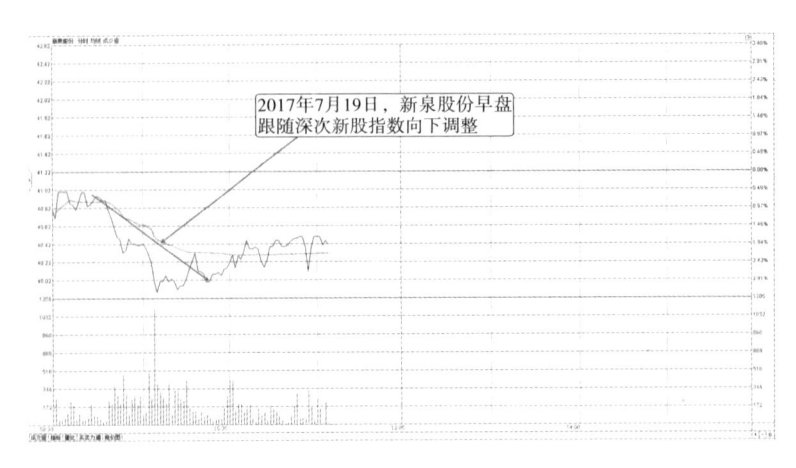

2017年7月19日，深次新股指数继昨日收出一根小阳线之后，今天再度收出一根带下影线的小阳线，成交量方面也没有明显的变化

新泉股份走势图：

2017年7月19日，新泉股份早盘跟随深次新股指数向下调整

弱市盈利战法精讲 149

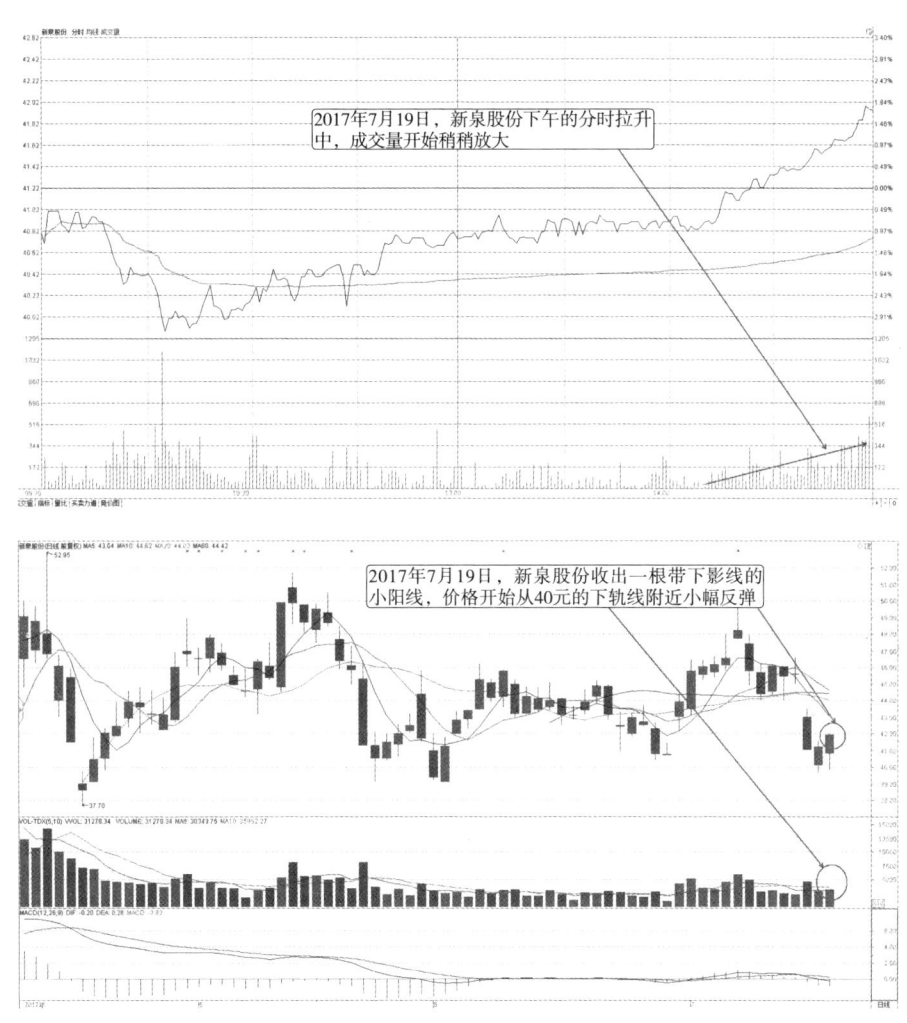

2017年7月19日，新泉股份下午的分时拉升中，成交量开始稍稍放大

2017年7月19日，新泉股份收出一根带下影线的小阳线，价格开始从40元的下轨线附近小幅反弹

新泉股份早盘的急跌，形成了K线上的下影线；下午最后30分钟的分时反弹带有量能配合。短期迹象表明，在这个位置逐步企稳是大概率事件，毕竟这个40元附近的下轨线轻易是很难跌穿的。

2017年7月20日

深次新股指数K线图：

2017年7月20日，深次新股指数今天最高上冲到5日线位置附近便开始逐步回落，收一个小十字星，成交量稍稍放大

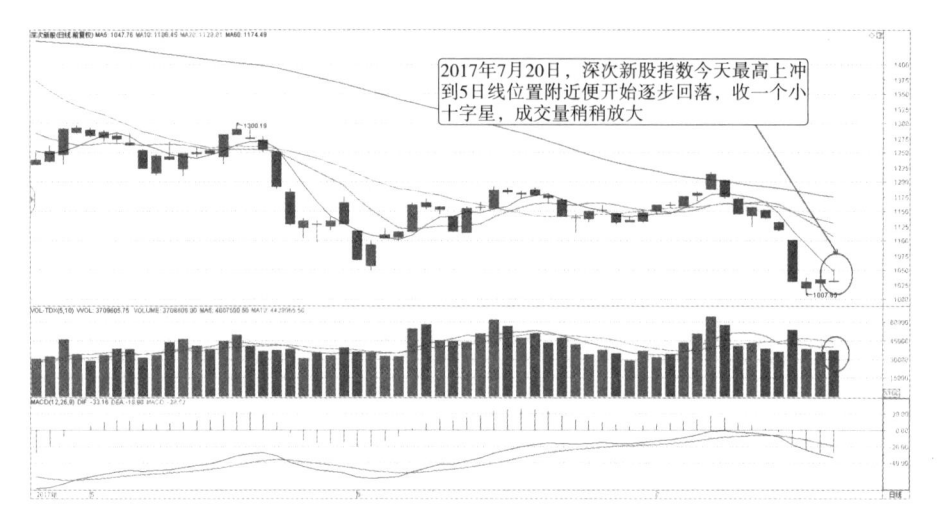

新泉股份走势图：

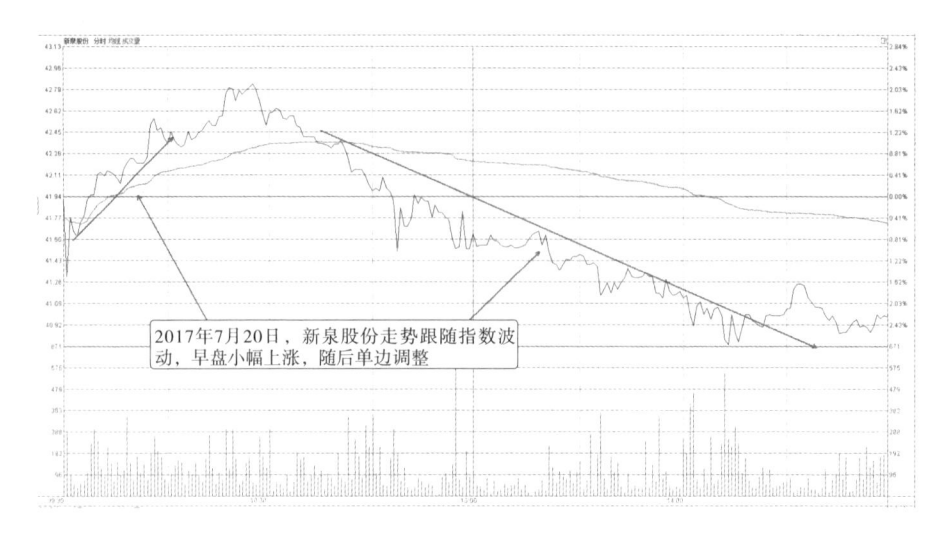

2017年7月20日，新泉股份走势跟随指数波动，早盘小幅上涨，随后单边调整

[2017年7月20日，新泉股份在40元价格附近收出一根缩量小阴线]

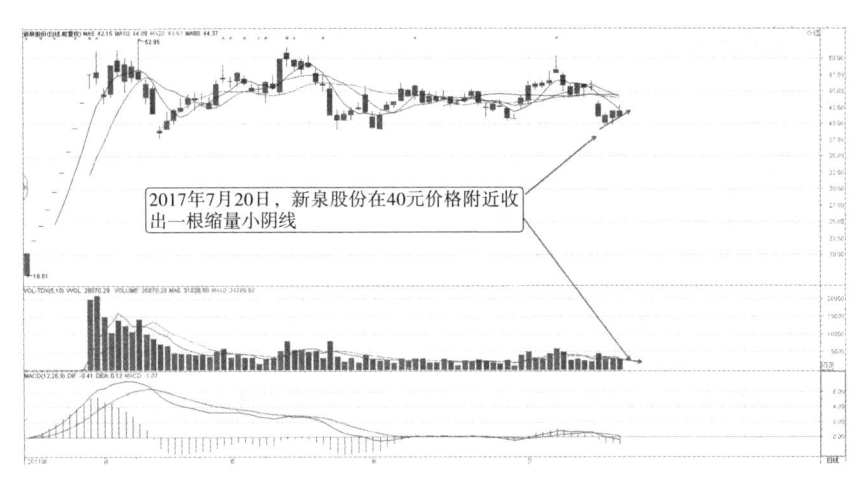

早盘小幅冲高后，随即开始单边回调。从近期种种迹象可以看出资金的心理，想涨却担心指数的下砸，毕竟资金也是需要借势而为。

2017年7月21日

深次新股指数K线图：

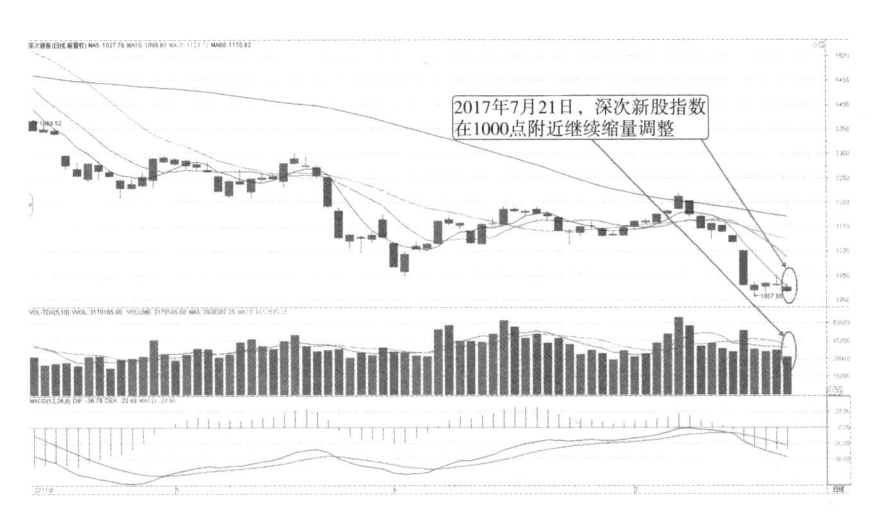

[2017年7月21日，深次新股指数在1000点附近继续缩量调整]

新泉股份走势图：

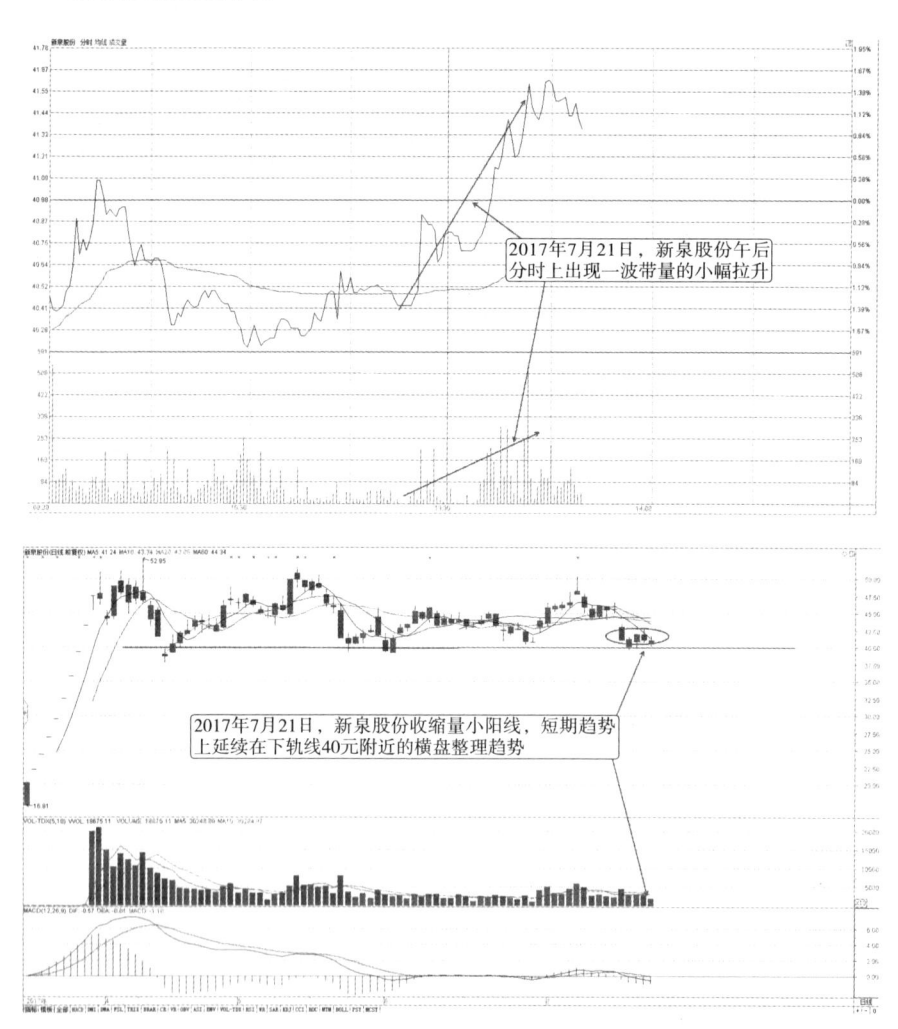

2017年7月21日，新泉股份午后分时上出现一波带量的小幅拉升

2017年7月21日，新泉股份收缩量小阳线，短期趋势上延续在下轨线40元附近的横盘整理趋势

今天新泉股份的走势再次强于深次新股指数，这种迹象在近期已经是第三次出现了，这也是资金中期思路在短期股价波动过程中的体现，这种发现只有在持续的跟踪中才能体会出来。40元下轨线体现出较强的支撑。

2017年7月24日

深次新股指数K线图：

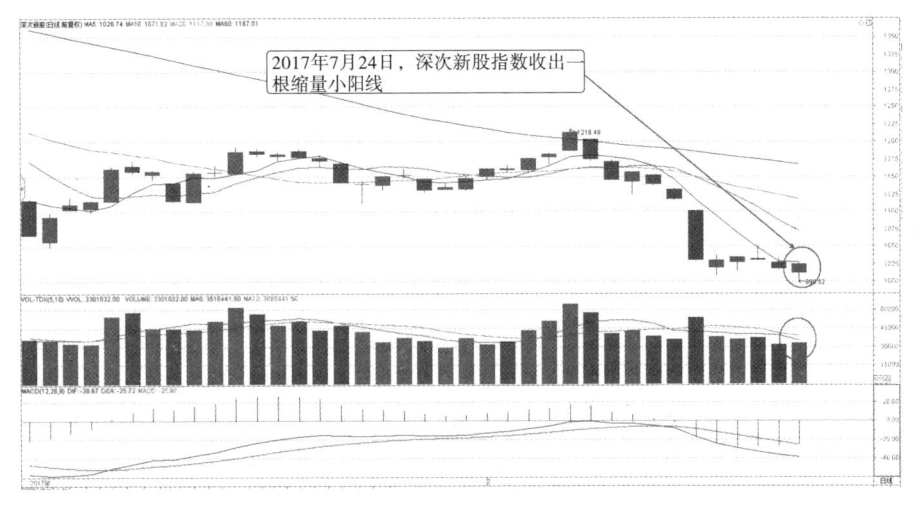

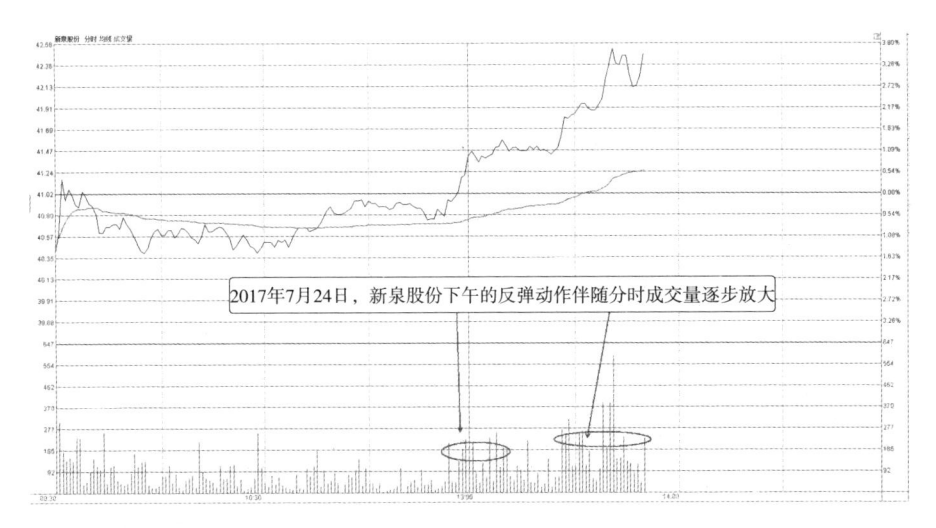

2017年7月24日，深次新股指数收出一根缩量小阳线

新泉股份走势图：

2017年7月24日，新泉股份下午的反弹动作伴随分时成交量逐步放大

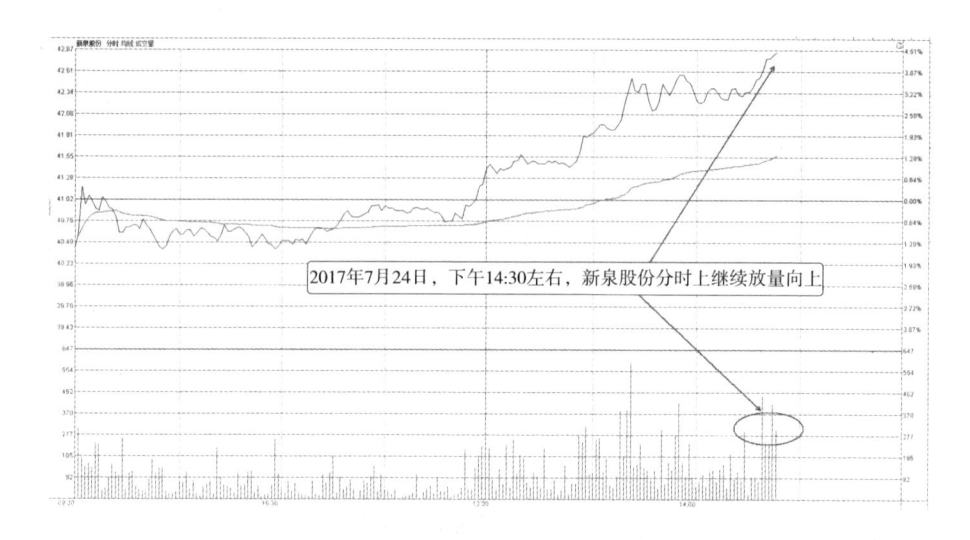

2017年7月24日，下午14:30左右，新泉股份分时上继续放量向上

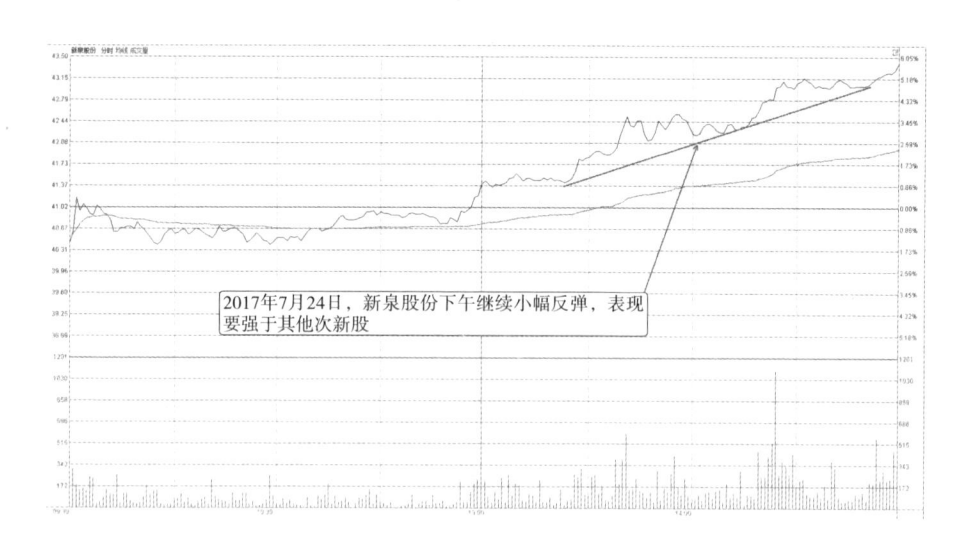

2017年7月24日，新泉股份下午继续小幅反弹，表现要强于其他次新股

[图：新泉股份K线图，标注：2017年7月24日，新泉股份上涨6%左右，股价在40元附近连续调整4个交易日之后，今天出现向上反弹的走势]

今天指数没有再次下跌，新泉股份就敢于趁机上攻，单日上涨6%左右，明显强于指数。今天是7月3日以来，新泉股份第四次强于指数的波动。

2017年7月25日

深次新股指数K线图：

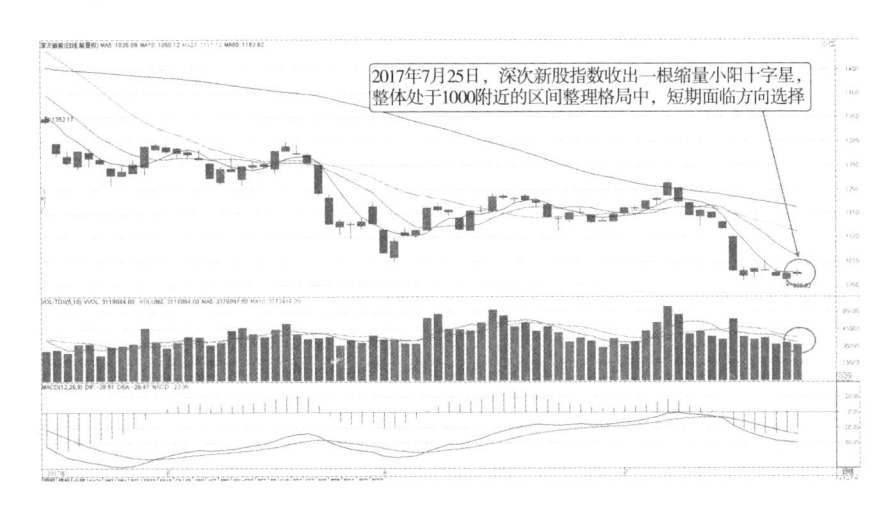

[图：深次新股指数K线图，标注：2017年7月25日，深次新股指数收出一根缩量小阳十字星，整体处于1000附近的区间整理格局中，短期面临方向选择]

新泉股份走势图：

2017年7月25日，新泉股份早盘分时图以小幅横盘调整为主

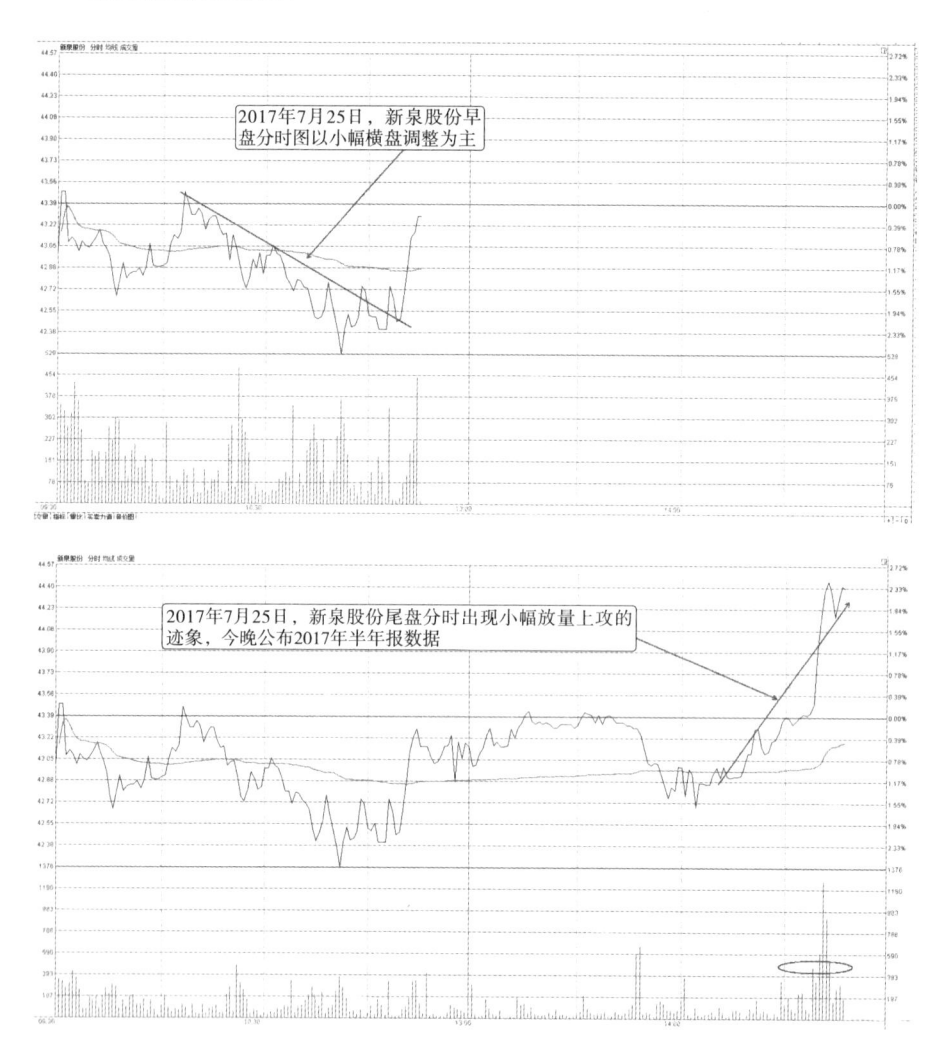

2017年7月25日，新泉股份尾盘分时出现小幅放量上攻的迹象，今晚公布2017年半年报数据

新泉股份分时图

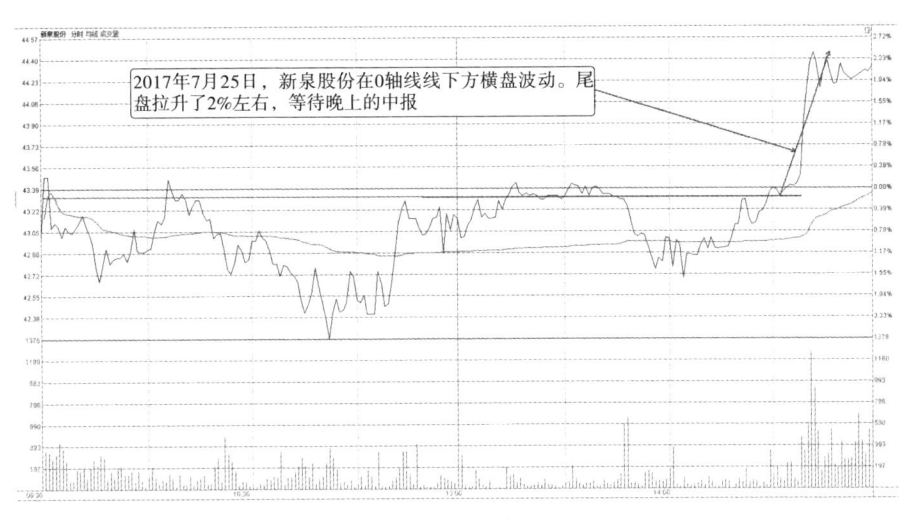

2017年7月25日，新泉股份在0轴线线下方横盘波动。尾盘拉升了2%左右，等待晚上的中报

新泉股份分时图

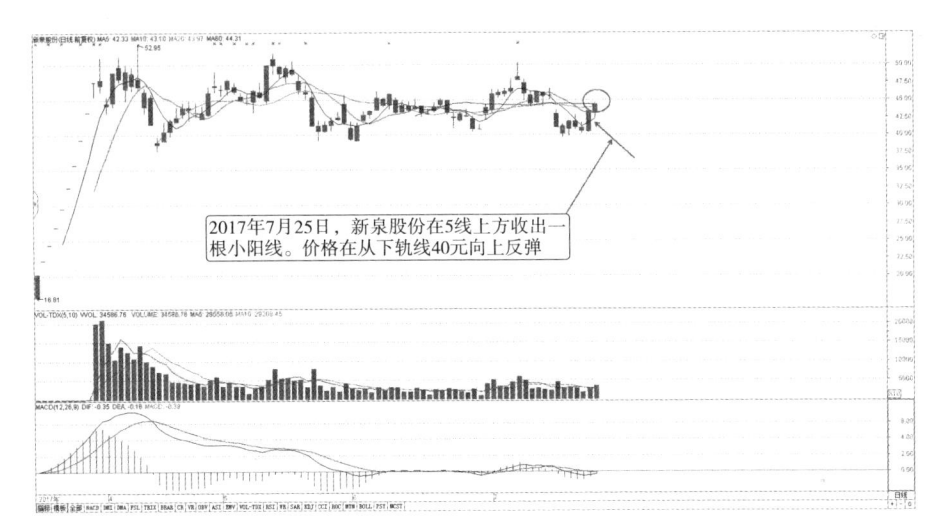

2017年7月25日，新泉股份在5线上方收出一根小阳线。价格在从下轨线40元向上反弹

新泉股份日K线图

指数还在1000点附近纠缠横盘，新泉股份已经在下轨线40元附近反弹到45元左右，短期已经反弹了10%左右。

2017年7月26日

深次新股指数K线图：

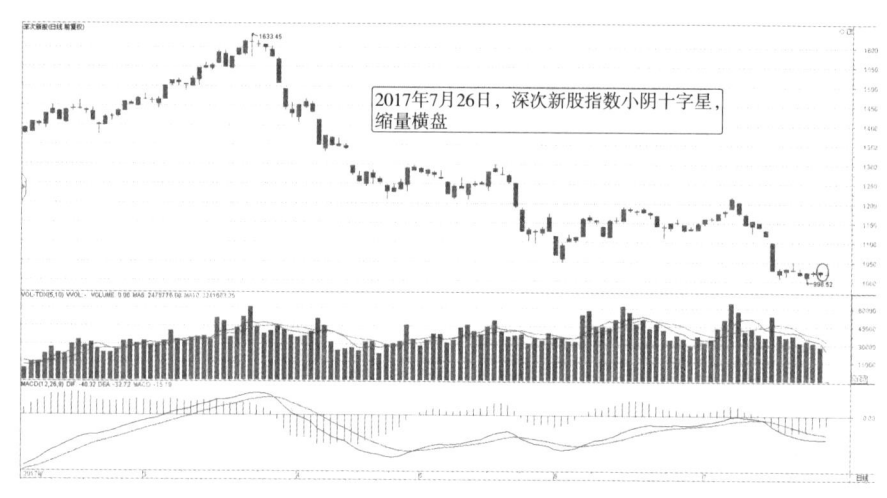

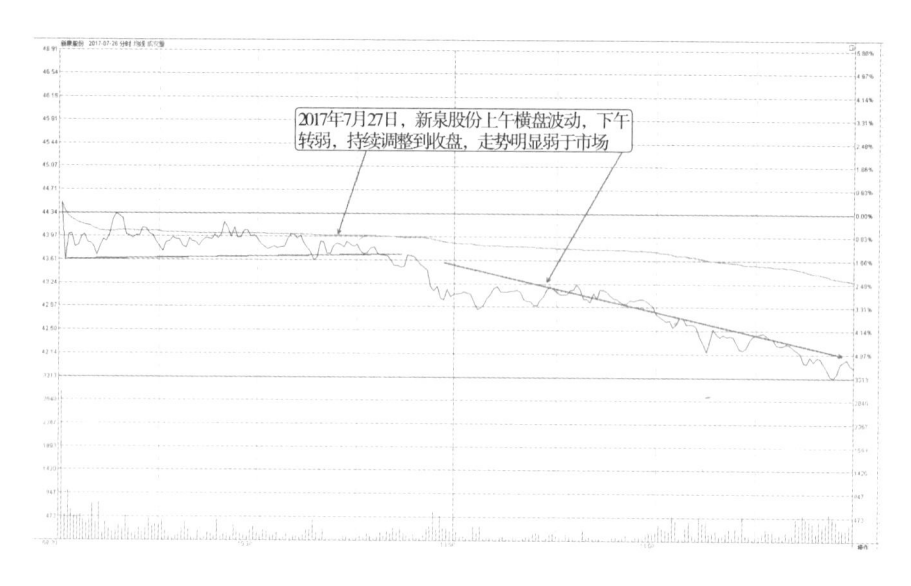

2017年7月26日，深次新股指数小阴十字星，缩量横盘

新泉股份走势图：

2017年7月27日，新泉股份上午横盘波动，下午转弱，持卖调整到收盘，走势明显弱于市场

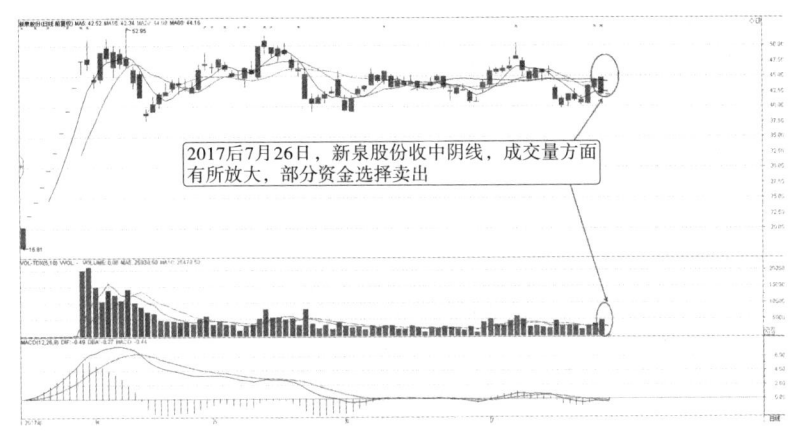

[图示说明：2017后7月26日，新泉股份收中阴线，成交量方面有所放大，部分资金选择卖出]

新泉股份日K线图

深次新股指数今天在横盘阶段中再次小幅回调，新泉股份在不得已的情况选择回调。回调过程中，成交量有所放大，前期在40元位置附近低吸的资金今天在做差价。

2017年7月27日

深次新股指数K线图：

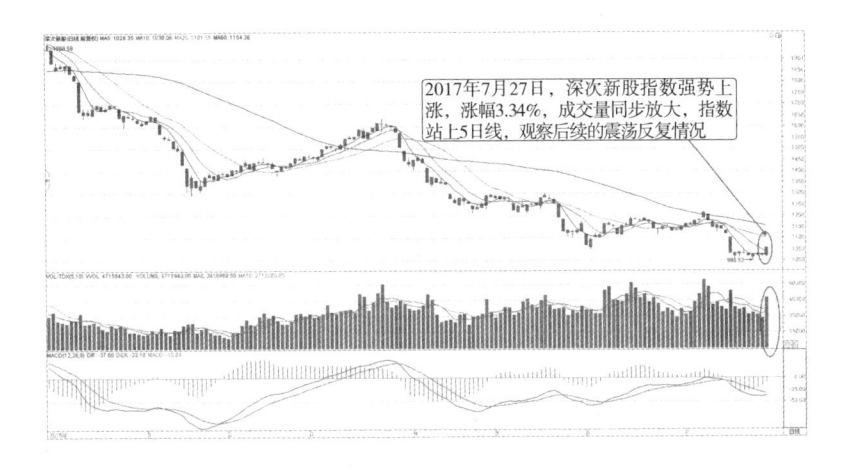

[图示说明：2017年7月27日，深次新股指数强势上涨，涨幅3.34%，成交量同步放大，指数站上5日线，观察后续的震荡反复情况]

新泉股份当日分时走势图：

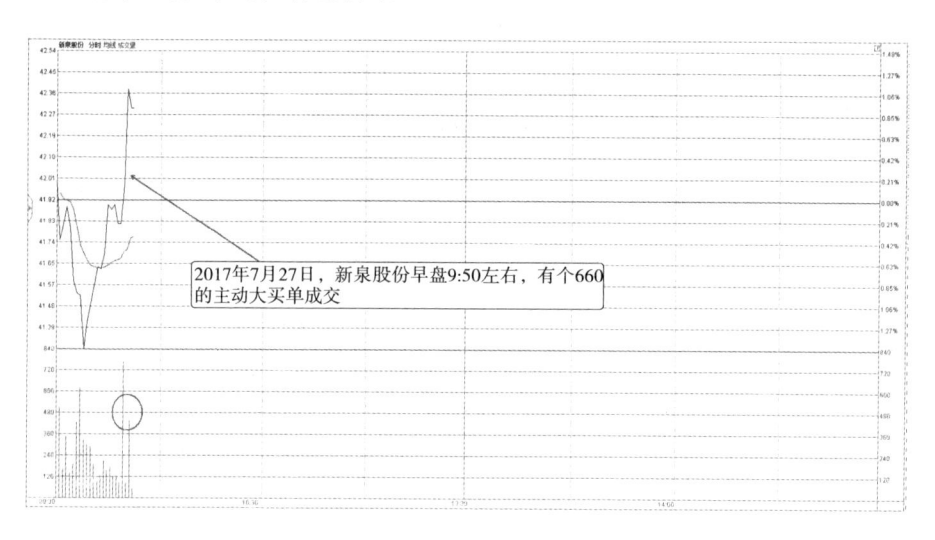

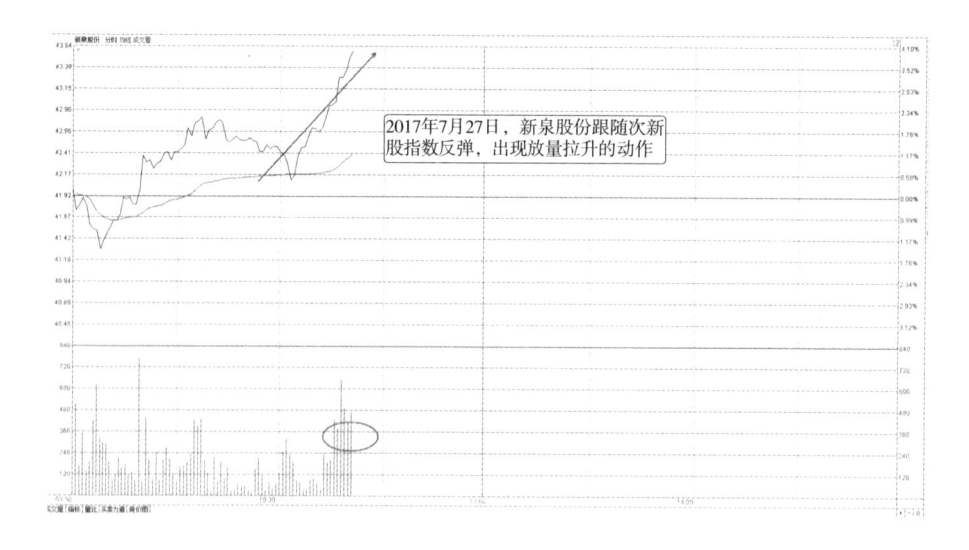

2017年7月27日，新泉股份早盘9:50左右，有个660的主动大买单成交

2017年7月27日，新泉股份跟随次新股指数反弹，出现放量拉升的动作

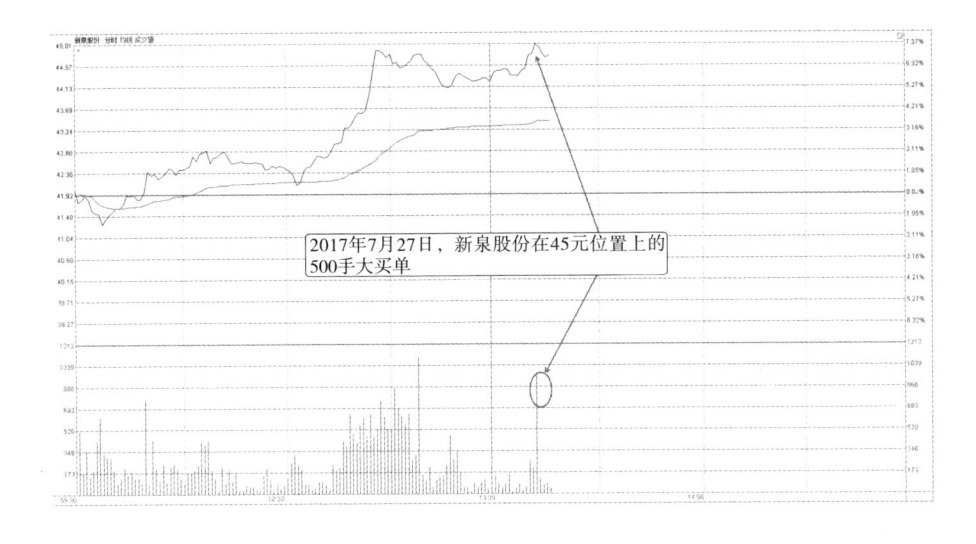

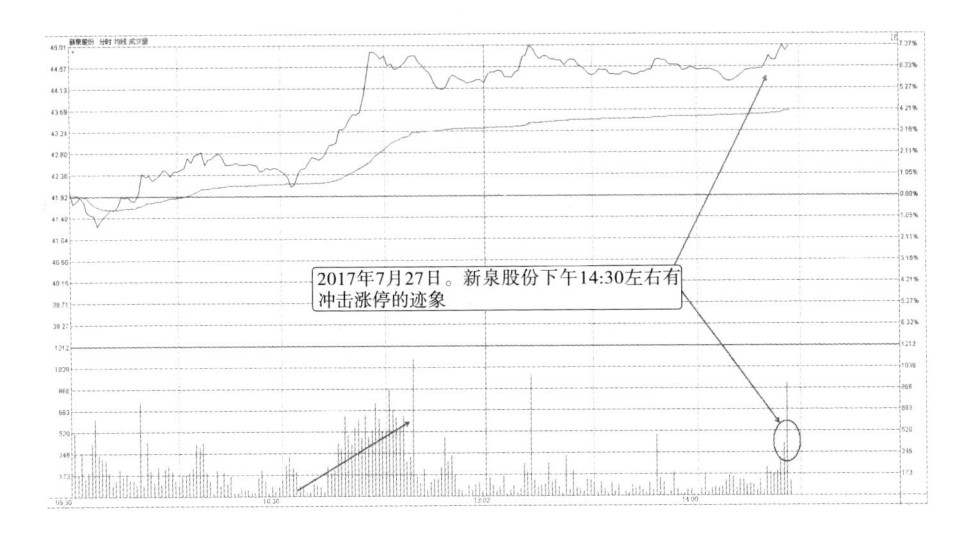

2017年7月27日，新泉股份在45元位置上的500手大买单

2017年7月27日。新泉股份下午14:30左右有冲击涨停的迹象

[图表说明]

2017年7月27日，新泉股份全天稳步反弹。分时上量价配合良好

2017年7月27日，新泉股份收一根7%的长阳线，K线组合上两阳夹一阴

只要深次新股指数小幅走强，新泉股份就敢于拉升。

2017年7月28日

深次新股指数K线图：

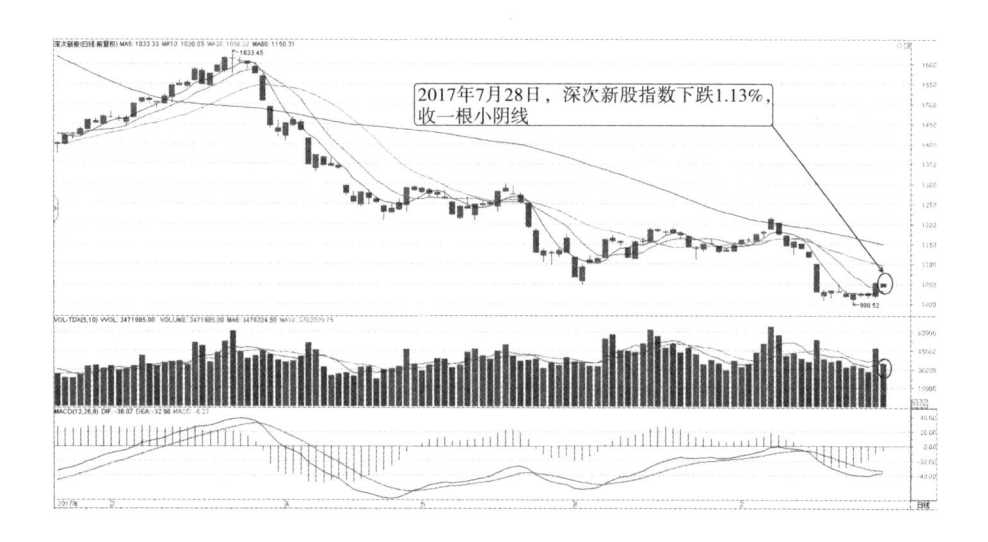

弱市盈利战法精讲 163

2017年7月28日，深次新股指数下跌1.13%，收一根小阴线

新泉股份走势图：

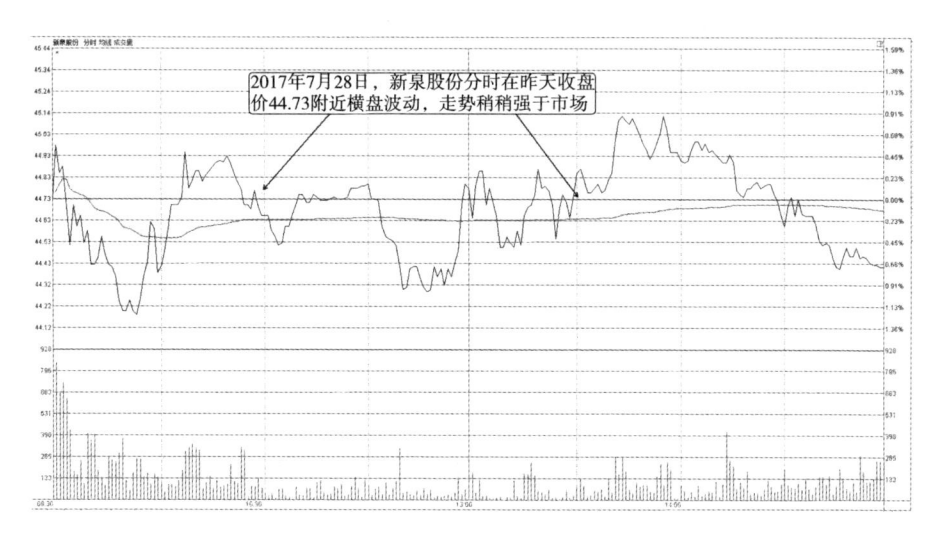

2017年7月28日，新泉股份分时在昨天收盘价44.73附近横盘波动，走势稍稍强于市场

淘金弱势股

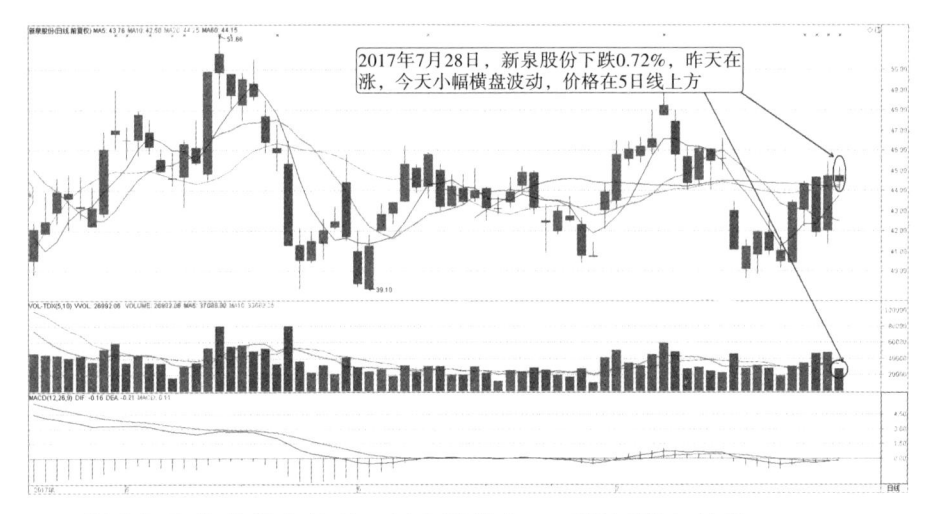

深次新股指数横盘整理，新泉股份在45元附近横盘整理。

总结

深次新股指数区间走势：

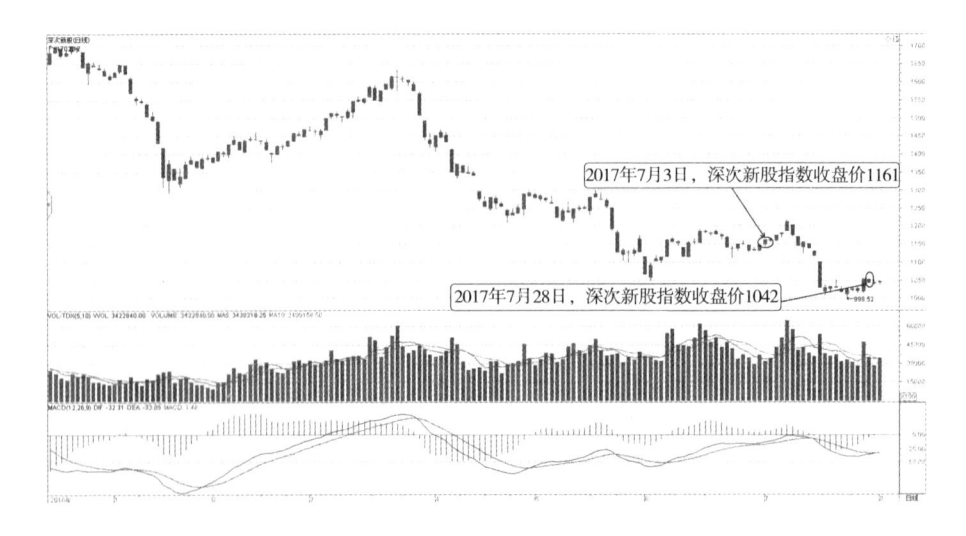

新泉股份2017年7月3日收盘价45.79元

新泉股份2017年7月28日收盘价44.41元

① 对比来看一目了然，深次新股指数在20个交易日内下跌了10%左右，新泉股份在同样的20个交易日下跌了3%左右，新泉股份的个股走势明显强于同期的深次新股指数。

② 在深次新股指数（市场整体）弱势波动的格局下，即使所选的标的能走出明显强于市场的走势，但是，想要获得波段利润，也还是比较难的，需要各方面因素的共振才能实现。

③ 对个股标的要多跟踪，多思考，结合市场变动的各个方面深入思考，才是交易过程中获得成功的先决条件。

图书延伸阅读

99股市 进阶丛书第一辑
掘金强势股

- 分时涨停战法99例
- 急速拉升战法99种
- 解剖牛股图谱99幅

私募操盘私房菜丛书

- 私募老总的炒股干货 超级战法与操盘经验
- 私募老总的炒股干货 主力追踪与资本运作
- 私募老总的炒股干货 技术分析与实战技巧
- 掘金次新股 私募操盘日记(第一季)
- 私募老总教你学炒股